Der Jüngste Tag
Die Bücherei einer Epoche

Band 4
Büchergilde Gutenberg

Herausgegeben
und mit einem dokumentarischen Anhang versehen von
Heinz Schöffler

Frankfurt am Main 1982

Faksimile-Ausgabe

Nach den Erstausgaben wiedergegeben mit Erlaubnis
der Deutschen Bücherei Leipzig

Nachdruck der 1970 im Verlag Heinrich Scheffler
erschienenen Ausgabe

Alle Rechte vorbehalten · Societäts-Verlag
© 1981 Frankfurter Societäts-Druckerei GmbH
Druck: Paul Robert Wilk, Friedrichsdorf-Seulberg
Printed in Germany 1982
ISBN 3 7632 2639 7

Inhalt

Band 4

Franz Jung	Gnadenreiche, unsere Königin	1651
Paul Claudel	Die Musen	1687
Hans v. Flesch-Brunningen	Das zerstörte Idyll	1709
Ernst Blass	Die Gedichte von Sommer und Tod	1777
August Strindberg	Die Schlüssel des Himmelreichs oder Sankt Peters Wanderung auf Erden	1807
Max Herrmann	Empörung Andacht Ewigkeit	1943
Carl Sternheim	Ulrike	1991
Alfred Wolfenstein	Die Nackten	2031
Oskar Baum	Zwei Erzählungen	2051
Eugen Roth	Die Dinge die unendlich uns umkreisen	2079
Iwan Goll	Dithyramben	2119
Karl Otten	Der Sprung aus dem Fenster	2155
Mechthild Lichnowsky	Gott betet	2193

FRANZ JUNG
GNADENREICHE, UNSERE KÖNIGIN

LEIPZIG
KURT WOLFF VERLAG
1918

BÜCHEREI DER JÜNGSTE TAG BAND 42
GEDRUCKT BEI DIETSCH & BRÜCKNER · WEIMAR

DIE KRISE

[1653]

»Ich will nicht mehr,« sagte Maria und warf die Karten hinter sich auf das Fensterbrett. Draußen regnete es. Der Wald klebte an den Bergwänden wie ein schleimiger, schwammiger Aussatz.

Sie spielten den ganzen Tag Karten, er gab sich Mühe, geschickt zu verlieren. Von Zeit zu Zeit sagte sie: »Ich will nicht mehr« und warf die Karten hinter sich auf das Fensterbrett. Sie sprach nur, was auf das Spiel Bezug hatte. Wenige Worte. Sie sahen sich schweigend an, als ob jeder in dem anderen etwas tief Geheimnisvolles, eine letzte Erkenntnis ergründen müßte. Sie merkten nicht, daß sie aneinander vorbeisahen, durch die Fenster, den Wald und die Berge hindurch in eine unendliche Ebene, in der sie sich verloren. Von Zeit zu Zeit sagte er: »Was wird nun —« und versuchte, sich aufzurichten. Er vergaß, daß er wohl eine Antwort überhört haben mochte. Er nahm wieder die Karten auf und sagte einen Trumpf an.

Und doch glimmte ein Funken, für Sekunden leckten Stichflammen an die Oberfläche empor, es zog den Körper auf und nieder, etwas Weiches, Glitschiges, das sich ansaugte und Ekel erregte.

»Ich will nicht,« hörte er wieder und meinte, eine frische Brise müsse ihn forttragen, hinaus, weit fort. Weg von dieser Frau, und ihm Frieden geben. Blitzschnell durchzuckte ihn der Gedanke, daß er ihre körperliche Nähe nicht mehr ertragen könnte, und ließ ein Gefühl von Unbehagen zurück, das sich steigerte.

»Neulich träumte ich von dir. Du warst von mir gegangen, und ich suchte dich. In einem Konzertgarten glaubte ich dich gefunden zu haben. Du saßest in einem Kreise von Männern, die wie Kellner und Zuhälter aussahen, und schienst sehr vertraut zu sein. Ihr lachtet alle sehr laut, du erzähltest etwas und langtest ständig mit den Armen über den Tisch. Ich mußte denken, so muß es sein, wenn man den Kindern Brot schneidet, und ich entdeckte an deinem Körper, daß er eckig war und starke Knochen hatte. Es war so, daß man hätte sagen müssen, diese Frau hat viele Kinder. Sie ist gut für den Staat. Ich war sehr bestürzt. Ich lief in weitem Bogen um den Tisch und traute mich nicht mehr, mich bemerkbar zu machen. Ich fühlte, daß du von mir sprachst. Aber seltsam, es traf mich nicht. Ich wußte wohl, daß alle über mich lachten, aber ich war so ruhig und dachte, das ist gut so, daß alle über mich lachen. Es ist ein so weiter Abstand. Nur die Neugierde empfand ich, zu sehen, ob du das wirklich warst, du verstehst, ich zweifelte noch. Einer der Männer hatte einen Buckel. Ich erinnerte mich, daß du von einem Vetter gesprochen hattest, der nach der ganzen Schilderung einen Buckel haben mußte. Ich war erlöst. Ich hatte Mitleid mit dir. Ohne daß es mich quälte. Doch wollte ich Gewißheit haben, ich merkte, wie ich mit dir rang, ich dachte mir, laß doch, es hat ja doch keinen Zweck, es ist gut so. Ich mochte wohl lange Zeit überlegt haben, auf einmal rief ich laut mehrmals hintereinander: Hilpert – Hilpert. Wie wenn man kurz eine Kugel nach dem Ziel stößt. Ich dachte, der Buckelige würde erschrecken oder schnell sich umdrehen und nach einem Bekannten ausschauen, aber er drehte nur langsam den Kopf mir zu und drohte lächelnd mit dem Finger. Wie wenn ein Vater sein Kind schilt und sagt: Sei brav. Mir war, als hätte ich einen Schlag bekommen. Ich sah, daß alle von meiner Anwesenheit wußten, sie war selbstverständlich. Es quälte mich so, daß ich erwachte. Ich hörte dich im Nebenzimmer im Bett, und ich gestand mir ein, du seiest vielleicht doch anders als jene Frau.«

Sie sahen wieder lange Zeit schweigend durcheinander hindurch.

Sie hatte den Kopf gestützt und schien zu lauschen.

Er hätte es gern gesehen, wenn sie gelächelt oder irgend-

eine Bemerkung gemacht hätte. Sie blieb unbeweglich und
schwieg. Er dachte an die Möglichkeit, daß sie eingeschlafen
war. Er empfand seine Unruhe wachsen. Es lastete etwas
auf ihm und drohte ihn zu ersticken. Sein Atem ging kurz.
Er sah sie mit flackernden Blicken an. Seine Stimme be=
kam einen rissigen Klang.

»Manchmal erinnere ich mich jenes Auftrittes, als ich
mit dir in einer fremden Stadt in ein Tanzlokal ging. Es
war ein Lokal, das in sehr schlechtem Rufe stand, aber ich
wollte durchaus hin, du weißt, es spielte ein Orchestrion.«
Er sprach schneller, als wollte er etwaigen Einwendungen
zuvorkommen. Er sprach über sie hinweg wie zu einer
fremden Person, die hinter dem Fenster stand. Ach was,
dachte er, ich werde es ihr zeigen, nein, ich muß das sogar
und gerade jetzt. Er suchte in ihrem Gesicht nach Spuren
von Unruhe und lächelte boshaft.

»Du mußt verstehen, ich konnte nicht anders, ich mußte
hingehen und um Entschuldigung bitten. Es war ja lächer=
lich, er kommt auf dich zu, schlägt dir mit der Faust ins
Gesicht und schreit, du hättest ihm Geld genommen.
Warum du nur darauf eingingst — es war ja gleich, was
er auch sagte, aber du gebrauchtest Ausdrücke — du sag=
test damals, du wärest noch nie dort gewesen, es war selt=
sam.« Er schwieg plötzlich. Ihr Gesicht bekam einen ab=
weisenden Zug, wurde kalt, fremd, als wollte sie einem
hinzutretenden Unbekannten zurufen: Wer spricht eigent=
lich hier?

Er nahm schnell die Karten wieder auf und sagte einen
Trumpf an. Die Erkenntnis seiner Feigheit war ihm so
beschämend, daß das Blut in den Kopf stieg. Er wartete
nicht erst ab, ob sie auf das Spiel einging, und legte die
Karten wieder hin. Er tat es behutsam, als habe er Kost=
bares in den Händen, und hielt den Kopf gesenkt.

Sie fragte leichthin: »Wo hast du deine Freundinnen

eigentlich kennen gelernt?« Er schwankte einen Augenblick, als ob er auffahren wollte, und antwortete ruhig: »Du weißt es ja, bei jenem Fest.«

»Ich hatte das nicht von dir gedacht.« Sie sprach leise mit zitternder Stimme, in Erinnerungen versunken: »Du solltest ganz mein sein, ich wollte jemanden haben, zu dem ich hätte aufblicken können.«

Er stieß hervor: »Und da hast du das Schlimmste getan, was überhaupt ein Weib tun kann...«

»Was habe ich denn getan...« sagte sie leise, »alles ist von dir ausgegangen, du hast mich gehetzt, wo ich bei dir die Ruhe gesucht habe.«

»Und was ist schließlich, es war ja nicht so schlimm, du hättest zu mir kommen sollen.« Eine Flut widersprechender Gedanken stieg in ihm auf.

»Du hast mich gebeten, immer ganz offen zu sein. Ich habe in der ersten Minute unseres Zusammenseins gezittert, enttäusche mich nicht, nur du nicht, es tut mir so weh, aber ich habe das nicht gefunden, was ich suchte.«

»Was soll ich denn tun...« schrie er, brach ab und bereute seine Worte.

Sie sprach unbeirrt weiter: »Du hast mich immer allein gelassen. Du hast deine Freunde und deine Vergnügungen. Was habe ich, und ich habe dich so lieb...« Sie schwiegen wieder eine Zeitlang.

Die Stille des Zimmers und das gleichmäßige langsame Anklatschen der Regentropfen ließen ein Grauen entstehen, das riesengroß emporwuchs. Es war ein unförmiger Koloß, der lautlos und unabwendbar niederglitt. Es war, daß man lauscht nach dem Knistern der erwürgten Fleischmassen und den Splittern der zerriebenen Knochen, daß man sich sehnt nach Krachen und Getöse und man nichts hört. Es war, als ob ihre Körper sich in einem verzweifelten Grinsen schüttelten. Er fühlte: Vielleicht hat sie recht.

Sie ist eine Spinne, ich verstehe es nicht — hat sie nach mir gefragt?

Sie saß ihm gegenüber wie festgebannt.

Sie starrte ihn unverwandt an. In seinen Blicken lag der Todesschrei eines Tieres.

GNADENREICHE,
UNSERE KÖNIGIN

[1659]

Tanzten schwarze Ringe.
   Durch das Zittern in der Luft, daß alle Bäume sich hinaufrecken und die Knospen springen, geht die Frau. Verwachsen mit dem dampfenden Boden, ein flimmernder Kelch. Die Sonne treibt vorwärts, die Trambahn hält. Eigentlich hat sie gesagt, sie wird bald zurückkommen. Die Trambahn fährt. Die Frau trägt Bücher im Arm. Auch Briefe: Ich denke immer an dich, ich bin hineingewachsen — schrieb sie vor Jahren. Ihre Briefe. Aber der andere wartet. Auch der eine. Sie fröstelt. Sie rückt hin und her. Sie schaut über die goldenen Häuser auf die Wipfel, die sich im weiten Blau schaukeln. Morgen werd ich's ihm sagen. Er wird sie durchdringend ansehen. Sie ist als Kind die Straße hastig auf und ab gegangen. Der andere fürchtet sich sehr. Er schweigt, wenn sie nur den Namen nennt. Er wird traurig, sieht sie hilflos an. Er fragt, weiß er denn, daß du bei mir bist? Aber es ist etwas an ihm, das sich schnell verkriechen möchte. Sie kann ihm nicht antworten. Oder sie muß lügen. Sie wird ihn allmählich aufblättern. Er soll alle Wärme und Schönheit haben, daß er zu ihm und ihr hinauf gedeihen mag. Er trägt seine hohe Stirn gegen das Gesindel. Vielleicht, daß er noch gegen diese Welt streitet. Und siegen wird, ohne sich umzusehen. Ihm ein Kamerad werden. Sie hob mit einem Ruck ihren Kopf. Sie wurde rot. Wollte sich umwenden. Befreit aufatmen. Vielleicht laut sprechen. Aber sie merkte, daß alle Leute sie haßten. Um so besser.
   Sie war daran, mit dem Blonden ein Nest zu bauen. Und die Kinder werden dann alle miteinander spielen. Sie besucht mit ihm Konzerte. Über alle Stimmen, die sie trafen, hinweg glühte ein Klang, der wuchs, sich wölbte zu einem Dom und sie verschlang. Wie in Zeiten, da alles um die Menschen herum noch stark war, daß sie sich selbst nicht merkten. Er blühte ihr entgegen, aus Chorälen,

die sie gemeinsam sangen. Er schwebte vor ihr, wenn sie sich in die Augen sahen. Er strahlte über sie, wenn sie die Straße entlang gingen. Der eine merkte dies alles und wurde unruhig, daß sie nicht zu ihm sprach. Ich fürchte, du wirst alles zerstören, wenn du nicht zu mir sprichst. Er beunruhigte sich. Er sprach hart und abgerissen. Er ging mit ihr dieselbe Straße entlang. Er sprach von Chorälen. Er sprach von dem Klang. Da spuckte sie aus. Sie wies auf Vorübergehende, die sich nach ihr umsahen. Sie schrie: Schweine, Säue und Ähnliches. Die Leute blieben stehen. Sie ballte die Fäuste, sie zitterte. Er merkte, daß sie ihn ganz vergaß. Er redete auf sie ein. Er hielt sie eisern umklammert, als sie einer fremden Frau nachstürzen wollte. Die Augen quollen hervor, dann weinte sie lautlos. Unaufhörlich. Beängstigend. Sie hörte, wie er sagte, zu jeder Reinheit gehört eine Sicherung, sie kann niemals zufällig sein. Er sah, wie sie darüber hinwegglitt. Später hörte sie demütig seinen Entwicklungen zu. Er muß vorher alles wissen, man kann nicht auf seine Kosten leben, Bezahlung schwächt. Er erinnerte sich, daß sie ihn vor einigen Tagen einen Heiligen genannt hatte. Er erinnerte sich, daß sie ihn scheu gestreichelt hatte. Er war still geblieben, die Zähne zusammengebissen. Gestöhnt, warum sagst du mir nichts. Sie fällt wieder zusammen, vermorscht, klagt und muß um Hilfe winseln. Er wird wieder Wärter sein. Eine Glut war über ihm zusammengeschlagen. Er hätte sich quälen mögen, um sie zum Sprechen zu bringen. Er blieb einsam. Und wollte es nicht. Und durfte es nicht. Sie stöhnte zwischendurch, ich bin so dreckig, ich bin ein Hund. Er lauschte. Aber sie sagte nicht: verzeih. Sie schmähte den Blonden. Er widersprach. Er ist schuldlos, du hast ihn genommen. Sieh, daß ein Ende wird. Sie weinte lange. Er sprach viel. Er verteidigte ihn heftiger, aber er schloß immer, der soll sich beweisen. . . . Es war, als ob sie den andern schützen müßte. Er kann sich nicht beweisen, dachte sie. Er ist noch so schwach und klein. Nun gut, hätte er da schließen wollen. Aber sie ging aus seinen Armen und lächelte scheu. Er blieb gebannt stehen. Er brachte keinen Laut hervor. Alles Blut drängte sich zusammen. Er blieb zusammengekauert. Sie war sehr lange aus. Er wühlte sich in die Kissen. Ich hab euch lieb, fühlte er und zuckte.

Es half nichts, daß ihm war, als müßte er ersticken. Daß er verbrannte. Er blieb angeschmiedet und ohne Waffen. Er erinnerte sich, daß sie gestern gewünscht hatte: Eine Stube voll Jungerle. Er erinnerte sich, daß manchmal ihr Gesicht hohl und wie entschwunden war. Hergerichtet zum Schlag und unempfindlich. Er wurde nicht erlöst, das Feuer prasselt. Eine furchtbare Angst war um ihn: ich bin ausgestoßen. Da tauchte eine Tote vor ihm auf, der sein Wesen unaufhaltsam zuströmte. Er dehnte sich beglückt. Er wurde ruhiger. Er merkte, wie sehr er mit einem blassen lustigen Gesicht verbunden war. Er sah dünne goldene Haare, einen flimmernd bleichen Körper. Er mußte ein quälendes Gefühl zurückscheuchen, daß er sie bedrückend empfunden hatte. Ihre Nähe war heiß und fiebrig. Auch glitschig. Aber er sah jetzt in eine Werkstatt. Er sah ihre Kräfte an der Arbeit. Ihn schmieden. Dort war sein Leben. Er versank in ein wohliges Träumen. Er kroch ganz in sich zusammen. Er hörte die Schritte der Frau und wühlte sich tiefer ein. Er hätte rufen mögen, jetzt wenigstens laßt mich in Ruh. Da bebte er in Erschütterungen. Wie Nebel über dem Waldhange sich wölbt, zerreißt und sich wieder fängt. Er quälte diese Frau, er drängte ihr ein Leben auf, das in einem dunklen Land verankert war. Vor dem sie zitterte. Sie liebt die Sonne. Sie umspannt das weite graue Feld. Sie ist im quellenden Wasser, in den Katarakten des Stromes. Sie will leuchten und Glück sein.... Er versank in ein dumpfes Weh. Und doch merkte er noch, wie er daran ging, sich aus dem Drohenden, Ungeheuren Kräfte zu ziehen. Er sah sich panzern. Die Augen ausschlagen. Sein Weg ging steil und schmal. Er fühlte, jeder Schritt ist gegen die Welt. Gegen das Glück. Gegen alles höchstes Leben. Und doch....

Aber er mußte es ablehnen....

Denn er mußte es ablehnen, ein Krüppel zu sein.

LÄUTERUNG

[1665]

Er liegt am Boden. Hat sich eingewühlt in die harten Schollen. Eine Straße atmet und dehnt sich, steigt, keucht schwer im Dahingleiten, reißt — daß er zittert und sich enger preßt. Grüne Halme ballen sich dichter, weiten sich, Wolken tupfen auf blauem Bogen. Er möchte schreien.

Hinten drängen die vielen Menschen. Wimmeln. Weiße Schuhe. Lächelnd verstohlen sehnsüchtig. Straffen sich. Beine. Ein Kind springt. Lockendes Parfüm aus der Zeit, als er zwölfjährig neben einer hochgestellten Dame im Parkett des Provinztheaters saß, die Treppe hinter einer Ingenieursgattin hinaufstieg, die Fäuste gegen die Wand schlug und sich würgte, später: Steine, Segel, Meer, schließlich enger zusammenkroch, heiß, Blut rieselt, bunte lachende Menschen zueinander, alle — Sonne —

Atmete fiebernd, schlug den Hinterkopf gegen das Grau des Himmels, fraß sich tiefer in die Schollen, weinte und schluchzte und wollte beten, ein Duft zog über allen und schlug nieder. Eine ferne Häuserreihe schob sich näher.

Er wehrte sich, dachte sich die Achseln zucken. Aufstehen. Das Gesicht abwischen. Langsam den Leuten zugehen.

Eine Gaslampe, die so lange niedergehalten war, flackert heller und surrt.

Angst schreit. Nicht sich aufblättern zu können. Die Welt zieht vorbei. Das Blut kreist enger.

Die Gemeinschaft wird wieder brechen. Eher gegen alles, als in sich. Revolution. Sich selbst zerstören. Glück des Gehenkten. Wenn man sich selbst erstickt, bleibt noch ein dünnes Leben. Klingt weiter. Er hört sich beten, anschwellen, Wände schwinden, Weiten tun sich auf, aber angeschmiedet . . . durchbohrt . . . kreisend in fremder Qual . . . Hilfe, knirscht er.

Jetzt baut er still, voll Sicherheit, ein Werk vor sich her. Unbeirrt. Wenn es auch wächst, streng, fest gefügt — er schaut kaum hin, keine Freude, keine Zweifel, die Uhr zählt die Zeit, die Arbeit, die Steine, die er aufschichtet, Menschen gliedern sich an. Er bebt nicht vor Ungeduld, obwohl das Herz schlägt.

Da steht jemand auf, dreht das Licht aus.

Ein Stuhl wird gerückt.

Alle merken, daß es fast hell ist.

Während sich alle rekeln, den Kopf wieder in die Kissen wühlen, der Wächter hängt sich die Kontrolluhr über, rafft am Tisch Papiere zusammen, Sindbad den Seefahrer, — sagt der Nachbar von Nr. 12 nach der hinteren Wand zu und steigert schnarrend: Morgen, Leute. Merkwürdig, wie er die Worte quetscht. Alle Wärter sind auf ihn ärgerlich. Meistens hören sie später, daß er ein Schneider ist namens Erb. Sollen glauben, daß Erb Beziehungen hat, in Verbindung mit Regierungsstellen, andererseits Intrigen, die Frau spielt eine Rolle, will ihn los werden. Graf braucht Ehescheidung. Dann aber lassen sie an Erb die Wut über den Schneider aus.

Erb mit dem schmalen spitzen Kopf, knallrotes Gesicht, springt im Bett auf, wiederholt. Sieht sich enttäuscht um.

Ganz vorn an der Tür lacht ein hübscher junger Mensch. Erb schaut strafenden Blickes hin. Der Junge schüttelt sich vor Lachen.

Erb schreit: Heute nehme ich euch alle mit raus.

Schmidt fragt: Wie denn — raus — mein Kopf tut mir so weh. Verzieht das Gesicht zum Weinen. Die beiden neuen Wärter kennen ihn noch nicht und tuscheln.

Es wird jetzt gekehrt, gewischt, Eimerklappern. Die Fenster sind aufgerissen. Es scheint, als ob die Eisenstäbe in der Sonne glitzern wollen.

Dann erinnert sich Schmidt, daß er einen Hammer sich vor den Kopf geschlagen hat. Er erzählt, daß er einmal sich halb die Zunge abgebissen hat. Er macht eine gute Figur, früher trug er schwarzen Bart, die Haare etwas wirr. Er hat sehr viel in seinem Leben studiert. Allerdings ist er unter gewissen Voraussetzungen bereit, heute mit Erb gleich wieder wegzugehen, er trinkt indessen keinen Schnaps. Erb würde Wein trinken. Beide sind schließlich vergnügt.

Der Wärter denkt, es ist ekelhaft hier drin. Man sitzt und sitzt. Die Toilette, die zwischen den beiden Sälen eingebaut ist, stinkt. Er kocht vor Wut. Was? Ach so, austreten. Die Wände des Kastens werden heruntergelassen. Los! Der schiebt sich den Gang entlang. Der Kollege im anderen Saal erzählt sich was mit seinen Leuten.

Wenn Frühling ist, singen draußen die Vögel. Einige dürfen aufstehen und sitzen an ihrem Bett. Schmidt denkt, ob er hier von seiner Frau erzählen soll, vielleicht wissen die was? — Ob sie den Erb wirklich kennt — manches stimmt ja. Schönauer liegt dem Schmidt gerade gegenüber. Er soll in Paris Ringkämpfer gewesen sein. Schmidt denkt nach. Er weiß nicht, ob seine Frau solche Muskelmenschen mag. Schmidt quält sich. Er gibt dem Erb keine Antwort.

Der Oberwärter flitzt durch die Säle. Alle sind einen Augenblick in gehobener Stimmung. Schmidt fühlt ein ungeheures Loch in seiner Seele, das immer weiter noch reißt. Und doch glaubt er nicht an Gott. Genossen, möchte er losheulen. Ich weiß nicht, was das für Leute sind. Einer heißt Draqua, einer Schubert. Die Frau, die Frau, sie spricht mit allen Menschen. Er kann sich nichts wegseufzen.

Während alle aufhorchen, die Becher werden aufs Brett gestellt, man hört schon Tritte, ein hübsch aufgeputztes Mädchen schleppt das Tablett, einer nimmt Becher für Becher ab, Brot mit rotem Mus, die Uhr geht ganz genau, selbst der Wärter ißt Brot, das Mädchen mit der weißen Schürze...

20

Ein Vergnügen, wie schnell die Tage vergehen. Mehr als jede Wohltat.

Schmidt lebt in seine Leute um ihn herum mehr hinein. Hört, daß einer, den er schon lange wegen seines gequälten Gesichtsausdrucks beobachtet, ein Ofensetzer ist. Zu dem kommt öfters eine Frau, setzt sich zu ihm, bringt Milch, Eier, Bonbons. Jedesmal dreht sich der Ofensetzer weg, wenn die Frau erscheint. Einmal begleitet sie ein junger schmächtiger Mann, vielleicht der Sohn, er steht verlegen am Bett herum, die Frau stopft dem Manne Eßwaren in den Mund. Der spuckt wütend alles aus. Die Frau ist fiebrig an der Arbeit. Der Mann hebt den Kopf, der Hals quillt an, wird blutrot, er gurgelt etwas, dann kann er nicht mehr sprechen, hält den Arm weit weg. Der ganze Körper erstarrt. Die Frau dreht sich gekränkt zum Wärter um. Der Ofensetzer möchte hinausgehen, schreitet durch den Gang, bis er gefaßt und ins Bett geworfen wird. Die Wärter schreien, das Aas führt uns an. Die anderen sagen: wenn einer geht, soll man ihn gehen lassen. Einige lachen aber, wenn er Prügel bekommt.

Es geschieht sonst nichts. Nr. 5 hat die Faust in den Vorhang gewickelt, schlägt die Fensterscheiben ein, geht dann langsam ins Bett zurück, lacht. Draußen scheint die Sonne. Eigentlich freuen sich alle, sprechen miteinander, fragen, warum denn eigentlich — nur die Wärter, der Vize, der Oberwärter — Erb freut sich kindisch. Prophezeit, es wird noch schlimmer kommen, das schlechte Essen muß herhalten, auch von draußen werden sie kommen. Zwei Stunden später ist völliger Aufruhr. In allen Stockwerken. In den anderen Häusern.

Schmidt quälte sich mehr. Er hörte in sich etwas aufbrüllen. Laut sagte er: Ordnung muß sein. Jeder muß sich in etwas hineinfügen, sonst kann eine menschliche Gemeinschaft nicht bestehen, da muß der eine dem andern nach=

geben, aber er fühlte zu tiefst eine qualvolle Fessel, es würgte ihn. Er begann wieder, andere Menschen um dessentwillen zu hassen.

Dennoch wehrte sich Schmidt weniger heftig gegen das zarte einspinnende Wesen vieler Gegenstände, die scheinbar von selbst sich zu ihm ordneten. Der Tisch, Schrank, Stühle, die Bettstellen, der Fußboden, die Lampe – sprachen vertraut dämmernd auf ihn ein und umrankten seine Unterhaltung mit den Freunden in zunehmend bestätigender Herrlichkeit. Er lernte viel und streichelte die Bettdecke zaghaft, manchmal beruhigt und voll Erwartungen, einer bisher fremden Seligkeit den Weg bereiten zu helfen.

Draußen – zwischen den Stäben, Verzierungen, Rosetten und Kreisen, die das Fenster vergitterten, schwand Tag um Tag das Licht, sprach in der Dämmerung, summte von Glück. Weiter hinaus stand ein Fabrikschornstein starr gegen den Dunst, ein Gewimmel schwarzer Häuser, daneben ein Stück Laubwald, der bis an den schmalen Garten heranlief. Und wieder daneben Ackerland, die Männer vom anderen Haus gingen häufig drüber hin, aus versteckter Feldhütte kräuselt Rauch. Schmidt hört Schaufeln, metallischen Klang, kurzen Ruf eines Aufsehers, drei große Buchen standen allein, ganz scharf, und weiter weg zog sich der Bahndamm. Tag für Tag.'

Schmidt hörte das Rollen der Eisenbahn und lauschte, bis es verklang, die Sirenen der Fabriken, Glockenläuten von fern her, und spürte keinerlei Sehnsucht, so stark lebte er in sich und in allem, was ihn umgab.

Bis er auch nach Wochen selbst in den Garten hinaustrat und immer in der Runde herum und dann kreuz und quer ging, anfangs scheu allein, dann auch mit anderen zusammen. Kinder wurden im geschlossenen Zuge herumgeführt. Hinkten, stolperten, schleppten sich nach, hingen so schleimig aneinander und sangen. Schmidt ging immer den Kindern nach. Da krampfte wer sein Herz zusammen.

Da stand auf einmal alles um ihn herum still. Wurde schwarz. Trocknete ein. Verkroch sich. Wind pfiff.

Da rief wer.

Dann sah er den Wärter auf sich zukommen. Er hätte noch etwas schnell sagen wollen. Aber er mußte sogleich mitgehen. Es war alles so eisig. Die Zäune, Mauern, Stufen, die Glastür. Drin stand der Doktor, eine Frau, ein dicker Beamter, der freundlich lächeln wollte. Plötzlich mußte er daran denken, wie peinlich es sei, draußen sagt einer, Schmidt wird außer der Reihe vorgerufen. Er wurde glühend rot. Sah sich scheu im Vorzimmer um. Die Dame sprach hastig auf ihn ein. Der Doktor sagte etwas zur Dame. Der Beamte klopfte ihm auf die Schulter. Der Doktor maß ihn mit einem scharfen Blick. Schmidt verzog das Gesicht. Die Frau sah gleichfalls sich scheu um. Eine Pause. Eine Frau. Dann drängte der Doktor weiter. Dem Schmidt stieg ein Haß gegen die Frau auf. Er merkte, es beginnt schon zu schlucken, es steigt auf. Willst Du was haben, hörte er. Alles wurde glitschig. Er klammerte sich wo an. Er verzog noch mehr das Gesicht. Bitten kann man hier nicht, dachte er noch. Und doch hätte er die Frau am Arm fassen wollen und auf sie einreden. Der Haß wanderte zum Doktor. Schmidt sagte etwas leise zum Beamten. Der verstand nicht. Wurde plötzlich größer, ein fetter Koloß. Immerhin fühlte sich Schmidt zu ihm hingezogen. Er setzte alles daran, mit dem Mann weiter zu reden. Er merkte, daß er der Frau unrecht tat. Sie wird bald weinen. Er fühlte auch in sich etwas, das unsagbar weh tat. Und ihn wohlig überzog. Dann gingen alle. Er gab die Hand. Und fiel in einen Abgrund.

Schreiend.

Er hörte sich noch einem hinzutretenden Aufseher sagen,

ich will heute nicht in den Saal, ich will eine Zelle. Ich halt's nicht aus. Eine Zelle für mich allein. Der bot ihm eine Zigarette an, draußen im Garten, ein paar Züge —? Es sieht niemand.

Schmidt aber dachte, ich habe ihr sehr weh getan. Ich habe sie irgendwo getroffen.

Dann begann er zu fiebern.

Es ist alles doch nicht so! Brüchig. Faulig. Bedreckt. Immer gefesselt, unlösbar verstrickt, angeschmiedet. Er fühlte sich das Maul aufreißen. Hinten im Kopf hing ein Grinsen: Vorsicht! Dann schlich er weiter. Pah. Die Frau. Soll sie sehen... ich will nicht mehr. Die andern! Aber es war keiner mehr da. Schmidt brach ganz zusammen. Er schlich im Gang herum, pickte an die Fensterscheiben. Dachte noch, es wird dunkel, man wird bald zur Nacht essen. Es quälte sich immer höher. Stand schließlich: Ich hab' mich verschrieben, — ich muß folgen, demütig sein, ich muß... dann wollte er Tränen herauspressen, sich selbst beflecken, stellte Stationen auf, haßte sich, wollte sich an die Gurgel fahren, aufheulen — bald wird man mich rufen, ängstigt er sich — nein oder ja? Ja!

Er mußte lachen.

Er wurde dann gerufen.

Dann träumte er, schwer, interessiert, in Schweiß gebadet.

Er träumte voller Auf und Nieder. Versuche, Zusammenbrüche. Er träumte, träumte zäh und krallte sich am Bettpfosten fest. Noch, als man ihm Trional geben wollte, das er ausspie. Es nützte nichts, daß man gewaltsam die Zähne auseinanderbrachte.

Stotternd sagte er: Lassen Sie mich doch, ich bin gleich ganz ruhig. Der Oberwärter war geradezu erstaunt. Wollte nochmals zugreifen, ließ aber, während er schon fest den Kopf hielt, plötzlich ab. Er nahm das Glas und trug's hin=

aus, ohne dem Aufsichtführenden noch ein Wort zu sagen. Draußen rollte die Bahn.

An einem der nächsten Morgen wurde Schmidt zum Doktor gerufen. Ein Schreiber saß da, mit aufgedunsenem Gesicht, Triefaugen, die Hand zitterte schrecklich, dann der Doktor, hinter einem Stoß Akten, auf einem Stuhl dicht an der Tür nahm Schmidt Platz.

Die Personalien — der Vater etc. Der Doktor horcht auf, der Schreiber schreibt auf einen Wink. »Und Sie?« »Nichts.« Schmidt gibt an: Nichts. Mutter lungenleidend. »Lieben Sie Ihre Mutter?« »Nein.« »Warum?« »Sie lügt.« Der Doktor rückt auf dem Sessel herum. Schmidt schweigt auf die nächste Frage.

»Ja, aber nun sagen Sie mal, wie lange leben Sie mit Ihrer Frau zusammen?« » — « » — « »Also« — nach einer peinlichen Pause — »hier ist angegeben, Sie haben sich mit einem Hammer auf die Stirn geschlagen. Sie leiden an Krämpfen?« »Ich weiß nicht.« Der Doktor steht auf. Lang, hager, faltiges Gesicht, die Augen blinzeln über dem Klemmer hinweg. »Kommen Sie doch näher, fürchten Sie sich denn?« Schmidt lächelt verlegen. »Na also — sagen Sie mir doch, quält Sie die Frau nicht? Man weiß doch, wie das ist.« Schüttelt den Kopf, reckt sich. »Ja?« »Nein« — ehrlich überzeugt. Der Doktor fragt schnell: »Trinken Sie?« » — « »Stottern Sie immer?« So ein Hund, denkt Schmidt. Vorwurfsvoll: »Schmidt—?« »Nein.« Der Doktor legt seine Hand Schmidt auf den Arm. »Vertrauen Sie mir doch.« »Ja, um Gottes willen, was soll ich denn sagen,« sprudelt der hervor. »Sehen Sie, so was tut man doch nicht.« Der zuckt die Achseln. Pause. Dann sagte er leise: »Manchmal kann ich mich nicht halten. Ich muß einfach.« »Wie — « »Ich will nicht mehr leben, es ist so furchtbar, ich halt's nicht aus, ich will nicht, es ist geradezu ...« Ein Gewicht fällt nieder. Der Doktor verzieht nervös das Gesicht. »Sie sind jetzt sehr aufgeregt.« Schweigt. Sieht dann zum Doktor auf. Der lächelt etwas. Man hat das Gefühl, die werden zueinander gehen. Schmidt steht auf und sieht zur Tür. »Fehlt Ihnen hier was?« Schmidt verbeugt sich, will gehen. »Warten Sie, lieben Sie Ihre Frau?« »—« Doktor zuckt nervös. »Sehen Sie, Sie sind doch ein prächtiger vernünftiger Mensch, ich glaube, Sie passen nicht zusammen, ha?« Ach—denkt Schmidt geringschätzig, bereitet eine lange Rede vor. Dann sagt er: »Ich prügle sie manchmal.« »—« »Ich muß. Viel schlimmer, als wenn ich mich prügle.« Der Doktor winkt ärgerlich ab, murmelt: »Sie werden doch einen Grund haben.« Schmidt möchte den Doktor in die Gurgel beißen. Er ist hier so machtlos. Schmidt will sprechen. Da kommt schon der Nächste.

So glücklich wurde Schmidt, daß er fest daran glaubte, es würde ihm noch gelingen, den Doktor zu retten.

Es blieb dabei, draußen leuchtete die Sonne blutrot. Die Vorhänge wurden vorgezogen, es hieß schlafen gehen, und sein Glaube wuchs und wurde so übermächtig, daß alle Glieder bebten.

In solcher Nacht lauschte Schmidt dem Ablauf jedes Lebens. Und es kam vor, daß sein Nachbar Schubert sich aufrichtete, stöhnte, einige Worte stammelnd starr gegen das Fenster sah. Auch Schmidt richtete sich auf, er dachte, Schubert wird jetzt zu ihm sprechen wollen. Aber der sah angstverzerrt zum Fenster hin, stöhnte... Die Augen, die Augen... und brach in Weinen aus. Jammerte: Ich kann nicht hier bleiben, wand sich hin und her, bis er nur noch krampfhaft zuckte. Es half nichts, daß der Wärter ihn festhielt, er begann aufzustehen, es hielt ihn keine Gewalt, er schrie: Ich muß hier fort, liebe liebe Leute. Half nichts, daß man ihn schlug, die Arme und Beine binden wollte— die Wärter schwitzten — er gurgelte und stöhnte und brachte immer neue Kraft auf, alle ringsum im Saal wurden unruhig, Schmidt fieberte vor unerträglichstem Schmerz — dann glitt ein leuchtender Strahl über den Jammernden hin, er lauschte gespannt, Verzerrungen lösten sich, man ließ von ihm ab, Schmidt sah, wie er das eingefallene Gesicht zu einem Lächeln verzog.

Dann fühlte er, wie Schubert nebenan sich lang hinstreckte, den Kopf unter die Decke vergrub. Er fühlte deutlich die entsetzliche Spannung hoch- und niedergehen. Fühlte, wie dessen Körper mitging, er mußte ganz zusammengeballt verkrochen sein. Zwar waren die Hände mit Fausthandschuhen bedeckt am Bettpfosten angebunden, aber sein Blut bebte ruckweise, atmete schwer und sehnsüchtig, bis er erlöst abbrach, ein lauter heller Ton schwebte noch im Saal, dann fiel Schubert wieder völlig zusammen, der Kopf hing zur Seite über das Bett hinaus, der Körper schrumpfte sich mit ein, es war unschwer, auch die Hände wieder aus der Fesselung zu befreien.

Dennoch hatte alle ein ungeheuer lastendes Grauen gepackt, sie schwangen mit diesem Körper mit und waren erstarrt, daß sie nicht mit erlöst wurden. Eine Würgehand hielt alles nieder. Es war entsetzlich, daß niemand die Kraft hatte, laut zu schreien. Nur der Wärter lächelte verzweifelt an seinem Tisch. Er kam allen auf einmal klobig und eckig vor. Ein plumpes glotzendes Stück Menschenfleisch, völlig außerhalb. Er konnte durch das Grauen hindurch kaum deutliche Worte sprechen. Es klang blechern, klapperte vor Unruhe, er hätte sagen wollen, auch das ist eine Krankheit wie zu vieles Saufen oder so etwas. Schmidt sah, daß er sich lieber meilenweit fortwünschte. Es war eine maßlose Überlegenheit vieler Menschen über den Wärter hereingebrochen. Der dachte noch daran, daß Schubert eine junge Frau hatte, der viele Männer auch hier im Hause nachsahen. Er erzählte dann noch jemandem, daß Schubert bei seiner Einlieferung einen feinen

Anzug hatte, er sei sicher was Besseres und seufzte zu guter Letzt.

Schmidt wälzt sich noch ruhelos herum, in steigender Angst. Sie greifen wieder in das Leben ein, denkt er. Widerwillen bis zum Speien. Die Eingeweide schmerzen. Kein Fleck an seinem Körper, der nicht wieder betastet werden wird. Es fließt ekle Weichheit über ihn. Er möchte sich aufbäumen und ist doch so wehrlos. Sieh mal, hört er eine ferne Stimme sich zusprechen, die Menschen sind aufeinander angewiesen. Nein, will er schreien, doch doch, sie sollen sich ergänzen, auch trägt die Kraft des einen viele anderen mit. Ich habe keine Kraft, begehrt er auf. Allerdings bin ich auch zu viel mit anderen Menschen verbunden, gesteht er sich zu — darum will ich jetzt allein sein. Aber die Glut, die über ihm ist, läßt nicht locker: Sei doch stark. Er beginnt schon nachzugeben, Tränen steigen auf. Wenn ich auch wollte, ich kann doch nicht, fühlt er noch. Dann ist er bereiter. Vielleicht soll man sich wieder mitten in die Welt hineinstellen, beschließt er. Ich habe die Frau doch nicht geliebt, fällt ihm ein. Ich muß erst einsehen, daß sie mich völlig trägt. Vielleicht wird sie bald zu mir kommen, fühlt er. Muß daran denken, daß sie bei ihren Besuchen immer Tränen in den Augen hat. Es braucht nicht alles glitschig und schmierig zu sein. Er ist schuld, daß sie nicht freier atmet. Es nützt nichts, sich selbst zu zerstören. Alles Betrug. Warum sollen die andern ersticken, daß er nicht leben will? Er beginnt sich glühender zu schämen. Wie ein schmerzendes Netz liegen die Gedanken über ihm. Er muß die Knoten von innen her ausbrennen. Freies Leben. Frohlocken.

Dann spinnt er ruhiger seine Pläne fort. Er fühlt, daß er unendlich stolz geworden ist. Jetzt merkt er erst, daß er schon viele Menschen in sich lebt. Sehnsucht quillt. Wenn er die Tiere liebt, Blumen, den Horizont, den blauen

Strich ferner Wälder und im Menschen das alles zusammen? Zuerst in dem einen einmal bestimmten und gewählten Menschen – niemals mehr Ekel empfinden, sich gehen lassen. Mag er selbst noch gezogen, gezwungen, bestimmt sein – los! Er wartet alle Tage auf die Frau. Schillernder Frühling macht alles weit, das Feld dehnt sich und lockt. Er muß ganz schnell im Garten hin- und herlaufen. Er muß den Doktor, den Oberwärter, gar den Professor glückstrahlend grüßen, dankend aufatmen. Das Lächeln verstrickter Gewohnheiten ist hinter ihm. Klammert sich an. Gibt mir Kraft, fühlt er. Ganz frei.

Wenn auch draußen die Sonne steigt und fällt, freches Grün zwitschert, Schmidts Sehnsucht klammerte sich nicht daran. Eine andere Arbeit hielt ihn im Bann und zwang und lockte. Es galt, sich tiefer zu festigen. So, daß er täglich mit sich rang und Erinnerungen vor sich ausbreitete, die zwar tiefe Wunden geschlagen hatten und immer wieder das Blut sieden ließen, aber dennoch eine mehr regelmäßige Bewegung loslösten, auf deren Zügelung Schmidt alle Hoffnung setzte. Darin war der Glanz seiner Umwelt mit einbegriffen.

Er dachte – zwischen blutheißen Schauern und bohrenden Erbitterungen – an den Musiker, zu dem erst noch unlängst die Frau gelaufen war: Sie muß ihm helfen, ruft er mich nicht – ist nicht auch dort mein Platz? Sicherlich hat sie so gesprochen, jedenfalls lief sie hin, sie blieb Nacht für Nacht dort, gleichwohl er sie schlug, sich selbst das Haar raufte, auf dem Boden lag und mit den Füßen schlug. Schmidt fühlte, es wird nie sein, daß er das begreift. Damals hatte er auch noch gejammert: Ich hab' ihr doch nichts getan. Bald wußte er, das war es nicht. Auch der andere nicht. Ich hätte auch sein Freund sein können, erinnerte er sich. Und das Schlimmste – schließlich versank wieder alles. Die Frau ließ allmählich den Musiker fallen. Es wurde eher, daß Schmidt ihn hätte verteidigen wollen, er fühlte sich immer näher, er kam nie dazu, sich klar auszusprechen, die Frau stritt gegen ihn, sie wurde so leidzerrissen, daß er erschrak und verstummen mußte. Das Leid dieser Frau schob sich dazwischen und verlangte nach ihm, fraß sich ein und erstickte alles. Das Leid dieser Frau. Manchmal war es so lächerlich klar, daß er sie nicht liebte. Er dachte daran, Liebe ist etwas Befreiendes, es muß aufstürmen, Empörung, ungeheueres Glück sein. Alles das aber kann es nicht sein, grübelte er. Eher eine Erweiterung voll gräßlicher Anstrengungen, sich zu ertragen in all dem Mehr. War der Musiker ein Stück Holz — mußte er nicht ein Mensch sein, der auch zu ihr strebte, und dennoch wußten sie voneinander nichts. Sie vereinten sich niemals. Schmidt konnte keine Antwort geben. Biß sich die Faust, das Blut sickerte. Er stellte sich hin und hämmerte sich in den Kopf. Ich will dennoch aushalten. Ihr Blut strömt zu einem andern, sie schließt mich aus. Gut, ich ersticke trotzdem nicht. Aber er weinte.

Es war so schwer, wenn sie dann später zu ihm sprach, neben ihm ging, er erlebte jede Sekunde beider Zusammensein. Das Blut sehnte sich zu beiden. Ob er sich auch empörte, und wurde verschmäht und wandte sich gegen ihn daß er zitterte und zerriß.

Die Birken im Garten wußten darum.

Auch die Frau kam häufiger und küßte ihn. Auch sonstige Menschen von draußen kamen und sprachen zu ihm, Schmidt richtete sich langsam darin ein, wenngleich überlegener. Aber er dachte: die Frau soll gehen. Ich will aufmerken, daß ihr nichts fehlt, daß ich für sie da bin. Die Frau drängte ihn wieder zu sich. Sie war zu scheu, ihm aufzuzeigen, ob sie litt. Das Wesen der Frau war ihm so fremd. Er wollte ihr glauben und liebte sie.

Und zu verschweigen, daß er ins Bordell gegangen war

in der Hoffnung, aufgeblättert zu werden, emporgerissen, endlich ein neuer Mensch, um enttäuscht wieder heraus=
zulaufen, Gelächter hinter ihm.

So lebte Schmidt zwischen den Tagen aufblühender Klarheit. Aber es fügte sich so, daß Schmidt, als er viel später eines Tages plötzlich auf die Straße entlassen wurde und an der Seite der Frau zur Bahn ging durch ein hohes altertümliches Tor hindurch, an dem kunstvolle Schmiede=
arbeit besonders auffiel, fügte es sich, daß Schmidt alle äußere Sicherheit wieder verlor, die Kameraden, Kinder, Birken und den Rauch aus der kleinen Waldhütte.

Er erschrak vor den Menschen, die jetzt um ihn herum sein wollten. Sie waren so aufgequollen, grob=stier, eckig und zuckten wie Hampelmänner, waren wirklich so klobig, er ekelte sich und schrie verzweifelt in sich hinein. Die lächerliche Bahnfahrt.

Er schritt dann am Arm der Frau ihrer Wohnung zu. Sonne grinste herbstlich. Die Frau war mild befangen, zutunlich, zuweilen aufgeregt, sie störte nicht und be=
stärkte ihn. Er wird es nie merken, daß sie vielleicht für ihn in sich die Welt trägt. Aber Schmidt kriselte. Kruste auf Kruste fiel. Ein Leben umspannender Schrei dehnte sich, eine namenlose Furcht — er hörte die Menschen sprechen, als ob sie bellen, beißen werden — doch das Wunder hielt stand: er wußte, von ihm selbst wird's ab=
hängen. Sollte er auch allein sein — und hätte der Frau die Hand küssen wollen.

JEHAN

[1681]

Jehan lebte zu der Zeit, als noch jeder ungerufen und ungestört darauf ausgehen konnte, die Welt zu erobern. Heut zwingt das die ganze Menschheit in den Einzelnen hinein und hängt sich mit ihrem ganzen Jammer dran.

Jehan war eigentlich ein Räuber, ein Kosak, ein Perser-Chan und ein mächtiger König aus dem Geschlecht der Timuriden. Die Schätze Indiens, von denen man als junger Mensch noch immer soviel hört, waren alle sein und noch mehr: die niedergehaltene Wucht der indischen Seele, daß jeder von der Glut seines Glaubens entflammt gegen die Sonne lodert, als ginge die Menschen endlich einmal die Weltordnung überhaupt nichts mehr an — am Ganges oder sonst irgendwo, Gebetschnüre, Betel, Augenverdreher, die sich Dolche durchs Hirn stoßen für irgendwelchen Zweck — das alles war sein und murmelte zu ihm hinauf. Natürlich war Jehan damit nicht so recht einverstanden.

Denn als freier Mann aus der Steppe schämte er sich zu verachten. Höchstens sich selbst. Und außerdem ist es eine andere Sache, einem Baschkiren einen Fußtritt zu geben als etwa einem Säulenheiligen. Das fühlte Jehan sehr wohl. Er wurde unruhig und schämte sich, daß er niemals späterhin die Qual davon in seinem Tun mehr los wurde. Aber er wußte auch, daß so viel triftiger Grund dazu gar nicht da war.

In dem jetzt verfallenen Delhi hielt Jehan seinen Hof, in einem Palast, von einer Pracht, die zu beschreiben sich nicht mehr lohnt. In feinen Gewändern liefen die Leute herum, riesige Burgen wurden gebaut und die so merkwürdig aussehenden achteckigen breiten Türme, aus Gold und Elfenbein und Marmor, dazwischen die mit Asche beworfenen Heiligen, hunderttausend Baumeiser, hunderttausend Heerführer und edle Perser, Unzählige von Last-

trägern, alles Inder und das sonstige winselnde Millionen=
pack. Was dabei Sonne, Mond und Sterne an Wunder
taten, die blauen Schlangen und gelbroten Schmetterlinge
und schneeweiße Bäume mit purpurnen Tupfen und lan=
gen grünen Schärpen — kann man sich denken.

Schah Jehan unterhielt auch einen Harem mit vielen
tausend Frauen. Darüber mußte er immer weinen. Es
nützte gar nichts, daß immer mehr Millionen an seinen
Burgen und Säulen bauten und arbeiteten, Tag und Nacht.
Den Himmel konnte er nicht einreißen und die Qual in
seinem Herzen nicht mildern.

Jehans Vorfahren wurden noch zur Liebe gerufen. Da
stellte einer den Speer vor die Hütte zum Zeichen, daß er
drinnen bei der Frau war. Die Frauen trugen die Liebe.
Und Jehan wußte nicht, hatte Mahal ihn gerufen, trägt sie
ihn. Vielleicht in den Tagen, da er als Eroberer über das
Land zog. Sie sieht seine Arbeit nicht an, fühlt er, lächelt
über die Edelsteine, die er ihr zu Füßen legt. Küßt ihn,
daß es wild schmerzt. Nicht so, schreit er. Die Harems=
frauen, die er tagsüber besucht. Dämmernd, daß er allein
ist. Jehan schreit zu Mahal. Das Lächeln frißt sich ein. Er
läßt die Edlen schlagen, die ihr Blick streift. Er baut, plün=
dert, mordet. Mahal lächelt und dehnt sich. Sie kniet de=
mütig, wenn er an ihr Lager tritt, leuchtet bei seinen Festen,
daß ihn eine unerträgliche Scham zerreißt: Starr ruht sie
an seiner Seite, in Blicken unergründlich, ferner Schimmer
— weit — jenseits über ihn weg. Sie wird schweben, ahnt
er, ein schillernder Hauch über das Land, das ihrer Familie
eigen. Ich bin der noch nicht fremd, keucht er.

Jehan wird schwach und stark zu sich selbst. Schwer
lastet eine tückische Angst, Glut schlingt. Er kann die
schneeigen Felsenberge nicht ebnen. Er windet sich am
Boden, jammert zu einem ihm fürchterlich fremden Gott.

[1683]

Aber Mahal blüht in Schönheit und Liebe. Blüht, reift, überschüttet die kläglich kleine Welt. Reißt es ihn auch empor – er glaubt nicht. Schwankend in stechend scharfen Träumen, daß er Mahal schlägt. Für die Gewißheit ihrer Liebe. Ruhen im Gleiten der Welt zueinander, in Mahal. Jehan erwürgt einen Heiligen. Kein Laut. Hört nicht fremden Ruf, neues Frohlocken. Blind, verzweifelt. Tobt.

Schatten steigen auf, züngeln.

Noch deucht ihm eine leise Stimme näher.

Dann sieht er Hogal aus seinem Geschlecht neben sich stehen. Die Schwester spricht zu ihm, die Schwester führt ihn, die Schwester kniet neben Mahal, die Schwester umarmt ihn. Die Schwester liebt. Jehan erkennt erschauernd, daß Mahal liebt.

Es reißt sich aus ihm los, quillt, will zertrümmern.

Dann schlägt er sich vor die Stirn und stürzt.

Wie die Verzweiflung, drückt jetzt den König das Glück nieder.

Während Jehan draußen in jäher Machtentfaltung über das Land wächst, niedergedrückt von der Wucht seines Glücks in das Gemach der beiden Frauen tritt, taumelnd in der Erlösung: ich bin nicht der Herr der Welt, in der Liebe ruht – gebiert sich jeder neue Tag. Frohlockend gegen Gott, und die Heiligen glauben ihm.

Jehan sitzt auf den Stufen seines Palastes und singt. Das Volk singt, die Krieger, Bauleute. Die elfenbeinerne Pracht der Mahalssäule steigt empor über alle Wunder der Welt. Die Perser dringen ins Land und ziehen vor Jehans Stadt. Jehan weiß, daß sie sein Schwert in alle Winde stieben lassen wird. Ich bin nur einer, fühlt der König – das Volk singt. Ich bin das Volk nicht mehr, und – dazu ist es schon zu spät, ahnt er. Er singt, getragen von dem Glück der Welterlösung.

Es ist zu spät — Jehan, heißt es, wo sind deine Brüder? Jehan weiß keinen Bruder, es schmerzt.

Eine neue Angst breitet sich, aber Jehan lächelt: Ich glaube dennoch, wird es mich auch treffen, der eine wird zu Ende gehetzt.

Die Qual seines Stammes rast. Die Edlen empören sich. Des Königs körperliche Hülle zittert. Eine Schlacht wird geschlagen. Ein Sohn Jehans erkämpft den Sieg. Jehangir entthront den Vater. Stecht ihm die Augen aus, ich will der Welt meine neuen Wunder bringen, ruft er.

Der blinde Jehan modert im Kerker mehr als dreißig Jahre. Ein Heiliger dient ihm, des Königs Haupt deckt Asche. Jehan singt aus dem Kerker gegen die Welt sein spätes Glück. Es wuchtet auf der Arbeit der Lastträger. Glüht über aller Pracht und dehnt sich im Strom des heiligen Flusses.

Bis Jehangir eine neue Stadt viele tausend Meilen weiter ins Innere baut. Denn Jehangir, geliebt in der Vereinigung der Frauen, lockt das Verhängnis, auch wenn Jehan im Traum zu ihm spricht.

Ob wohl die beiden noch zusammenkommen?

Unter der Weltenlast der Verantwortung zur Macht, sich zu entfalten und sich zu schenken — daß die Liebe über das Glück sich breitet. In Traumbildern, Maschinen und Unsterblichkeit — statt endlich herzugehen im Schatten aller Frauen, daß jedwedes Leben sich befreit! Daß das Glück aus dem Wesen der Frau Gemeinschaft wird!

Wennschon einer schreit und im Alltag herumlungert, statt in der Liebe zu verrecken.

DIE MUSEN

EINE ODE

VON

PAUL CLAUDEL

DEUTSCH VON FRANZ BLEI

LEIPZIG
KURT WOLFF VERLAG
1917

Gedruckt bei E. Haberland in Leipzig=R. Sommer 1917
als dreiundvierzigster Band der Bücherei
»Der jüngste Tag«

COPYRIGHT 1917 KURT WOLFF VERLAG · LEIPZIG

DIE MUSEN

»Sarkophag gefunden auf der
Straße nach Ostia.« Im Louvre.

Die Neun Musen, und in ihrer Mitte Terpsichore!
Ich erkenne dich, Mänade! Ich erkenne dich, Sibylle! Mit deiner
Hand erwart' ich keinen Becher mehr noch deinen Busen selbst
Zuckend in deinen Nägeln, Cumeische im Wirbelsturm der goldigen
Blätter!
Denn diese dicke Flöte, ganz durchbohrt für deine Finger wie mit
offnen Lippen, bezeugt genug,
Daß du schon nicht mehr nötig hast, dem Hauche sie zu binden, der
dich erfüllt
Und der dich, Jungfrau, aufrichtet!
Keine Verrenkungen: nichts stört die schönen Falten deines Gewandes
vom Hals bis zu den Füßen, die es nicht mehr sehen läßt!
Aber ich weiß genug, was dieser Kopf sagen will, der sich zur
Seite wendet, und diese trunkene verschlossne Miene, und dies
Gesicht, das horcht, ganz blitzend vom Jubel des Chors!
Ein Arm allein ist's nur, was du nicht halten konntest!
Er hebt sich, krümmt sich,
Voll Ungeduld vor Drang, den ersten Takt zu schlagen!
Geheimnisvoller Laut! Werdenden Wortes Beseelung! Klang, dem
aller Geist mitschwingt!
Terpsichore, Finderin des Tanzes! wo wäre der Chor ohne den
Tanz? welch andre zwänge

Die acht wilden Schwestern zusammen, den aufsprudelnden Hymnus zu keltern, und erfände die unentwirrbare Figur?
Zu wem, wenn du dich nicht vorerst aufgerichtet inmitten seines Geistes, bebende Jungfrau,
Und den du nicht um seinen derben und niederen Verstand gebracht, der ganz vom Flügel deines Zornes flammt im Salz des knatternden Feuers,
Zu wem wären sie willens einzutreten, die keuschen Schwestern?
Die Neun Musen! Keine ist zu viel für mich!
Ich sehe auf dem Marmor alle neun. Zu deiner Rechten Polyhymnia!
und zur Linken des Altars, auf den du deinen Arm stütztest,
Die hohen gleichen Jungfraun, die Reihe der beredten Schwestern.
Ich will sagen, bei welchem Schritt ich sie halten sah und wie sich eine in die andre rankte,
Anders als so, daß jede Hand
An Fingern pflücken will, die sich ihr hinhalten.

Und vorerst hab' ich dich erkannt, Thalia!
Auf derselben Seite hab' ich Klio erkannt, Mnemosyne erkannt,
       dich, Thalia, erkannt!

Ich habe euch erkannt, o vollständiger Rat der neun heimlichen,
       inneren Nymphen!
Ihr aller Rede Mutterschaft! Ihr tiefer Brunnenschacht der Sprache und Knäuel der lebenden Frauen!
Ihr schöpferische Gegenwart! Nichts würde werden, wäret ihr nicht
       euer neun!
Und plötzlich, siehe, da der neue Dichter erfüllt von sinnvoller
       Entladung,

Der schwarze Trubel des ganzen Lebens am Nabel festgebunden
in der Erschütterung des Grundes, öffnet sich der Zugang,
Zersprengt das Gehege, der Hauch aus ihm
Durchbricht die hemmenden Kiefer,
Den bebenden Neunchor mit einem Schrei!
Nun kann er länger nicht schweigen! Die Frage, die von selbst
emporgeschossen, wie Hanf
Den Tagelöhnerinnen, er hat sie für immer vertraut
Dem wissenden Chor des unauslöschbaren Echos!
Nie schlafen alle zugleich! Doch bevor sich die große Polyhymnia
                                  aufrichtet,
Oder es ist wohl Urania, die mit den beiden Händen den Zirkel öffnet,
                              Venus ähnlich,
Wenn sie Amor lehrt, ihm den Bogen spannend,
Oder die Lacherin Thalia mit der großen Zehe ihres Fußes leise
den Takt schlägt, oder im Schweigen des Schweigens
Mnemosyne seufzt. —

Die Älteste, die, die nicht spricht! sie ist von ewig gleichem Alter!
Mnemosyne, die nicht spricht.
Sie lauscht, sie sinnt,
Sie fühlt, (sie der innere Sinn des Geistes)
Rein, einfach, unantastbar! sie entsinnt sich.
Sie ist der Schwerpunkt des Geistes. Sie ist die Beziehung, ausgedrückt
durch ein sehr schönes Zeichen. Ihre Haltung ist unaussprechbar,
Auf dem Puls des Seins selber steht sie da.
Sie ist die innere Stunde, der quellende Schatz und die aufgespeicherte
                              Quelle,

Die Bindung hin zu dem, was Zeit nicht von Zeit in Sprache aus=
zudrücken vermag.
Sie wird nicht sprechen, ihr Tun ist, nicht zu sprechen. Sie ist
Mitgeschehen.
Sie besitzt, sie erinnert sich, und alle ihre Schwestern hängen auf=
merksam am
Schlagen ihrer Wimpern.
Für dich, Mnemosyne, diese ersten Verse, und das Aufflackern der
plötzlichen Ode!

So heftig aus der Mitte der Nacht schlägt mein Gedicht überall
ein wie der Schlag des dreigezinkten Blitzes!
Und nichts läßt ahnen, wo er auf einmal Sonne aufqualmen machen
wird,
Auf einer Eiche, einem Schiffsmast, einem niedern Herd, daß er
den Kessel schmilzt wie ein Gestirn!
O meine ungeduldige Seele du! Wir werden keine Werft errichten,
werden keine Trireme hinausstoßen, hinausrollen
Bis in ein großes Mittelmeer weiter Verse,
Voll Inseln, von Handelsleuten befahren, umkränzt von den Häfen
aller Völker!
Schwierigere Arbeit haben wir zu besingen
Als deine Rückkehr, Dulder Ulysses!
Jeder Weg verloren! ohne Rast gehetzt und gehalten
Von den Göttern, die heiß auf der Fährte, siehst du von ihnen
doch nichts als zuweilen nur
In der Nacht einen goldnen Strahl auf dem Segel, und im Glanze
des Morgens für einen Augenblick

Ein leuchtendes Antlitz mit blauen Augen, ein Haupt gekrönt von
Eppich,
Bis zu dem Tage, da du allein bliebst!
Welch einen Kampf ertrugen Mutter und Kind dort unten in Ithaka,
Während du dein Kleid ausbessertest, während du die Schatten
fragtest,
Bis dich die lange phäakische Barke zurückbrachte, von tiefem Schlaf
umfangen!
Und dich auch, wenns auch bitter ist,
Ich muß auch deines Gedichtes Küsten verlassen, Äneas, das
zwischen den beiden Welten die Dehnung seiner priesterlichen
Fluten birgt!
Wie stille wards inmitten der Jahrhunderte, während hinter dir
Heimat und Dido wie ein Märchen brannten!
Du erliegst der zweigetragenden Hand! Du fällst, Palinurus, und
deine Hand hält nicht mehr das Steuer.
Und vorerst sah man nichts als ihre unendliche Spiegelfläche, doch
plötzlich im Wachsen des endlosen Kielwassers
Werden sie lebendig, und die ganze Welt malt sich auf dem
magischen Stoffe.
Denn sieh, im ganz hellen Mondlicht
Hört der Tiber das Schiff kommen, beladen mit dem Glücke Roms.
Doch nun, verlassend die Höhe des wellenden Meeres,
O florentinischer Reimer! folgen wir dir nicht weiter, Schritt nach
Schritt in deiner Erforschung,
Hinab, hinauf bis zum Himmel, hinab bis in die Hölle,
Wie einer, der erst den einen Fuß auf dem logischen Boden sichert
und dann den andern nachsetzt in entschlossenem Gehen.
Und wie man im Herbst in Lachen kleiner Vögel schreitet,

[1695]

So wirbeln die Schatten und Bilder auf unter deinem weckenden Fuß!
Nichts von alldem! jeder Weg, dem wir folgen müssen, verdrießt
uns! jede Leiter, die zu erklimmen!
O meine Seele! das Gedicht besteht nicht aus diesen Buchstaben,
die ich setze wie Nägel, sondern aus dem Weiß dazwischen, das
                                            unbeschrieben bleibt.
O meine Seele, keinen Plan gilts zu besingen! o meine wilde Seele!
es gilt, uns frei zu halten und bereit,
Wie die unermeßlichen zerbrechlichen Schwalbenzüge, wenn ohne
Laut der Aufruf des Herbstes tönt!
O meine ungeduldige Seele, gleich dem Adler ohne Kunst! was
tun wir, um keinen Vers zuzustutzen! Dem Adler gleich, der
selbst nicht seinen Horst zu bauen weiß?
Daß mein Vers nichts vom Sklaven habe! sondern so sei wie der
Meeradler, der auf einen großen Fisch niederpfeilt,
Daß man nichts sieht als den leuchtenden Wirbel der Flügel und
das Aufschäumen der Woge!
Doch ihr verlaßt mich nimmermehr, o mäßigende Musen!

Und du unter allen, spendende, unermüdliche Thalia!
Du, du bleibst nicht daheim! Sondern wie der Jäger im blauen Klee
Dem Hunde im Rasen folgt, ohne ihn zu sehen, so weist ein
leichtes Zittern im Grase der Welt
Dem stets bereiten Auge die Spur, die du ziehst,
Du Schlenderin im Busch, wie herrlich bildete man dich mit diesem
                                            Stab zur Hand!
Und mit der anderen, bereit, daraus das unauslöschliche Lachen
zu schöpfen, hältst du, wie man ein fremdes Tier betrachtet,

Die große Maske, die Fratze des Lebens, den furchtbaren und
                           verzerrten Balg!
Nun hast du es entrissen, nun hältst du es umfaßt, das große
Geheimnis der Komödie, die Falle der Anpassung, die Formel
                           der Umwandlung!
Doch Klio wartet, den Griffel in den drei Fingern, steht in der
Ecke der glänzenden Truhe,
Klio, jener gleich, die Buch führt, der Aktuar der Seele.
Man sagt, daß dieser Schäfer der erste Maler war,
Der auf der Felsenwand den Schatten seines Bockes ersehend
Mit einem Brand aus seinem Feuer die Linien des gehörnten
                           Fleckes zeichnete.
Was ist die Feder sonst, dem Zeiger auf der Sonnenuhr gleich,
Als die scharfe Begrenzung unseres menschlichen Schattens, der
über das weiße Papier gleitet?
Schreibe, Klio! gib jedem Ding sein Urzeichen. Kein Gedanke,
Daß unsres Wesens Undurchsichtigkeit sich nicht das Mittel wahrt,
                           die Linien zu ziehn,
Scharfäugige Führerin du, Hinschreiberin unseres Schattens du!

Ich habe die nährenden Nymphen genannt, die, die nicht sprechen,
die, die sich nicht sehen lassen; ich habe die atemgebenden Musen
genannt, nun will ich die Musen sagen, die selber Atem empfangen.
Denn der Dichter gleicht einem Instrument, auf dem man bläst
Zwischen seinem Hirn und seinen Nasenflügeln, daß er empfange,
wie der scharfe Reiz des Dufts bewußt wird,
Und er erschließt nicht anders seine Seele als wie der kleine Vogel,
Wenn er, bereit zu singen, seinen ganzen Leib mit Luft füllt bis
in das Mark all seiner Knochen!

[1697]

Nun also will ich sagen die großen Musen der Einsicht und des
Werkes.

Die eine mit ihrer Schwiele in den Falten der Hand!
Sieh hier die eine mit ihrer Schere, und diese andre, die ihre Farben
zerreibt, und diese wieder, wie sie an ihren Tasten mit allen Gliedern
hängt!
— Doch diese sind die Arbeiterinnen des inneren Tones, das Wider=
hallen der Persönlichkeit, das Weissagende,
Der Urquell des tiefen A, die Kraft des dunklen Goldes,
Das das Gehirn mit allen seinen Wurzeln bis auf den Grund des
Innern schöpfen geht wie Fett und bis ans äußerste Ende der
Glieder erwecken!
Das duldet nicht, daß wir schlafen! Seufzer, voller als der Wunsch,
mit dem die Bevorzugte unser Herz im Schlaf erfüllt!
Du Kostbares, sollen wir dich also entgleiten lassen? Welche Muse
nenne ich genug gewandt, es zu ergreifen, es zu umschlingen?
Sieh hier jene, welche die Leier mit ihren Händen hält, welche die Leier
in ihren Händen mit den schönen Fingern hält,
Gleich einem Webestuhle, das vollkommene Instrument gebundener
Bemessenheit,
Euterpe mit dem breiten Gürtel, die heilige Flaminierin des Geistes,
welche die große klangstumme Leier hebt,
Das, was die Rede ausströmt, das klar tönende, das singt und eint.
Die eine Hand auf der Leier, ähnlich dem Faden auf dem Weber=
rahmen, und mit der andern Hand
Führt sie das Plektrum wie ein Weberschiffchen.
Kein Anschlag, der nicht die ganze Melodie herträgt! Quill auf,
du Klang von Gold, du tönende Siegbeute! Spring empor, an=

steckendes Wort! Daß die neue Sprache, wie ein See voll Quellen
Alle ihre Schleusen überflute! Ich höre den einzigen Ton anwachsen
mit sieghafter Beredsamkeit!
Sie verharrt, die Leier in deinen Händen,
Verharrt wie der Bereich, auf dem sich der ganze Gesang eingräbt.
Du bist nicht mehr die, die singt, du bist der Gesang selber im
Augenblick, wo er sich aufschwingt,
Das Tun der Seele, auf ihres eigenen Wortes Ton gestimmt!
Die Erfindung der Wunderfrage, die klare Zwiesprach mit dem
nieerschöpften Schweigen.
Verlasse nimmer meine Hände, siebensaitige Leier du, einem Werk=
zeug verstehenden Bezugs und Erkennens gleich!
Daß ich zwischen deinen straffgespannten Saiten alles sehe! Die
Erde mit ihren Feuern, den Himmel mit seinen Sternen.
Aber es genügt uns nicht die Leier, und das tönende Gitter ihrer
sieben gespannten Saiten genügt uns nicht!
Die Abgründe, die der erhabene Blick
Vergißt, von einem Punkt zum andern kühn springend,
Dein Sprung, Terpsichore, genügte nicht, sie zu überwinden, noch
dein dialektisches Instrument, sie zu zehren.
Den Winkel brauchts, den Zirkel, den du mit Macht öffnest, Urania,
den Zirkel mit den beiden gradlinigen Armen,
Die nur an dem Punkt eins sind, wo sie sich öffnen.
Kein Gedanke, und wär er auch wie plötzlich ein gelber oder rosen=
roter Planet über dem geistigen Horizont,
Kein System Gedanken, und wäre es wie die Plejaden,
Die den kreisenden Himmel erklimmen,
— Sie alle kann der Zirkel in allen ihren Weiten greifen, und jedes
Maßverhältnis wie eine ausgespannte Hand berechnen.

Du brichst das Schweigen nimmer! Du mengst nicht in nichts den Lärm des Menschenwortes. O Dichter du sängest,
Deinen Sang nicht gut, wenn du nicht sängst im Zeitmaß.
Denn deine Stimme ist dem Chore not, wenn die Reihe an dich gekommen ist, deinen Part zu singen.
O Grammatiker in meinen Versen! Such nicht den Weg, suche den Mittelpunkt!
Taktmaß, versteh den Raum, der zwischen diesen einsamen Feuern liegt!
O daß ich nicht mehr wüßte, was ich sage! daß ich eine Note wäre, die am Werke hilft! daß ich zu nichts würde in meiner Bewegung! (nichts als der kleine Druck der Hand, die Lenkung zu behalten!)
Daß ich meine Last trüge wie einen schweren Stern durch die wimmelnde Hymne!

Und an das andere Ende der langen Truhe, weit und für einen Menschenleib geräumig,
Hat man Melpomene hingestellt, gleich einem Soldatenführer und einem Kunstbau von Städteburgen.
Denn die tragische Maske auf ihren Kopf zurückgeschoben wie einen Helm,
Mit dem Arm auf dem Knie, den Fuß auf einen behauenen Stein, betrachtet sie ihre Schwestern;
Klio steht an einem der Enden und Melpomene hält am andern.
Wenn die Parzen
Die Tat, das Zeichen beschlossen haben, das sich einschreiben wird ins Zifferblatt der Zeit wie die Stunde, da sie ihre Ziffer vollzieht,
Werben sie in allen Ecken der Welt die Bäuche an,

[1700]

Die ihnen die Schauspieler schenken werden, die sie brauchen,
Und die zur bestimmten Zeit geboren werden.
Nicht nur in der Ähnlichkeit ihrer Väter allein, sondern in einem geheimen Knoten
Mit ihren unbekannten Statisten, mit denen, die sie kennen, und denen, die sie nicht kennen werden, die des Prologes und die des letzten Aktes.
So ist ein Gedicht nicht wie ein Sack Worte, es ist nicht nur Alles, was es zeichnet, sondern es ist selber ein Zeichen, ein erdichtetes Geschehn,
Das die Zeit schafft, die es zu seinem Entschluß bedarf,
Und so den Menschentaten gleicht, nachahmend diese in ihren wohlverstandenen Triebfedern und ihren Schwerpunkten.
Und nun, Chorführer, nun gilts, deine Schauspieler zu werben,
daß jeder seine Rolle spielt, auftritt und abgeht, wann er soll.
Cäsar geht aufs Prätorium, der Hahn kräht auf seiner Tonne; du hörst sie, du verstehst sie beide vollkommen,
Zu gleicher Zeit den Beifallsruf des Klassischen und das Latein des Hahnes;
Beide sind dir not, und beiden wirst du ihre Rollen zu geben wissen; du wirst den ganzen Chor zu verwenden wissen.
Der Chor um den Altar
Vollzieht seine Bewegung, er hält stille,
Er wartet und der lorbeerbekränzte Ansager erscheint, und Klytämnestra, das Beil in der Hand, die Füße im Blute ihres Gatten, die Sohle auf dem Munde des Mannes,
Und Oedipus mit den herausgerissenen Augen, der Rätsellöser!
Richtet sich im Tor von Theben auf.
Doch der strahlende Pindar läßt seiner jauchzenden Truppe als Pause

Nur ein Übermaß Licht und dieses Schweigen, es zu trinken!
O der große Tag der Spiele!
Nichts kann sich davon loßreißen, aber Alles kommt daran, jedes
nach der Reihe.
Die Ode, rein wie ein nackter schöner Leib, der vor lauter Sonne
und Öl glänzt,
Geht alle Götter mit der Hand suchen, um sie in ihren Chor zu
mengen,
Um mit vollem Lachen den Triumph zu ernten, um in einem Flügel=
donner den Sieg zu ernten
Derer, die mindest durch ihrer Füße Kraft der Last des trägen
Leibes entflohen.

Und nun, Polyhymnia, o du, die du dich in der Mitte deiner Schwestern
hältst, eingehüllt in deinen langen Schleier wie eine Sängerin,
Auf den Altar den Arm gestützt, gestützt auf den Pult,
Nun ist Wartens genug, nun kannst du dich wagen an den
neuen Gesang! Nun kann ich deine Stimme vernehmen, o meine
Einzige!
Süß ist die Nachtigall der Nacht! Wenn ihre reine und mächtige
Geige anhebt,
Fühlt sich der Körper auf einmal rein gemacht von seiner Taub=
heit, alle unsere Nerven spannen sich auf dem Tonboden unseres
fühligen Leibes zu einer vollkommenen Skala,
Wie unter den geläufigen Fingern der stimmenden Hand.
Doch wenn er seine Stimme hören läßt, er selber,
Wenn der Mensch zu gleicher Zeit Bogen ist und Instrument
Und wenn das vernünftige Tier im Zittern seines Schreies abertönt,

[1702]

O Lied und Sang des rechten starken Alt, o Seufzer des herzy‑
nischen Waldes, o Trompeten auf der Adria!
Vor diesem Gold, das sich in jede Faser des Menschen eingießt,
verblaßt der Klang des ersten Goldes in euch!
Das Gold, oder die innere Mitkenntnis, die Alles durch sich
            selbst besitzt,
Entflohen ins Herz des Elementes, eifersüchtig im Rhein bewacht
von der Nixe und dem Niblung!
Was sonst ist Gesang, als Erzählung, die jeder
Von seinem Eingeschlossnen macht, die Zeder und der Spring‑
            quell —?
Doch dein Gesang, o Muse des Dichters du,
Ist nicht das Summen des Vögelchens, der Quell, der plaudert,
der Paradiesvogel in den Levkojen!
Sondern wie der heilige Gott alles ersonnen, so ist deine Freude
im Besitz seines Namens,
Und wie Er im Schweigen sagte: »ES WERDE«, so wiederholst
du, von Liebe voll, wie Er es getan hat,
Wie ein kleines Kind, das buchstabiert: »ES SEI!«
O Gottesmagd, voll der Gnaden!
Du gibst Allem die Bestätigung des Wirklichseins, du betrachtest
Alles in deinem Herzen, von Allem suchst du, WIE ES SAGEN!
Als Er das Weltall schuf, als Er das Spiel mit Schönheit hin
teilte, als Er die gewaltige Zeremonie aufklinkte,
Da freute sich etwas von uns mit ihm, der Alles sieht, in seinem
            Werke,
Seine Wachsamkeit in seinem Tage, seine Tat in seinem Sabbat!
So, wenn du redest, o Dichter, und in köstlicher Aufzählung
Von jedem Ding den Namen aussprichst,

[1703]

Wie ein Vater es geheimnisvoll in seinem Urwesen nennst, da
du ja einst
An seiner Schöpfung teilnahmst, also hilfst du mit an seinem
Bestehen!
Jedes Wort eine Wiederholung.
So ist der Sang, den du singst im Schweigen, und so ist die selige
Harmonie,
Mit der du in dir selbst Ähneln und Trennen nährst. Und so,

O Dichter, werde ich nicht mehr sagen, daß du von der Natur
je Unterricht erhältst, nein, du bists, der ihr deine Ordnung gibst,
du, der du alle Dinge bedenkst!
Um ihre Antwort zu sehen, ists dein Spiel, eins nach dem andern
beim Namen zu nennen.
O Virgil unter den Reben! die breite und fruchtbare Erde
War nicht für dich von der andern Seite des Zaunes wie eine Kuh,
Eine wohlwollende Kuh, die den Menschen lehrt, sie auszunützen
und die Milch aus ihrem Euter zu ziehn.
Doch als erste Rede, o Lateiner,
Wirst du Gesetze geben. Du erzählst alles. Er erklärt dir alles,
Cybele, er bringt deine Fruchtbarkeit in Formeln,
Er ist für die Natur gestellt, um zu sagen, was sie denkt, besser
als ein Kind! Der Frühling des Wortes ist da, die Wärme des
Sommers!
Sieh, der Goldbaum schwitzt Wein! Sieh, in allen Bezirken deiner
Seele
Schmilzt der Genius, wie das Wasser des Winters!
Und ich, ich bin fruchtbar im Acker, die Jahreszeiten bearbeiten
unerbittlich meine starke schwielige Erde.

Grundständig, derb,
Bin ich zu den Ernten berufen, bin ich dem Feldbau unterworfen.
Meine Wege reichen von einem Horizont zum andern, ich habe meine Bäche, ich habe in mir ein Netz von Wasserbecken.
Wenn der alte Nord über meiner Schulter erschiene,
Eine Nacht voll, weiß ich ihm dasselbe Wort zu sagen, seine Gegenwart ist mir endlich vertraut.
Ich habe das Geheimnis gefunden, ich weiß zu reden, wenn ich will, könnte ich euch sagen,
Was jedes Ding SAGEN WILL.
Ich bin ins Schweigen eingeweiht, es gibt eine unerschöpfliche Zeremonie des Lebens, es gibt eine Welt an sich zu reißen, es gibt ein unersättliches Gedicht zu erfüllen durch die Erzeugung des Korns und Weizens und aller Früchte.
— Ich lasse diese Arbeit der Erde, ich schweife wieder in den offnen und leeren Raum.
O weise Musen! weise, weise Schwestern! und du selbst, trunkene
Terpsichore!
Wie habt ihr gedacht, diese Tolle zu fangen, sie bei einer und der andern Hand zu halten,
Sie mit dem Hymnus zu knebeln wie einen Vogel, der nur im
Käfig singt?
O Musen, die ihr geduldig gemeißelt steht auf dem harten Grabmal, der lebende, bebende, was kümmert mich der unterbrochene Takt eures Chors? ich nehme wieder euch meine Tolle, mein
Vögelchen!
Da ist sie, die nicht trunken ist von reinem Wasser und schmeichelnder
Luft!
Eine Trunkenheit wie die von rotem Wein und einem Haufen

[1705]

Rosen, von Trauben unterm nackten Fuß, der glitscht, von großen
Blumen, die ganz von Honig kleben
Die Mänade, von der Trommel toll gemacht! beim durchdringenden
Schrei der Querpfeife die im donnernden Gott ganz trunkene
Bacchantin!
Ganz brennend! ganz sterbend! ganz verschmachtend! du streckst
mir die Hand hin, du öffnest die Lippen,
Du öffnest die Lippen, du blickst mich an mit einem Auge, das
mit Wünschen beladen. Freund!
Zuviel, zuviel des Wartens! nimm mich! was tun wir hier?
Wie viel Zeit wirst du noch dich beschäftigen, so regelvoll gründ=
lich unter meinen Schwestern,
Wie ein Meister unter seiner Arbeiterinnenschar? Meine weisen
tätigen Schwestern!
Und ich bin heiß und toll, ungeduldig und nackt!
Was tust du noch hier! Küß mich und komm!
Brich, zerreiß all Bande! nimm mich deine Göttin mit dir!
Fühlst du nicht meine Hand auf deiner Hand? 〈Und wirklich fühlte
ich ihre Hand auf meiner Hand.〉
»Verstehst du denn nicht meine sehnende Qual, und daß mein
Begehren von dir selber ist? diese Frucht, zwischen uns beiden zu
verzehren, dieses große Feuer aus unsern beiden Seelen zu machen!
das heißt zu lange dauern!
Zu lange! Nimm mich, denn ich kann nicht mehr! Das heißt zu
lange warten, zu lange!«
Und wirklich schaute ich und sah mich ganz allein auf einmal,
Losgerissen, ausgestoßen, verlassen,
Ohne Pflicht, ohne Aufgabe, draußen mitten in der Welt,
Ohne Recht, ohne Zweck, ohne Kraft, ohne Einlaß.

[1706]

»Fühlst du nicht meine Hand auf deiner Hand?« ⟨Und wirklich fühlte ich, fühlte ihre Hand auf meiner Hand!⟩

O meine Freundin auf dem Schiff! ⟨Denn das Jahr, das dieses war,
Als ich begann das Laub sich auflösen zu sehen und den Welt=
brand ergreifen,
Um den Jahreszeiten zu entgehn, schien mir der frische Abend
ein Morgenrot, der Herbst der Frühling eines beständigeren Lichtes,
Und ich folgte ihm wie ein Heer, das sich zurückzieht und alles
hinter sich verbrennt. Immer
Weiter vor, bis zum Herren des leuchtenden Meeres!⟩
O meine Freundin! Denn die Welt war nicht mehr da,
Um uns unsern Platz im Zusammenspiel ihrer vielfältigen Be=
wegung zu bestimmen,
Sondern losgelöst von der Erde waren wir allein, eins mit dem andern,
Bewohner dieses schwarzen kreisenden Krümchens, untergetaucht,
Verloren im reinen Raum, da, wo der Boden selber Licht ist.
Und jeden Abend, vor uns, auf dem Platze, wo wir das Ufer
gelassen hatten, gegen Westen,
Gingen wir denselben Brand suchen,
Genährt von der ganzen vollgestopften Gegenwart, das Troja der
wirklichen Welt in Flammen!
Und ich, wie die Lunte, die eine Mine unter der Erde entzündet,
dieses geheime Feuer, das mich zernagt,
Wird es nicht aufhören, im Wind zu lodern? wer wird die große
Flamme der Menschheit aufnehmen?
Du selbst, Freundin, deine langen blonden Haare im Winde des Meeres.
Du konntest sie nicht festhalten auf dem Kopfe; sie gleiten zu=
sammen! die schweren Ringe

[1707]

Rollen auf deine Schultern, und das Große und Lockende, Gio-
                condahafte,
Erhebt sich ganz im Lichte des Mondes!
Und die Sterne, sind sie nicht leuchtenden Stecknadelköpfen gleich?
Und das ganze Weltgebäude, verbreitet es nicht ebenso zerbrech-
                lichen Glanz
Wie königliches Frauenhaar, das des Kammes harrt, sich unter
                ihm zu rollen?
O meine Freundin! O Muse im Winde des Meeres! O Gedanke
                langhaarig am Bug!
O Beschwerde! O Zurückverlangen!
Erato! Du blickst mich an, und ich lese einen Entschluß in deinen
                Augen!
Ich lese eine Antwort, ich lese eine Frage in deinen Augen! Eine
Antwort und eine Frage in deinen Augen!
Den Jubelschrei, der in dir allerorten aufbricht wie Gold, wie Feuer
                in den Futtervorräten!
Eine Antwort in deinen Augen! Eine Antwort und eine Frage
                in deinen Augen.

[1908]

Das zerstörte Idyll

Novellen

von

Hans von Flesch=Brunningen

Kurt Wolff Verlag
Leipzig

Bücherei »Der jüngste Tag« Band 44/45
Gedruckt bei G. Kreysing in Leipzig

Kurt Wolff Verlag, Leipzig, Copyright 1917.

Inhalt

Widmung für Karin 5
Der Satan 7
Das Lächeln des Geköpften 26
Der Junitag 35
Die Kinder des Herrn Hauptmanns 51
Idylle 62

WIDMUNG FÜR KARIN

KARIN, ich widme dir dies Buch. Du weißt so gut wie ich, wie schwer es jetzt ist, von Gefühlen zu sprechen. Oder gar sie mit Papier und Druckerschwärze zu vermählen. Man muß sich akrobatenhaft auf jene zweite Ebene hinaufarbeiten, auf der wieder die Worte herbeilaufen wie brave Hunde und sich zu Füßen legen. Wo man ruhig »Liebe« und »Sommertag« sagen kann, ohne in den schwärzesten Verdacht einer Lyrik zu kommen, die gewandt zwischen Geld und Gott zu vermitteln sucht. Ich habe es vermieden, in diesem Buche allzusehr an den Gefühlssträngen, die mit Milch und Sonnenschein geschmiert sind, zu zerren. Ich will aber gern arrogant sein und zugestehen, daß ich die zweite Ebene zum Heimatsort gewählt. Wenn auch nur für die Sekunden, in denen ich das schreibe.

Und so darf ich sagen: du warst doch das Einzige, das mich verhindert, mit Ludwig Hunner das Leben zu würgen und mit dem armen Erotomanen vor Autos zu hüpfen. Denn trotz der Jugend, die mich in ihren leichtsinnigen Armen schaukelt, hätte ich oft schon genug haben können.

Ich habe blasse Dummheit in der Schlankheit meiner Mädchen erkannt, Intrige und Ungewaschenheit in den

Blicken der Intelligenz, geschäftigen Unsinn in Florenz und Amsterdam, Unnötigkeiten in der Montblanc=Gruppe und Gestank in Venedig. Und wie nun die Worte vor mir stehn, ahne ich auch den blonden Bart, wie er sich mir über die Schulter beugt und etwas von »Blasiertheit« murmelt. Doch diese bezahlte Bürgerlichkeit findet mich in Waffen. Nur Eines läßt mich wanken und weinen: Über allen Augen die Lüge. Siehst du, mein Liebling, man sollte nicht lügen. Gott hat uns schließlich — gegenüber der tausend Nachteile — e i n e n Vorteil vor den Tieren geschenkt: wir dürfen reden. Doch das schöne Zueinander wird hin, wenn wir die Instrumente mißbrauchen, die Mauer der verschiedenen Stirnen reckt sich zwischen den Gehirnen auf, die Beweislosigkeit schreckt vor den Überzeugungen zusammen: wir sind allein und dumm. Tiere schmiegen sich — wild oder beruhigt — aneinander, wir müssen der Unehrlichkeit an die Kehle fahren und aus dem Maul der geschändeten Gottheit das Geständnis reißen, was wir für hilflose Hunde sind.

Vor diesem circulus vitiosus aller Menschlichkeiten, die sich in die müden Schwänze beißen, ist es billig und noch immer das Einfachste, gar nicht mitzutun.

Der Unhold der Hebamme hat mich hereingeschleudert, Dienerinnen haben mich genährt, Schwäche mich umzwitschert, Schmöcke und Dirnen mein Jugendlied mir vorgesummt: Da fand ich dich.

Liebe Karin, ich widme dir dies Buch.

[1714]

DER SATAN

DER kleine Prinz war immer schon blaß, hemmungslos und manchmal direkt verrückt gewesen. Er — vielmehr seine hochgeborene Frau Mama — hatte ein recht stattliches Vermögen von rund vier Milliarden Dollar, als sie herüberkamen mitgebracht. Die Kindheit sollte er wo in Florida verbracht haben, als er aber knapp sechzehn war, da wäre es nicht mehr mit ihm auszuhalten gewesen. Jede Woche schlug er mindestens einen Sklaven mit seiner eigens konstruierten Peitsche zu Tode. Jede Woche brüllte er, er wolle ein Land haben, er wolle herrschen, König sein. Er wolle Menschen kneten, auf Städte seine Hand legen. Da hätte man sich gegen Europa eingeschifft — natürlich auf der eigenen Jacht — und jetzt auf einmal sauste ein scharlachrotes Auto durch die Straßen Kölns.

Also sprachen die bauchigen Stadtväter und manche munkelten noch anderes: »Ja, gewiß, die ganze Überfahrt habe er Fieber gehabt — er sei überhaupt blind — wie er in Antwerpen ans Land stieg — er habe noch nie den Namen Köln gehört — habe er plötzlich geschrien ‚Köln! Köln!‘ — er sei allein vorausgejagt — in $1^1/_2$ Stunden bis Lüttich, dann mit dem Aeroplan hierher

— die Mutter weint immer — er hat das ganze Domhotel nur für sich gemietet — — siebenmal war er schon beim Bürgermeister gewesen — —«. Die Uhrketten wackelten bedenklich und fast jeder strich sich unruhig=blinzelnd über das Haar, bis sich ein behaglicher Schnalzer im Munde formte: »... nun, und die kleine Schwester — sie ist vierzehn=einhalb — na, dort im Süden — ich bitte, man sagt ...« Wie jetzt Adjunkt Keppel dazutrat, machte man fast eine Gasse ⟨Der Mann konnte Two=step tanzen wie ein junger Gott⟩: »Ich habe eben das Scharlachene über die Rheinbrücke sausen gesehen ...« »Oh, wohin, glauben Herr Adjunkt ...« Dieser strich sich den englischen Schnurrbart — es ist wahr, er war schon zweimal verheiratet, erst 30, ein Verhältnis soll er auch haben — der Kerl — na, der Kerl sprach jetzt: »Man redet von ganz eigenartigen Dingen. Ich mit meinen Beziehungen zum Magistrat kann aber bestimmt sagen, er hat sich nach Berlin direkt an S. M. gewandt. Deutschland braucht Geld wie ganz Europa. Die Sozial= und Militärrevolution zehrt noch immer an unserm Gebein. Nun man hat ja — Gott sei Dank — diesen blutigen Scherzen ein entsprechendes Ende bereitet ...«

⟨Finanzrat Müller, »der rote Müller«, räusperte sich scharf⟩ ... »aber Sie wissen, unser Handel und Wandel liegen noch arg danieder. Also kurz und gut, der kleine Prinz will unsere Stadt mit Gebiet bis zum Siebengebirge und bis Elshausen samt Bonn und Gladbach als eigenes Gebiet käuflich erwerben.«

Die Münder der Großstadtvertretung blieben weit offen, daß die Rachenmandeln sichtbar wurden und nur ein kleines, scharf gepfauchtes »Unmöglich« zur Luft konnte . . . .

Das scharlachene Auto sauste unterdessen quer durch das verwüstete Deutschland mit 200 km Stundengeschwindigkeit. Der Prinz und Claire schauten etwas höhnisch über die Schlachtfelder des alten Europa. Der Prinz hatte seine mädchenhaften, dünnen Beine zu sich auf den Sitz gezogen und die rechte Hand spielte mit dem Haar seiner wundervollen Schwester, himmelblaue Augen brannten wie traurige Sterne aus dem durchsichtigen Gesicht, hinter dem noch immer das Fieber wohnte, in die Gegend, in der der Frieden mit dem Grausen rang. »Ich werde es bekommen . . . Ich muß.«

»Bedenke, eine Großstadt . . . du bist krank . . . wie kamst du auf Deutschland? Denke, Paris, London, dort ist Leben . . .«

»Ich habe dir doch oft von der Nacht erzählt, wo unsere Inga starb. Ich bin nicht mehr der dumme Prinz . . . ich bin . . .« Sein Mund wurde gelangweilt und er zog die Vorhänge herunter. »Noch eine Stunde bis zur Haupt= und Residenzstadt.« Das Schwesterlein öffnete den Pelz, unter dem sie nackt war, und gab ihrem Körper die hingebende Linie. Sie legte sich sanft zu dem Bruder, dessen Augen für Momente unfiebrig und ein wenig glücklich wurden. Eine Zwerg=Angorakatze, die sich schläfrig=schnurrend erhob, vervollständigte die Familienszene . . . .

Der Prinz überfuhr drei Personen, bevor er zum Hotel Adlon gelangte. Nichtsdestoweniger wurden noch drei Leute im Gedränge »Unter den Linden« erdrückt und die Polizei hatte alle Hände voll zu tun, die Ordnung aufrecht zu erhalten. Die Aufregung in der ganzen Stadt stieg noch, als man erfuhr, der Kaiser habe sich entschlossen, seine Hoheit den Prinzen Alvio di Santa Rocco noch heute zu empfangen. Der Prinz selbst war heute nichts weniger als erregt, er ging oben im Salon des Hotel Adlon, eine Zigarette nach der andern rauchend, etwas träumerisch auf und ab, streichelte bald Claire, die kandierte Früchte essend am Sofa lag, bald das Katerchen, er pfiff den Gassenhauer der Saison und schüttelte mit kindlicher Gebärde seine schwarzen Haare. Dann fuhr er fabelhaft elegant und liebenswürdig durch die Menschenmenge zum königlichen Schloß. Hinter ihm ritt ein livrierter Affe, der 10-Markstücke in das heulende Gedränge warf. Im königlichen Schloß blieb Alvio nicht lange. Er war direkt in die Privatgemächer geführt worden und niemand hatte gehört, was dort verhandelt wurde. Nach zehn Minuten verließ er zu Fuß das Schloß. Der Kammerdiener fand über dem Schreibtisch den alten Kaiser mit Tränen in den Augen, noch die Feder in der Hand, verstört und doch wieder begeistert wie von einem ganz unbegreiflichen Ding. Dies erfuhr aber niemand. Ganz Berlin, ganz Deutschland, die ganze Welt wurden aber nach einer halben Stunde von der Kunde in Erstaunen und Bestürzung versetzt, daß die Stadt Köln samt Gebiet mit Bonn und Gladbach um eine Milliarde Dollar in den Besitz und die Herrschaft des Prinzen Alvio di Santa Rocco gelangt sei. Da hatte damals kein Parlament drein zu reden, denn das war seit den Junikämpfen 1925 endgültig abgeschafft. Nur den Zeitungen konnte man es nicht verbieten, über den Stammbaum der Santa Roccas zu schreiben, ihre Beziehungen zu den europäischen Höfen. »Wie die Santa Roccas zu ihrem Gelde kamen,« von Ignotus, »Alvio der einzige Erbe?« usw. Und Rechtsgelehrte schossen vereint mit gewöhnlichen Historikern wie Pilze aus der Erde, um die staatliche Stellung von »Libertia« von vornherein festzunageln . . . . In Köln wollte man, als die ersten Nachrichten eintrafen, das Domhotel anzünden. Die ganze Stadt drehte sich wie ein blödsinniger Gärungsstoff um und um, strömte auf die Gassen. Die Studentenschaft von Bonn zog, Fackeln in den Händen, vor das Bürgermeisteramt, Aufklärung heischend. »Die Wacht am Rhein«, »Deutschland, Deutschland über alles« scholl aus allen Straßenecken zum blutigen Abendhimmel, der Dom ließ seine Glocken erklingen, von dem Gürzenichbalkon sprach ein roter Fleischhauer und Patriot schnarrend auf den Rathausplatz hinunter. Nur das Militär und die Polizei waren nirgends zu sehen. Es wurde langsam Nacht. Um zehn Uhr versuchten fanatische Arbeiter, Studenten, Bürger, schwarz=rot=gold im Herzen und Antlitz ins Domhotel einzudringen. Die Pforten waren verschlossen, man begann dagegen zu rennen, die Fenster einzuhauen — da donnerte plötzlich eine Salve in die Reihen der Massen — man wußte nicht, woher — niemand war zu sehen — sie schien aus den Wänden des schloßähnlichen Hotels zu kommen, die ganz eigentümlich porös aussahen. Dann noch eine und wieder und wieder. Ein hundertstimmiges Gebrüll warf sich über den Platz. Beine, Arme, Köpfe wirbelten sich zum Knäuel, entballten sich in Blut und Geschrei und dann waren nur mehr Leichen am Domplatz, darüber der Mond hinter gotischem Zierrat schwermütig und deutsch aufstieg. Eine Arbeiterhand ballte sich, sank zurück, es ward so still, daß man aus dem Hause ein Schluchzen hörte, das klang, als wäre es nicht von dieser Welt. In den andern Stadtteilen wurde man noch aufgeregter auf die Nachricht von dem Sturm und seiner eigenartigen Abwehr. Man schrie nach Waffen, klopfte an Kasernen, die noch immer verschlossen blieben. Es wurde elf, zwölf — da, dreizehn Minuten nach Mitternacht verstummte auf einmal das Gebrüll der Bürgerkehlen — vor dem Firmament, das ganz weiß wurde, erschien ein schwarzes Kreuz, das bald verschwand. Die stahlglühende Weiße blieb und ließ vor den Augen der angstgebärenden Mütter und schlotternden Männer einen großen Vogel erscheinen, der sich als eine Etrich-Taube erwies und bis hundert Meter über die Stadt hinabschwebte. Darin saß der Prinz mit Claire und spielte mit den Scheinwerfern. Hierauf senkte sich ein Blütenregen von Gold, Silber und Banknoten in die Taschen der Zugreifenden.

Es ging noch tiefer — kein Schuß fiel — kein Pfui-
ruf erscholl, als Alvio jetzt, nur für die Nahstehenden
vernehmbar zu reden begann. Die ihn aber hörten,
wurden ganz weich und gerührt. Sie gingen in ihre
bürgerlichen Betten und in ihren geschlossenen Reihen
schritten mitten unter ihnen, lebendig und nur etwas
bleich, die am Domplatz gefallen waren . . . .
Vierzehn Tage hindurch blieb alles ruhig. Man sah
den blassen Prinzen mit seiner Schwester häufig auf
der Gasse, in Hospitälern, in Kinos, wie er zu den
Leuten aus dem Volke redete, weich und mit fremden
Akzent. Das Domhotel war geräumt worden, sie
lebten privat in einer schönen Wohnung in der Kyff=
häuserstraße. Die Gesellschaft riß sich um die beiden.
Einladungen wurden zwar angenommen, jedoch kam
der Prinz zu einem Ball oder zu einem Jour nur immer
auf eine Viertelstunde, sprach wenig und gemessen
— fast traurig. Nichts schien sich an der bestehenden
Ordnung geändert zu haben, deutsches Militär, deutsche
Briefmarken. Am 15. Tage lief durch die Zeitungen
Europas ein Gerücht, man habe bei den Scilly=Inseln
in der Luft riesige Ballons von kastenartiger Gestalt
in großer Menge von Südwesten daherkommen gesehen.
Bald meldeten London, Ostende, Brüssel ähnliches.
Am selben Tage wurde die gesamte Garnison von
Köln und Gebiet auf dem großen Exerzierplatz zu=
sammengerufen. Um $^1/_24$ Uhr fuhr der kleine Prinz
im scharlachroten Auto vor. Er nahm seinem Diener
ein kleines Sprachrohr aus der Hand, bestieg einen

Schimmel und ritt die Reihen ab. Er trug einen gewöhnlichen Reiteranzug und schaute jedem ins Herz. Am Ende angelangt nahm er sein Sprachrohr aus der Tasche und redete leise und weich hinein — es hörte es aber jede brave, niederdeutsche Soldatenseele —: »Soldaten, der Krieg ist Sünde. Mein Reich ist ein Reich des Friedens und der Zufriedenheit. Geht zu euren Frauen, die auf euch warten, und lebt euer Leben dem Glück, das auf euch harrt. Lebt wohl. Und jeder bekommt für Säbel und Uniform, die er am Gürzenich abgibt, 1000 Mark.« Wie Alvio »Frauen« sagte, wurde seine Hand beweglich und fuhr zitternd durch die Luft, das Wort wurde in den Hirnen der Uniformierten ganz lebendig und sie fühlten etwas Weiches, das ihnen ums Herz ging. Dann stoben sie auseinander. Nur einer holte sich die 1000 Mark nicht: Friedrich Bachmann, der fünfzigjährige, geschlechtslose Feind dieser Welt. Am selben Abend gingen bei Deutz 800 Kastenballons nieder, deren jedem 800 schwarze Männer entstiegen. Sie hatten riesige Hände und kleine Köpfe. Der Prinz fuhr sofort zur Landungsstelle, Claire war mit ihm. Er lachte über das ganze Gesicht, ließ sich von den 800 Führern Rechenschaftsberichte ablegen, die er zerknüllt zu Boden fallen ließ, drückte jedem vertraulich und selbstverständlich die Hand. Am Schalter aller Bahnhöfe von Köln und Umgebung wurden jedoch an diesem Abend die letzten Fahrkarten nach dem »Auslande« ausgegeben. Denn am nächsten Morgen prangte in handgroßen Lettern ein

Manifest an allen Straßenecken, jeder Mensch hielt es in Händen, lachte darob, weinte ein wenig, schlug sich die Schenkel. In jedem Restaurant lag es auf jedem Tisch, jedes Lebewesen wurde von einem erdrückenden Gemisch aus Geilheit und Traurigkeit befallen, die zum Ausbruch drängten. Das Manifest lautete also:

»Bürger, Menschen, Männer und Frauen!

Ihr werdet leicht einsehen, daß die bisherige Staats- und Lebensform, die diese Welt in ihrer Gänze beherrschte, der größte und schrecklichste Irrtum war, den ein Teufel ersinnen konnte. Ihr werdet es um so leichter können, da ihr ja in vorhergegangener Revolution, in Kriegsgreuel an Blut, Mord und Unbehagen, die noch in euren Hirnen haften, Beispiele und Belege, letzte Konsequenzen dieser Raison vor euch habt. Weniger leicht werdet ihr wissen können, wie aus diesem Wust, dieser Maschine hinaus. Nun, der Angelpunkt des Leidens ist die Unter- und Überordnung, die Pflicht, das Muß. Ich sehe gar nicht ein, warum nicht jeder tun soll, was er will. Ich stelle euch in meinen fast hirnlosen, aber gutmütigen Sklaven die Arbeitsmaschine vor, die euch schneller und besser Luxus und Lebensunterhalt verschaffen wird, als ihr es könnt. In eurem Herzen werden aber Jahrtausende lang an das Rad gebundene Energien frei. Mein Vermögen, mein Geld ist imstande, euch zu dem zu führen, das euch dienenden, schwitzenden Menschen unerreichbar und darum Sünde schien: zur Schrankenlosigkeit. Ihr habt Jahrtausende hindurch, seit ihr zu eurem Schaden den

Tierleib verlassen, an unerfüllten Wünschen laboriert. Seht, ich bringe euch Erfüllung aller eurer Wünsche. Laßt euren Trieb Gesetz werden, es wird euch nicht gereuen. Denn daß ihr nicht hungert, dürstet oder friert, dafür sorge ich. Umarmt eure Frauen und die eurer Nächsten, mordet, brennt, stehlt, zerstört — aber bitte, nur nicht diese jahrhundertalte Langeweile und Lüge. Ehrlichkeit ist die Tugend der neuen Religion, die ich euch bringe. Sucht sie in Bibliotheken, Betten, Gotteshäusern, Turnsälen, jeder als sein, aber nur sein Herr. Ihr Frauen aber, denen die größte Lust zu schenken gegeben wurde, öffnet weit eure Arme, denn eine ganze Welt will darin vergessen, wie dumm sie war.« Dann kamen noch einige technische Anordnungen, daß man folgerichtig sich von der andern Welt abtrennen müsse, daß jedem so und so viel Arbeitsmaschinen zur Verfügung stünden, daß Alvio der Nachfolger Christi sei. Am Schlusse hieß es dann: »... und jeder hat sich wie in besserer Urzeit in gleicher Weise sein Leben selbst zu machen, Frauen selbst zu holen und nur die Arbeitslosigkeit trennt ihn von Königen und Göttern. Sie müssen herrschen und führen. Ihr sollt nur leben. Lebt!«

Da lief, wie gesagt, manche Brille an, manche Züge verfinsterten sich unwillig: so ein Wahnsinn ... Doch es bohrte sich auch bei Mann und Frau hie und da die Hand fester in eine gepolsterte Fauteuillehne: »... wenn, ja wenn — —.«

Am selben Nachmittag — es war Juni und schreck=

lich heiß — stellten sich die Arbeitsmaschinen — Neger von dem Gute auf Florida — bei arm und reich in gleicher Weise ein — am selben Nachmittag ging der Prinz mit Claire durch die Straßen und forschte in den Herzen. Am nächsten Tage starben in Köln und Umgebung dreitausend Personen am Schlagfluß. Zu tief war in ihnen der Wurm der Pflicht gesessen und hatte das schöne Gebäude benagen wollen, das ihnen der Satan gebaut.

Die ganze Welt blickte nun auf die Rheinlande — ein Gemurmel der Mißbilligung durchzog die Presse, man sprach von »Irrsinn«, »Bubenstreichen«. Auf einmal konnte man sich nicht mehr in Verbindung erhalten, da es hieß, der Verkehr mit dem Lande »Libertia« sei technisch unmöglich. Viele Leute verlangten jetzt bewaffnete Intervention.

In der Stadt Köln ereignete sich aber in den nächsten 16 Tagen noch immer nichts Erwähnenswertes. Allerdings auffallend erschien ein gewisses zwangloseres Benehmen der Einwohner. Tanzunterhaltungen, Sommerfeste, die gegen zwei Uhr in ein wüstes Getümmel verliefen, dem am nächsten Tage Duellforderungen, Selbstmorde folgten, gehörten nicht mehr zu den Seltenheiten. Dabei war die Laune der Bevölkerung eine übertolle zu nennen, die Sterblichkeit ging zurück, die Neger funktionierten tadellos. Es standen jetzt häufig Gewitter am Himmel, die sich oft in Hagelschauer entluden, wobei rötlich=weiße Körner niedergingen. In der Nacht dann, wenn die keuschen Sterne sich wieder verdutzt blicken ließen, schlichen kleine Gestalten, wie Kaulquappen, an

den Häusern hin, hinauf die Treppen, schlüpften durch
das Schlüsselloch, setzten sich in die armen Hirne der
Schläfer. Sie schienen dem Prinzen ganz ferne zu stehen
und auf eigene Faust zu operieren. Der war schon
am 17. Juli mit seinem Palaste bei Brühl fertig ge=
worden. Er wurde bei allen Redouten und Masken=
festen gesehen, als rosaroter Page verkleidet reizte er
durch sein sinnloses Trinken und Küssen die Gesell=
schaft zu einer ungewollten Ausschweifung, die in der
Gestalt von Alkoholvergiftungen in den besten Familien
unpassende Blüten trieb. Die Frucht schien reif. Viel=
leicht durch den Widerspruch der Geistlichkeit, die noch
immer gegen die Arbeitslosigkeit wetterte, angeregt,
erschien eines schönen Julisonntags nach dem Hochamt
im Dom Alvio auf der Kanzel und sprach zum Volk.
Er begann: »Jedem seine Meinung in Ehren . . .«
Aber jetzt wäre es Zeit. Er lüde sie alle zu sich aufs
Schloß. Dann stieg er hinunter und ging geradeswegs
in der Menschenmenge auf Dr. Halb zu, den schönsten
Mann der ganzen Rheinprovinz. Der Prinz lächelte
und klopfte dem gewesenen Ministerialbeamten auf die
Schulter. Die Leute wurden schon aufgeregt und
drängten sich warm und fest aneinander — in ihren
Mienen standen Angst und Würdelosigkeit. Hände
tasteten und griffen, Füße wollten zueinander, durch
den gewaltigen Raum schlich auf einmal nur mehr ein
dummes, armseliges »Dominus vobiscum . . .« — dann
sprangen die großen Türflügel auf. Die Orgel begann
einen Two=step zu spielen, die Priester am Altar

erstarrten, die Menge drängte gegen das Tor. Der Platz draußen war rosengeschmückt und durch die Sonnenglut gingen zwei Herren im Jackett auf ein bildschönes Mädchen zu, das ihrer augenscheinlich harrte. Der eine Herr machte eine einladende Geste mit der rechten Hand. Hierauf flammte in der schwarzen Masse der Gläubigen ein Schuß auf, der ziemlich gewaltsam von den gotischen Hochsäulen zurückgeworfen wurde, man sah, wie einer eine Frau aufhob und forttragen wollte, die Altäre zitterten. Das Chaos der Gemeinsamkeiten brach los. Scham war tot und die lebendigen Rosen waren Brautbett der Fürsten und Gemüsemädchen. Inzwischen fuhr Claire mit dem schönen Dr. Halb in himmlischer Nacktheit in das Schloß der Lüste. Der blasse Prinz ging aber am Domplatz auf und ab, auf und ab und seine Haare hingen feucht in die Stirn. Er konnte das Begattungsgebrüll nicht vertragen und hatte sich Wattestöpseln in die Ohren gesteckt. Als die Gräfin Balthes auf ihn zurannte — der Rock zerrissen und um den Mund Blut — ließ er sich in ihr Haus zerren. »Mich hat noch keiner gehabt — du — du —.« Ihre Lenden boten sich ihm schamlos dar. Er ging zum Erker und schaute zum Domplatz hinunter. Er grinste: »Ich habe Fieber.« Und dann: »Liebst du mich?« Die Gräfin sprang ihm an den Hals. Er wurde ganz sanft. Eine Wolke war vor die Sonne gezogen. Aus dem Nebenzimmer — oder war es über ihnen? — klang Gepolter umfallender Sessel, Klirren von Gläsern,

Ächzen. Am Domplatz floß Blut. Ein Haus in Deutz hatte zu brennen begonnen, und schwarze Maschinen trugen Verwundete, Bewußtlose ins Spital. Der Himmel war gelb vor Weh und Geilheit. Der drinnen streichelte höflich und erlöserhaft der Gräfin Haar und beugte sich zu ihr. Er flüsterte ihr ins Ohr: ». . . und hätten der Liebe nicht.« Er unterließ es auch nicht, sie dabei im Nacken zu krauen. »Du — weißt du, meine Schwester ist die Schlange.« Worauf die Gräfin aufheulte und schwarz im Gesicht ward. Sie krümmte ein wenig ihre aristokratischen Fingerspitzen und war tot. . . Der Prinz bedeckte sie mit einem Tuch und fuhr mit seinem Auto nach Brühl. Dort erschoß er den schönen Dr. Halb, wie er gerade aus Claires Schlafzimmer kam. Er selbst legte sich zu ihren Füßen hin und schlief bald ein. Sie aß kandierte Früchte und lächelte lieblich wie ein von Gott besoldeter Engel . . . Alle Hirne hatten sich anders eingestellt, die Temperatur in aller Adern stieg auf 39,6°. Das Banner der Zügellosigkeit flatterte über die Dächer. Daß Handel und Industrie nicht lahmlagen, hatte man nur den trefflich funktionierenden Negern zu verdanken, die stets an ihrem Platz waren. Sie waren unentbehrlich. Fast wie Alvio, der mit dem scharlachroten Lieblingsauto von Ort zu Ort, von Gasse zu Gasse fuhr. Er stieg aus, sprach da und dort ein Wort, legte den Frauen die Hand auf die Augen, daß sie weinten. »Also übermorgen«, sagte er jedem, »das Fest. Ihr kommt doch?« Und die verwirrt schlagenden Herzen, die Hirne, in denen der Wahnsinn saß, schnappten ein »Ja.« Denn der Bann, der von ihm ausging, hielt sie alle. Manche — besonders Professoren, ehemalige Offiziere und andere Ehrenmänner — begannen zu zittern, und aus allen ihren Poren brach Schweiß. Die Geistlichkeit hatte sich scharf gegen ihn gewehrt. Er aber versprach Messen, ließ goldene Kruzifixe, Meßgewänder in die Pfarreien tragen, daß sie schwiegen. Im niedern Volke hatte die Syphilis scharf um sich gegriffen. Der Prinz ging zu jedem Kranken hin und siehe — man wurde gesünder, fast gesund, wurde weiter gepeitscht. Tag und Nacht. Haus und Gasse und Herd und Kirche und Bett waren eins. Wo man müde war, schlief man ein. Das Pflaster war weich und gab nach, die Luft zart und schwül. In der Nacht hing ein Gestirn am Himmel, hell wie die Sonne, nur viel röter. Am 38. Juli fand unter Massenbeteiligung das Hochamt der Lust im Kölner Dom statt. Claire vereinigte sich mit dem Prinzen, die Erde dröhnte. Sonst schien der Kosmos keinen entsprechenden Anteil zu nehmen. Da war das Ausland schon bedeutend lästiger, das telegraphisch sich erkundigte, anklopfte an die Türen von »Libertia.«

»Wir wollen ihnen das Evangelium des Lebens bringen«, sagte der schlanke Keppel, Privatsekretär des Prinzen und Two=steptänzer.

»Noch ist es nicht an der Zeit. Nach dem Fest.«
»Wo willst du übrigens so viel Tausende in diesem Schloß bewirten?« »Warte . . .«

Ja, im Schloß herrschte eine fieberhafte Erregung.

Alles wurde mit Blumen, Düften und Tieren geschmückt. Der blasse Prinz ging oft tagelang nicht aus seinen Zimmern. Eines Tages hörte seine Mutter, die jetzt heiterer geworden war, ihn seufzen. Sie selbst durfte nicht eindringen, darum schickte sie Claire hinein. Claire — ja, kennt ihr Claire? — manchmal ist sie euch sicher schon begegnet, Claire, die Schlanke, Claire mit den verschleierten Augen, Claire, die Schlange — nun, Claire bog sich, als sie bei der Tür stand, ein wenig rückwärts und der Prinz lächelte wieder und nahm sie fröhlich hin. »Ach, wär' ich geblieben doch in meinem Garten« . . . .
In dem Lande der Wollust rüstete sich unterdessen alles zum großen Fest. Kinder, die damals zur Welt kamen, wuchsen in Stunden so groß, wie sonst in Jahren. Und nur einer ging seines Wegs: Bachmann, der die Welt haßte. Vor dessen Haus fuhr aber zwölf Stunden vor Beginn des Gelages Prinz Alvio vor und erwürgte ihn höchsteigenhändig . . . .
Der Palast war in drei Trakten erbaut. Die beiden Seitentrakte waren für die Privatgemächer bestimmt, in der Mitte erhob sich das goldene Haus des Festes. Sein Grundriß war ein Dreieck, aus sich verjüngenden, viereckigen Sälen gebildet. Der Rest bestand aus un=
regelmäßigen Gängen und Gemächern, die stets ver=
schlossen blieben. Am Vorabend des großen Tages erschien ein feuriges Transparent am Nachthimmel, auf dem stand: »Alle, die ihr g e s u n d seid, kommt!« Am nächsten Tage startete man nach Brühl hinaus.

Im Aeroplan, im Auto, zu Fuß, im Marathonlauf.
Die Frauen von den Männern getragen, geführt, geschleppt. Ihre Lippen höhnisch und siegessicher. Die Negermaschinen waren zurückgeblieben, um die Städte und Kranken zu bewachen. Als man um $^1/_26$ vor Brühl anlangte, fuhr der Menge schon Alvio und Claire entgegen. Der Palast würde erst um 2 Uhr nachts geöffnet. Dann bekam man ein Fußballmatch zu sehen, die siegreiche Mannschaft wurde bei 2 : 1 von der Menge zertrampelt. Um 8 Uhr kam von einem der benachbarten Hügel Musik, vorher noch nie gehörte, unfaßbare, den Begierden zu sanft — man schrie, warum hat man uns hierher gebracht? — einen Rechnungsrat traf vor Ärger der Schlag. Doch mußte man sich notgedrungen beruhigen, da um 9 Uhr alle, wo sie saßen und lagen, friedlich einschliefen. Der Prinz — im Frack, die Orchidee im Knopfloch, — stieg mit Claire zwischen den Körpern umher und kitzelte dicke Beamtensgattinnen. Um 2 Uhr erwachte man, sah die Türen offen und fühlte sich merkwürdig rein. Man betrat den Palast. Der erste Saal war wie ein Garten — große, gelbe Sonnenblumen, eine Märchenmusik — Katzen, Papageien, Löwen, Tiger und Schlangen, alles furchtbar friedlich und harmlos. Ein kleines Mädchen, das erst vor sechs Stunden zur Welt gekommen war, rief: »schau, wie das Paradies.« Die Menschen benahmen sich auch etwas ungeschickt, zertraten Blumenbeete, flirteten blöd herum und wollten schließlich tanzen. »Tanzen, ja, tanzen bitte!« Die Mäderln drängten

sich um den Arrangeur, der grün und zwerghaft war.
»Wo ist der Prinz?« »Der Prinz und seine Schwester
warten auf Sie im letzten Saal. Kommen Sie nur.«
Der nächste war schon etwas salonhafter. Einige
waren allerdings zurückgeblieben und sprachen mit kind-
lichen Zwergantilopen, aber die andern — ich bitte, das
war ein flottes Gehüpfe. Es wurde da gleich etwas
heißer. Der feurige Cymbalwalzer — bald war die
frühere Temperatur erreicht. Und dann weiter und
weiter von Saal zu Saal. Hinter den Vorwärtsstürmen-
den wurde es dunkel und ging der blaßmachende Tod.
Verwandlung auf Verwandlung um sie, in ihnen. Da
waren sie nackt und nur ein mattes Holzfeuer vom
Kamin schien über stöhnende, verschlungene Glieder,
aus der Luft kamen flüsternde Stimmen. Dort rasten
sie zwischen überhellen Spiegeln dahin, fingen sich
— in Tierfelle gehüllt — Lichtkaskaden, schrille Schreie
— und dann sahen sie sich plötzlich auf dem Parkett
des letzten Saales.

Die Mauern waren von Muscheln, und es brannte
ein einziger Luster voll Kerzen. Sie sahen sich als
Nonnen, und dort die Herren hatten einen Frack an,
statt der Blume aber eine riesige Kreuzspinne im Knopf-
loch. Gemessen die Bewegungen und fast steif. Still.
Still. Die Musik schwieg, man starrte sich an. Still.
Es waren hier nur mehr wenige. Repräsentanten,
schöne, kraftvolle Männer, süße, schlanke Frauen.
Ein aschblondes Mädchen rief: »Wo sind die andern?«
Still. Ganz leise gingen die Tore hinter ihnen auf.

Alles lag hellblau in der Reihe der Säle da. Still. Sie drehten sich wieder. Die Kreuzspinne begann zu kriechen und kroch, wenn sie sich faßten, den Frauen unter das schwarze Nonnengewand. Von oben tropfte Blut, das vom Himmel kam, denn das Dach war auf einmal fort und alles war leer. Still. Der Prinz trat unter sie. Er hielt eine kurze Ansprache. Um seinen Mund ringelte sich eine Schlange. Er war sehr schreck= lich anzuschauen, denn seine Augen waren nur weiße Lichter. Hinter ihm kam es jetzt schwarz und uner= meßlich durch die Säle des Todes, mit großen Händen. Ein klirrendes Orchester aus Blech und Furchtbarkeit wurde vernehmbar. Die Hände wollten zupacken, der Prinz grinste. Der Schrecken trieb die Menschen durch= einander — jagte sie wieder zusammen. »Hier — du —« Die Nonnengewänder flogen, die Spinnen hatten sich auf die Frauenbrüste gesetzt und sogen Blut, die Köpfe wuchsen ineinander. Die Neger warfen sich unter sie wie mähende Sicheln. »Du — nein — ich will dich — dich — nimm mich — trag mich fort —« Die gelben Augen der Schwarzen waren schon nah. ... da rief eine große und traurige Stimme: »Ich bin der Weg, die Wahrheit und ...« Der Tod trat in den Saal ....
Das Weltbewußtsein rüttelte sich nach einiger Zeit schweißbedeckt aus seinem Fiebertraum und suchte den Satan weiter in Erdbeben, Eisenbahnunglücken und Gehirnkrankheiten, nur nicht in der Liebe.

DAS LÄCHELN DES GEKÖPFTEN

IM Jahre des Heils 1914 schienen die Angelegenheiten dieser Welt zu einem Punkte gediehen, der sie für den Henker reif machte. So ging es nicht mehr weiter. Unbedingt nicht. Man glaube nicht, daß etwas Besonderes geschehen sei. Nein, im Jahre des Heils 1914 war alles so, wie es eben gewöhnlich war. Hört: Gesellschaften drehten sich im Kreisel dummer Walzerhymnen, Flirt verwirrte sich tief in das Innerste des Fleisches, dazwischen flogen Revolverkugeln der Revolutionäre und Selbstmörder, Dirnen mit offenen Haaren. Über Apparaten und dicken Büchern saß bärtige Wissenschaft, über jungfernweiße Bergrücken rodelten Sport und rote Wangen, Wahnsinnige nagten an Stäben, Audienzen wurden erteilt, in hohen Sälen flossen Orden hernieder und stiegen Reden. Kaffeehäuser in Bukarest, Lissabon und San Francisco und allem, was dazwischen liegt, rollten Billardkugeln gegeneinander, ließen Meinungen in Zigarettenrauch verwehen, kuppelten Bürger und Boheme. Einer schrieb Bücher, ein anderer stand mit fleischigen Armen vor der Backstube des Lebens, im Kimono wurden galante Besuche erwartet. Akten und Geschreibsel, dicke Bäuche und Brillen lenkten das Getriebe. Ein Genie war besoffen, Tausende

Arbeiter erstickten im Bergwerk. Kirchen, Schulen, Bordelle, Institute, Gefängnisse, Ballokale, Haus und Wiese und Wald und Feld: alles war überfüllt. Zu den Schaltern des Schicksals drängten sich Milliarden, um den neuesten Film zu besehen. Doch auch die Seelen aller waren voll wie Säcke, Ursache und Wirkung lösten sich in dümmster Selbstverständlichkeit ab, was man nicht gleich erklären konnte, wurde psychologisch ausgeschöpft, und je komplizierter die Untiefen erschienen, desto lächerlicher war der Rätsel Lösung. In den Herzen der Wesen, die zwischen längst aufgedeckten Nord- und Südpolen herumkrochen, war jegliches Gefühl religiöser Scheu abgestorben, und der Kampf ums Dasein war zum Geraufe zwischen Hemmungen und Frechheit geworden. Bettler hatten ein Innenleben und dachten nach, Tiere und Landschaften waren Ornamente einer Stimmung, Erotik auf Flaschen gezogen und für Kunstwerke verwendet. Kurz, das Gefüge der Maschinen war so kompliziert geworden, daß der Irrgarten der Geschehnisse im Wahnsinn der verschlungenen Linien sich wieder zum höchst simpeln Kreis schloß, der ohne Anfang und Ende war. Das Schmieröl roch stark, die Achsen knackten, Gott, der Herr, beschloß, dem ewigen Treiben ein Ende zu bereiten.

Engelchöre sangen den abgedroschenen Schöpfungshymnus, in himmelblauen Seligkeiten schwammen Düfte und gebrauchte Lustgefühle. Bei der Himmelstür spielten die beiden wachthabenden Engel ihr Schach. Zu Petrus aber sprach der Herr und strich sich über

[1735]

das glatt rasierte Kinn: »Nein, so war dies nicht geplant. Als ich mit dem Chaos um die Zukunft würfelte und gewann, da wollte ich doch nicht Übles durch Übleres ersetzen. Unordnung, die sich als solche bekannte, durch Heuchelei, in der alles doch verschmiert und planlos hingeht. Nein — fort — ein anderes Bild.«
Schon hob sich die ringgeschmückte Hand des Schöpfers, um abzuwinken. Riesige Männer mit Stangen waren in den Thronsaal getreten und erwarteten den Befehl, einen kleinen, kosmischen Zusammenstoß zu veranlassen. Im Erdbebenbüro und in der Seuchenverschickungszentralstelle herrschte fiebrige Geschäftigkeit. Architekt Baron Julius Stil, Baumeister der Erde des Mars, beeideter Sachverständiger in Pflanzen-, Tier- und Menschenleibern, legte schon neue Pläne vor, von achtzehnbeinigen Wesen mit durchwegs blauen Augen — vielleicht probeweise 200—300 Stück — gehirnlos, nicht? — einen enormen Geruchssinn für das Ganze als Ersatz? . . . .
Ja, im Himmel ging alles schnell. Doch war es noch der Überredungskunst des schlanken Petrus gelungen, Gott vor der endgültigen Entscheidung zu bewegen, wieder einmal zuzusehen. Sie traten in das Beobachtungszimmer ⟨4. Himmel, 3117. Stiege, Tür 933⟩ und begaben sich vor die sinnreichen Apparate. Nichts aber schien hier geeignet, den Willen des Herrn umzustimmen. Der bedienende Geist — früher einmal Newton aus England, Erde — mußte oft die Platten wechseln, Schrauben drehen und immer neue Projektions-

flächen einschalten. Es war auch wirklich zu langweilig und gewöhnlich, was man zu sehen bekam. Die Blicke konnten in Paläste, Kaschemmen und Boudoirs aller Erdteile dringen, konnten Lebensläufe zusammenfassend erschauen, wenn man die 344. Linse etwas mit Natriumchlorür bestrich und die M=Strahlen entstanden, konnten Gehirndeckel abheben, die Gedanken sich bilden und den Geist bei der Arbeit sehn. Nichts entging dem Schöpfer. Nach Ingangtretung der Menschheit hatte ihm zwar der Satan den Einfluß immer mehr und mehr abgekauft. Doch konnte er nicht gehindert werden, »Ja« und »Schluß« zu sagen. Oder mit Syphilis und Kriegsgreuel reinigend dreinzufahren und sich schließlich sein Werk zu betrachten, als den hohlen Rasierspiegel seiner Größe. Doch diesmal sah er nicht sich. Was er sah, war die Banalität der tausend Teufel, die ihrem Berufe nachkamen.

Siehe, dort wurde ein Kindlein geboren, wuchs auf, Gymnasium, Sport, erste Frühlinge, Universität, Nacht=leben, Ball, Verlobung, Dirnen, Ehrgeiz, Reisen, Be=ziehungen, Zeitung, Bücher — der liebe Gott ließ sich eine andere Platte einstellen ⟨das waren ich und du ...⟩

»Vielleicht das wäre etwas? Ein kleines Verbrecher=leben. So was hält frisch und warm.« Da sah man einen Akrobaten Frauen vergiften.

»Ah so, Giftmörder Hopf. Den kenne ich schon aus Feuilletons. Danke.«

»Oder ein verlottertes Genie. Hungert. Ohne Namen. Niemand kennt ihn. Und steht doch dir nahe. Du kennst ihn. Und dann ...«

»Dann kommt alles, wie es kommen muß. Schau nur hin. Anerkennung auf dem Totenbett. Er ist lungenkrank. Man bringt ihm Telegramme an das Lager. Das Auge leuchtet. Der Freund sinkt ins Knie. Weiß schon ... Nein, ich möchte in meiner Allwissenheit einmal ein wenig erstaunt sein.«

»Vielleicht jenes Bild ...«

— — — — — — — — — — — — — — —

Sonne schien stark auf eine penninische Alpenwiese. Viel Sonne kam über die Gletscher her und wurde durch den harten Geruch der Gebirgsblumen noch lebendiger. Dort wuchs bei Ziegen und Abgründen ein blonder Knabe. Die Augen leuchtend wie die guter Tiere. Die Muskel und der Bau der Knochen, der Schädel mit den langen, hellen Haaren an Riesen erinnernd. Der hatte nicht Vater und Mutter, der konnte nicht schreiben und lesen, der kannte nicht Mensch noch Gott, nur seine Sonne. Im Winter kroch er in Dörfer und lebte bei seinen Zieheltern, Uhrmacher und Gattin, in niedern Stuben. Im Sommer sprang er über Felsen. Sang mit gewaltiger Stimme Lieder und schleuderte Blöcke gegeneinander. Holte aus Schründen seine Zicklein. Als er zwanzig war und seine Hände erwachsen und göttergleich, da gefielen ihm die glänzenden Deckel der Uhren und der süße Leib seiner Stiefschwester. Um beides zu haben, erschlug er den Alten, den er Vater genannt. Stand über dem Blut und erstarrte, als er den Tod aus verdrehtem Auge springen sah. Abend war's. An die Fensterscheiben drückten sich ängstliche Gesichter, das Dorf murrte und Kinder liefen schreiend durch die Gassen. Drinnen ging einer auf und ab, und begann zu begreifen. Gendarmen ritten durch die Nacht mit ihm fort. Die Schwester weinte. Im Mondschein lagen Instrumente und Gläser und Ketten umher und weißes Haar klagte an. Der Wind blies Wolken herab.

Der blonde Doré — wie man ihn nannte — wurde zum Tode verurteilt. Der Gerichtshof von Marseille hatte nach den vielen Mordtaten, die in den letzten Jahren die französischen Behörden beschäftigten, beschlossen, ein Exempel zu statuieren. Ein Verbrechen, das so tierisch war, so kalten Bluts ausgeführt und zugestanden, mußte die gehörige Bestrafung finden. »Zum Tode durch das Beil verurteilt.« Die Worte des Protokollführers blieben im überfüllten Raum in der Luft schweben und lösten das aus, was man in Berichten so schön als »Bewegung« verzeichnet findet. Der Kopf des Angeklagten, der während der Urteilsbegründung neugierig und stolz zu den Männern im schwarzen Rock aufgeschaut, sank schwer wie ein goldener Apfel auf die breite Brust nieder. Die Lippen bewegten sich, doch den Gesichtsausdruck konnte niemand erkennen, da ein schwerer Regenschauer Gassen, Höfe und Zimmer verdunkelte. Das Gaslicht wurde aufgedreht und der Mörder in völlig apathischem Zustande von den Soldaten der Justiz hinausgeleitet. Dem Verteidiger stand nur mehr die Berufung offen. Denn der Geisteszustand war von den Gerichtsärzten zwar als etwas unter dem

Gewöhnlichen stehend, woran wohl die mangelhafte Erziehung schuld sei, aber keineswegs als anormal bezeichnet worden. Doch auch dem Gnadengesuch wurde nicht Folge geleistet. Am 25. August sollte der blonde Bauer seinen Tod finden. Der war aus dem Zustand der Apathie bald erwacht. Hatte in seiner Zelle zu toben und zu schrein begonnen. Sein Hirn, das offene Weiden und Blicke in den Himmel gewohnt gewesen, war durch die Untersuchungshaft betäubt worden und ermannte sich jetzt erst zur Revolte des gesunden Fleisches. Der blonde Doré biß in die Eisenstangen der vergitterten Luke, kratzte mit den Nägeln an den steinernen Wänden, verweigerte die Nahrungsaufnahme. Ein dunkler Sinn für die ewige Gerechtigkeit war in ihm aufgegangen. Immerfort rief eine Stimme: »Wie, wenn es Unrecht war von mir, zu töten, was dürft ihr mich, — mich, den Starken, Starken, Starken in den Tod stoßen? Weil ihr mehr seid? Oh ...« Dann griff er mit den Händen in die Gitterstäbe, um das ewige Gewölk fortzuschieben, das jetzt Regenmassen in grauer, ruhiger Reihe niedertropfen ließ. Dort mußte seine Sonne sein. Dort vielleicht Freiheit ....
Der Priester wurde mißhandelt und hinausgestoßen. »Es gibt keinen Gott. Ich kenne keinen Gott.« Hochaufgerichtet stand er da, das Hemd an der Brust offen, die Arme wirbelnd in der Luft, ein heller Fleck in dunkler Zelle das Haar: Ein Prophet des Nichts ... Am nächsten Morgen wurde er hinausgeführt. Es ging durch Gänge, über Stiegen, vorn die graue Jacke

des Aufsehers. Die Lippen Dorés waren mit einem Ausdruck unbeschreiblicher Wut zusammengekniffen Die Handfesseln drückten tief ins Fleisch, das sich immer und immer wieder blutig stieß. Auf einem der äußersten Höfe wurde Halt gemacht. Staatsanwälte und andere Funktionäre standen feierlich umher, eine knarrende Stimme las noch einmal das Urteil. Gebete flossen gemurmelt von fleischlosen Mündern. Die Handlanger der Justiz traten auseinander, durch die Gasse, die sie bildeten, kam der Scharfrichter, ein mittelgroßer Herr im Frack. Er legte dem Verbrecher die Hand auf die Schulter. Die Geste war einladend und gar nicht unliebenswürdig. Mit diesem war in den letzten Sekunden eine Veränderung vor sich gegangen. Die Augen waren klar aufgeschlagen, der geplante Fluch schien in die Brust zurückgesunken. Der blonde Doré sah über die Menschen und die Maschine des Todes hinweg, in eine Ecke des Hofes. Dort stand ein breit=stirniger Schubkarren und auf dem tanzte ein Sonnen=kringel, der durch Mauerspalten hereingeschlichen war, auf und ab. Denn die Wolken hatten sich verzogen und über dem Haupte der Hinrichtung lag klares Firmament, über das langsam und feurig die Sonne heraufrollte.

»Haben Sie noch etwas zu sagen? Nein?«

Schweigen. Die Pupillen des Mörders hatten sich weit gemacht, um eine Welt in ihnen ertrinken zu lassen. Der Mund lächelte.

»Dann treten Sie dorthin.« Der mittelgroße Mann im Frack stieß ihn vorwärts. »Pax tibi semper — pax aeterna ...« Ein Kreuz trat vor das Gesicht, der Mund spitzte sich zum Kuß.

»Auf jenen Polster, ja ...« »Ich danke Euch, Herr.« Und schon fiel — ritsch=ratsch — das Fallbeil herab. Das Lächeln war geblieben. Blutiger Stumpf starrte ins Gemäuer. Das herb vom Leib geschiedene Haupt trug seinen Segenswunsch, die Sonne aber hatte sich in dem blonden Haare verfangen und war mit in den schwarzen Sack gerutscht, der den Abfall empfing. Im Hofe des Gerichtsgebäudes von Marseille war Christus gestorben.

Die Welt ward dunkel wie das Antlitz von Pest=kranken. Vom Zenit donnerte eine schreckliche Stimme über die Städte und Felder der Erde: »Weil einer von euch das Leben geliebt, aus wahrem Herzen und wie die Kinder, und d e r ein Mörder war, so sollt ihr fürder dies Getränk, den Leib und seine Lüste nicht mehr freundlich schlürfen, sondern hassen ...«

Die Wolke verzog sich. Am Himmel hing ein rötlich leuchtender Kopf und gab Licht. Die Erde ließ Stachel=kräuter wachsen, zackige Kakteen. Selbstmörder be=völkerten die Metropolen, die Verbrecher waren Herren der Scholle, Mörder, die gekreuzte Beile bläulich über der Stirn trugen. Die Tiere sind ausgestorben, die Maschinen streiken. Blut floß und fließt in riesigen Strömen, bis in letzter Barmherzigkeit ein Satan die Wagschale zur Hölle stößt. Dort dürfen wir schmoren und wimmern und heulen mit offenen, schwärenden Wunden in alle Ewigkeit. Amen.

DER JUNITAG

IN der Wohnung des Sektionschefs von Hornische standen die Möbel schwer und altbraun herum und es roch nach Schmerzen. Die Doktoren sagten: »Man hat alles getan — man muß lindern«. Frau Alwine von Hornische zeigte sich gefaßt. Sie linderte und ging herum wie eine böhmische Krankenschwester. Oft richtete sich noch Sektionschef Otto von Hornische mit dem Kaiserbart im Bett auf, fluchte laut und warf seine Spuckschale mitten ins Zimmer und schrie und ward rot: »Die Alte hinaus ... mein Mädel ...« und der Rest wurde von einem quälenden dumpfen Schmerzenslaut unterdrückt. Dann hieß es »Das Mädel muß heraus — Krankenatmosphäre — Tante Frieda...«

Das Mädel war die siebzehnjährige Tochter. Sie hieß Gretel und hatte Augen, grau, jungfräulich und zum Weinen unschuldig. Auch sonst war sie hübsch und schlank. Es ist eigentlich von ihr nur zu sagen, daß sie siebzehn Jahre und ein Mädchen war. Sie hatte noch nie geküßt.

— — — — — — — — — —

In Tante Friedas Wohnung hatte der Dämon der Zeit die Makart=Buketts mitzunehmen vergessen, und man ahnte von ferne Reifrockzeit und Familienblätter.

Gretel langweilte sich hier äußerst. Jeden Tag kam Mama herüber und erzählte. Gretel wandte sich roh ab und dachte: »Wenn nur der Alte schon ...« Und Tante Frieda erzählte viel von Bismarcks Frau, die sie einmal gekannt zu haben vorgab. Es war ihr alles zuzutrauen. Gretel war ein Sportsmädel, wie es sie trotz versichernder Feuilletons der Presse und trotz Semmeringtouren doch wirklich gibt. Sie riß die Fenster auf und sah sich nach einer Tennispartie um. Tante Friedas Villa lag in Hietzing . . . . . .

Es war ein gesegnetes warmes Frühjahr. Gretel fragte plötzlich: »Du Tante, was für einem Herrn gehört denn die Villa dort drüben?«

»Hoflieferanten Schneider Striberny. Mein seliger Mann hat immer . . .«

»Ja und der sitzt immer am Fenster dort bei den Büchern . . .«

»Ah nein — das — das ist nur ein Gast von ihm. Ich glaube Geschichtsprofessor — — krank gewesen — eigentlich verwandt mit euch — — — wohnt sonst in Ottakring so — Ja Gymnasialprofessor . . .«

Gretel lachte: »Sitzt immer bei die Bücher, bei so einem schönen Wetter.« Der Mensch dort drüben schaute auf. Gretel nickte: »Ja Sie mein' ich.« Dann spitzte sie den Mund und wollte pfeifen. Tante Frieda verwies es ihr. — — — — — — Gretel war seit einiger Zeit müd, abgespannt. Sie ging nicht mehr zu den Tennispartien. Beim Essen blickte sie auf, und ein Knödel hing gedankenvoll an ihrer Gabel . . .

»Der erste Mai ist heute. Und schon so warm. Man sollte etwas anstellen heute.« Sie streckte sich, daß man die weiche Biegung ihres Körpers sah. »Ich werde wieder hinein zu den Eltern fahren ...« Tante Frieda putzte die schwere Brille. Sie murmelte etwas von: »... armer Vater ... ringt ... sowieso nicht lange ...« Plötzlich fragte Gretel: «Was ist denn mit meinem interessanten Geschichtsprofessor?« »Wieder zu Hause ... Ottakringerstraße.« Dann kamen Wiener Tascherln herein und das Obst. Gretel steckte sechs Kirschen auf einmal in den Mund und dachte sich etwas .... Um halb Drei setzte sie ihren schicken Hut auf. »Ich geh spazieren ...« Draußen war alles grün in der Allee und Vögel sangen. »Warum nicht?«, dachte das Mädchen und »es is a Hetz ...« Von der Hausmeisterin drüben bekam sie gewünschten Bescheid: »Ja, also jetzten, gnä' Fräul'n, bei saner Familie, Ottakringerstraße 157 im vierten Stock« .... Die feiertägliche Elektrische fuhr durch die staubige Vorstadt. Ihr Läuten und das Pfeifen und das Tönen der Trompete und »ja, ja, steigens nur ein, wir fahren nach Dornbach« — alles schlängelte sich die nicht angestrichene Wand des verklebten, blinzelnden Zinshauses hinauf. Denn es war eine Haltestelle knapp vor dem Tore ... Oft fluchte darüber Ludwig Hunner und sah von seinen Pandekten in die Gulyasduft und Staub tragende Viertestockluft. Die Knaben nannten ihn Hunzer. Er hatte ein Gesicht wie ein lyrischer Lustmörder oder wie ein Revolutionär aus Traurigkeit. Er war

irgendwie mit reichen, mächtigen Leuten wie Hornische und so verwandt. Der Reichtum war wie ein süß= riechender Kelch an ihm vorüber gegangen. Er war in seiner Jugend ein Aufwühler und etwas verrückt und also am Wege liegen geblieben. Jetzt loderte sein Fanatismus in Büchern aus Schweinsleder mit Bücher= skorpionen und zusammengebräunten Seiten auf. In seinem Hirn glühten und verfielen noch immer Welten. Doch die Hand schrieb »nicht genügend« und über seine gigantische Nase war das Gefängnis einer Brille gelegt. Die Augen waren erloschen. Er hatte eine Gattin, welche nicht abließ, ihn »Luschi« zu rufen und ihm Kinder zu gebären. Sie liebte ihn, und er hatte sie aus Wut einmal gegen wen Andern geheiratet. Jetzt war ihr Leib reizlos, und Ludwig Hunner ging an ihr bröckelnd und fluchend zugrunde. Siehe, auch jetzt rief sie es wieder herein: den Schlachtruf ihres Lebens: »Luschi, der Kaffee wird kalt.« Und inzwischen schoß der achtjährige Sohn Jonas mit einer Luftpistole an die Wand. Ludwig Hunner aber exzerpierte gerade mit seiner kleinen zerschmetterten Schrift etwas über den dreißigjährigen Krieg und brüllte hinein wie zehn Löwen und seine Stimme kam noch immer aus einem feurigen Krater: »Ich komme soffort!« Da läutete es draußen ...
»Ja natürlich ist das eine unglaubliche Keckheit — Aber ich hab mir gedacht, wir sind eigentlich verwandt. Und wissen Sie — ich langweil mich sooo — und ich hab Sie bei den Büchern sitzen gesehen und ich hab mir gedacht, Sie langweilen sich auch. Nicht? ...« Sie

schwieg und ihre Augen blieben an den waldigen Augenbrauen Ludwig Hunners haften.

Dieser brachte kein Wort hervor. Seine klobigen Hände zerknitterten irgend ein Papier. Er war eigentlich in dem »Dem-Herrn-Direktor-Vortrittlassen-ins Konferenzzimmer« ein feiger Philister geworden. Aus dem Nebenzimmer kam der Kaffee gekrochen, eindringlich und braun.

»Wissen Sie ... also man tut oft etwas Plötzliches mit siebzehn. So ganz etwas Plötzliches.« Sie ... stand auf und in ihrem Innern dachte sie schon »So ein Blödsinn.«

»Ich könnte auch gehn.«

»Aber nein« — er wurde lebhaft. Er nahm sie bei der Hand. »Eigentlich ist das ein großes Glück ... habe immer auf so etwas Plötzliches gewartet als ich jung war.« Seine Stimme versank. Er führte Gretel ins Speisezimmer. — — »Also, Emmy, das Fräulein war so lieb und hat sich uns anvertraut. Sie ist ohne nähere Verwandte« — er log aus Angst — Gretel zuckte spöttisch mit den Mundwinkeln — »ohne Verwandte und hat sich gedacht, wir werden uns ihrer annehmen. Wir werden ihr in Zukunft immer unser bescheidenes Heim zur Verfügung stellen.« Noch nie hatte er so lang und so weltmännisch mit seiner Frau geredet. Diese zwinkerte Gretel prüfend an, rief dann kreischend etwas von einer neuen Tasse in die Küche, verwies der kleinen Inga das Nasenbohren und der Anfang war gemacht ... Ludwigs Glut war schon längst Zucht und Beherrschung geworden. Er war dabei allerdings ein wenig um die Theatralik und das Gepränge der gesprochenen und gehandelten Tat gekommen. Doch nun entzündete er sich, wie er mit einem so fremden, andern, neugierigen und selber angestaunten Individuum über den siebenjährigen Krieg sprach und Alt=Ägypten und Napoleon. Er fuhr sich mit der Hand einige Male über die Haare, die ungekämmt waren, und schob das kleine Mizzerl ganz aufgeregt beiseite, als sie sich auf seinen Schoß setzte und voll starren Staunens auf die weißen Mädchenhände Gretels blickte ... Es war sieben Uhr geworden. Die Bücherdeckel erglänzten im letzten Sonnenstrahl. Gretel unterhielt sich geradezu. Sie dachte immer »Komisch — sehr komisch ...« Es kam über das Staubmeer ein Duft. Dann zündete Emmy die Petroleumlampe an. Gretel ging. Sie ging über die Stiege und lachte über das ganze Gesicht. Sie dachte ... »Komisch ... sehr unterhaltend — also Napoleon hätte nicht mit Metternich sprechen sollen in Dresden und Amenhotep war der erste, der ...« Sie lachte laut heraus und stieg fast in einen H2=Wagen ein, der sie nie nach Hietzing gebracht hätte. Oben trank Ludwig Hunner ein Glas Wasser in einem Zug aus, richtete seine aus der Fassung gebrachte Krawatte und rief dann ins Nebenzimmer: »Emmy, unser Abendspaziergang!« Worauf er mit Kind, Kegel und Gattin in irgend einen Dr. Karl Lueger=Jubiläumspark ging, der rhachitische Kinder und staubige Reifen ahnen ließ — — — — —

Es gefiel Gretel von Hornische in der Ungewaschenheit und Stilwidrigkeit des staubigen Kleinbürgertums herumzurühren. Sie ahnte auch irgendwo einen Brand, etwas Außerordentliches unter diesen Abzahlungsmöbeln. Sie kam öfter im Mai in die Ottakringerstraße. Sie sagte ganz offen zu Tante Frieda: »Ich gehe zu armen Verwandten. Aber laß mich mit deiner blöden Tennispartie aus.« Sie starrte die Hände Ludwig Hunners an, die die Hände eines Bergarbeiters waren. Ihre Neugierde wuchs, sie drehte sich im Nachmittagsschein vor dem Fenster und legte ihren Kopf auf die Hände. Und es erwachte die kleine Bestie in ihr. Ludwig Hunner aber sprach laut und deutlich. Er sprach jetzt von seinen Wünschen und Ambitionen. Gretel blinzelte. In muffigen Ehegebührsumarmungen, bei Kind und Nachttopf und hängenden Brüsten war in Ludwig jeglicher erotische Sinn abgestorben. Nur manchmal nahm er ein Stück Monatsgehalt und lebte sich aus. Trotz allem sah sein ästhetisches Auge, wie unglaublich gut diese Linie war, wenn sie sich bog, und die Hüften waren schlank und aufreizend. Er mußte auch lächeln. »Warum lachen Sie?« »Ich dachte, daß es eigentlich sehr komisch und sehr nett von Ihnen ist.« »Was denn?« »Daß Sie zu uns kommen.« Seine Stimme bebte. Später sah er ihr nach, gelehnt an seine älteste Tochter Karla, die dreizehn Jahre war, und zittrige Haarsträhnen krochen über ihr Gesicht. Gretel kehrte sich um und winkte herauf. Ihr Kleid leuchtet wie roter Mohn.

Ein Gewitter=Windstoß fuhr Ludwig in die Haare, die er sich am nächsten Tage schneiden ließ ... Er ließ sich auch den Schnurrbart abnehmen ... Vater von Hornische rang noch immer. Tante Frieda meinte, die Besuche müßten aufhören. Gretel ging jetzt justament hin und fast jeden Tag. Gretel kam einmal unvermutet gegen Abend noch einmal. Sie hatte ihr Tascherl vergessen. Sie sah Ludwig nicht am Arbeitstisch. Aber über seiner Schreibmappe thronten, unten angeschwärzt und umgekehrt, zwei Röllchen. Dies wirkte furchtbar komisch. Sie mußte auch sehr lachen. Als Ludwig hereinkam und die Szene erkannte, bekam er einen guten Zorn, einen Bubenzorn, und warf die Röllchen mitsamt den 40 Heller=Imitations=Knöpfen in die Ottakringerstraße hinab und schrie ein ordinäres deutsches Schimpfwort. Gretel staunte. Aber Emmy mußte vier Tage hindurch Manschetten annähen, trotz ihrer Schwangerschaft — — — — — — —
In dem Hause und der Wohnung Ottakringerstraße 157 gab es viele Dinge und es war eine bewegte, kreischende Symphonie des Mittelstandes und der Arbeit. Es gab enge, verschrumpfte Drehstiegen mit unheimlichen, offenen Gasflammen, die zischten und pfauchten. Und einen Hof, in dem plötzlich in der Mittagsglut der Mehlspeisendüfte wandernde Sänger auftauchten und ihr Lied aufsteigen ließen, das da gewöhnlich ging: »Hupf mein Mäderl!« Vorn spielten Rotznäscher und schwarze Finger am Trottoir, das Risse hatte, mit undefinierbaren Kugerln. Und Klopfbalkons und

Gerüche sämtlicher Küchen Wiens. Da war eine
Köchin mit stets aufgesprungenen, roten Armen, die
jeden Dienst bei Hunners verrichtete. Sie roch aus
dem Mund. Stühle waren vorhanden, die wackelten,
und halbtrockene Windeln im Gangerl und fünf Kinder
und der Knabe war gewalttätig und schlug Lärm.
Ferner Nachttöpfe, die sehr begehrt waren, und ein
Bett, das nie gemacht war, und Flüche und Häuptel=
salat, worin eine Raupe umherkroch, und Mizzerl
kreischte dann: »Schau, Máma, ein Vieeech!« und
Zinnsoldaten am Boden zerstreut und ein Kübel mitten
im Zimmer und an den Wänden Stiche aus der
»Gartenlaube« und die gelbe, häßliche Uhr ging um
eine Viertelstunde zurück und Berge, Berge von
Büchern und Scripten und Heften, beklexten und halb=
voll geschriebenen. Und »Pápa, darf ich heut in den
Zirkas gehn?« und »Emmy, heute ist Konferenz, gib
den Schlußrock heraus!« und der Ehrenteller bei Tisch
war auch schon gesprungen und die Lotti hat sich
einen Schiefer eingezogen. Über allem aber thronte,
frisch und herrlich, Gretel von Hornische . . . .
Mama spannte sie hie und da zu kleinen Dienst=
leistungen an. Trotzdem lächelte sie und kam weiter
hin. Sie gingen auch manchmal zusammen nach Dorn=
bach hinaus in den Wald — — — Es war ein warmer
Mai — — — Einmal gingen Gretel und Ludwig mit der
kleinen Marie. Plötzlich sagte diese: »Geh, Vater,
geht's voraus — ich hab da so viel schöne Veigerln
gesehn.« Sie bückte sich und pflückte. Gretel lachte

und sie gingen zu zweit weiter. Ludwig fuhr sich am Hemdkragen herum und etwas sagte in ihm: »Du bist verliebt.« Er aber erklärte, daß der Tag herrlich sei. Gretel lachte und war neugierig. Da sagte er: »Das Kind ist gescheit«, und küßte Gretel auf den Mund. Sie küßte ihn wieder und beide bluteten dann ein wenig. Am Rückweg fragte Gretel, ob sie wirklich verwandt seien, und sagte dann: »Da sind Sie ja mit Kinskys verwandt. Wir sind es nämlich.« Sie freute sich, daß sie doch nicht nur die glutvollen Lippen einer Feuerseele geküßt ....
Es war Juni. Es war bereits heiß. Wenn Gretel jetzt kam, ließ sie sich die Hand so von innen küssen und den Nacken und sie sagte möglichst kühl: »Gut, daß du rasiert bist!« Es war aber auch in ihr Juni ... Ludwig Hunners Philisterherz zerschmolz zu dem heißen Steinkern seiner einstigen Jugendlichkeit. Wieder türmten sich die Gedanken und lauerten auf die Tat. Seine Seele hielt die Zügel und den Atem an .... Arbeiter sangen, Elektrische und Automobile rasselten, es leuchtete drüben über dem Wienerwald. Die Luft war schwer. Im Speisezimmer flackerte das Petroleumlicht und der Aufschnitt stand auf dem Tisch. Gretel war heute auch zum Abendessen da, weswegen Mizzis neues Barterl vorhanden war und man es Jonas verbot Nägel zu beißen. Das ganz Kleine weinte, weil es Angst vor Gewittern hatte. Emmy stand nun auf, sie war gelb und, wie gesagt, wieder einmal in der Hoffnung. Ihr

Leib war gedunsen und sie sah wie ein Traumbild Goyas aus. Sie stand auf und wankte hinein und man hörte sie erbrechen. Mizzerl lief ihr nach und die andern Kinder bekamen Angst und rannten aus dem Zimmer. Ein Bierglas war umgefallen und der Zylinder der Lampe knackte. Ludwig saß da, starr wie ein Stier. Gretel aber rief, flötete, sang: »Küß mich!« Er sprang auf, hob sie, trug sie aufs Sofa, riß ihr die Bluse auf und küßte sie auf die kleinen, zarten Brüste und den Lilienhals. Sie biß ihn und flüsterte sommerhaft und mädchenglutend: »Ich liebe dich!« Es weinte aber ein kleines Kind nebenan. Ein Donner schreckte die beiden auf und Emmy rief: »Also vorwärts, zu Tisch, Kinder!« Und man versetzte sich zurück in die Gefilde der Bürgerlichkeit und Gretel erklärte, sie sei beim Uhraufziehen an einem Nagel hängen geblieben und schade um die schöne Bluse. Die alte Uhr ging aber wirklich plötzlich. Unten sang man: »Trink ma no a Flascherl ...« und Jonas gab fest und knabenhaft seiner Meinung Ausdruck, er esse keine Dürre nicht. — — — Obwohl es gegen Schulschluß ging, war Ludwigs starre und strenge Observanz doch so geschwunden, daß er sich um das Gymnasium gar nicht kümmerte. Er holte jetzt Gretel in Hietzing oft ab, sie gingen in einen Wald hinter der Einsiedelei. Es war vier Uhr und durch Blätter kam weiße Hitze und sie küßten sich. Das siebzehnjährige Mädchen war älter und wieder frischer als der Mann und ihre Leidenschaft sah Ziele. »Seltsam, daß ich mich in dich

verliebt hab« und »wenn mein Vater stirbt, läßt du dich scheiden, wir heiraten. Oder ich ziehe in die große Wohnung und ich werfe Mutter hinaus und du wirst mein Geliebter. Übrigens habe ich da jetzt eine sehr nette Tennispartie gefunden, vielleicht lasse ich dich fallen ...« Da wurde dann sein Gesicht zerrissen und gewaltig und sie bekam Angst. Manchmal dachte sie: »Ich liebe ihn wirklich, sicher, und es ist meine erste Liebe und seine Küsse sind Glut=Küsse, ah ... Aber ich bin eine Jungfrau und muß klug sein.« Und: »Sollte ich nicht plötzlich verreisen?« Denn oft war es ihr, als wüchse seine Schwerheit und Trauer über sie hinaus, sie wollte sich verkriechen und, als er einmal brutal wurde — nur einmal — und sie auf einem Spaziergang in ein Stunden=Hotel zerren wollte, schrie sie so laut, daß Passanten stehen blieben und er ohne Gruß fortstürzte ... Denn sein Inneres war ohne Weg und Form. Er torkelte zwischen Ent= schlüssen und Taten hin und her wie ein Betrunkener. Er kaufte sich einen Revolver, er wollte sich in die Donau werfen. Er wollte ganz schlicht und einfach eine Ehescheidung einleiten. Er wollte Gretel nicht mehr sehen. Er wollte mit ihr fliehen. Er wollte vieles . . . .
Am Abend des 26. Juni sagte Gretel ihm an der Gartentür in Hietzing adieu und, daß sie morgen wahr= scheinlich nicht kommen könne, denn ihr Vater liege in Agonie. Ludwig sagte: »Gute Nacht, mein Liebling!« und war ganz weich. Wolken zogen über seinen Weg,

als er heimging............................
⟨Seine Frau kränkte sich schon lange und hatte auch
Szenen gemacht. Ludwig sagte immer: »Aber laß
doch!« und »gardez les enfants!« Tante Frieda
ihrerseits schüttelte nur den Kopf und in Hietzing
lächelte man⟩...

Da kam der 27. Juni. Es war schon am Morgen
heiß und man ahnte, dies sei ein Tag der Züchtigung
und der Glut. Doktor Schwalbenschwanz hatte sich
um $^1/_29$ in der Ottakringerstraße eingestellt, hatte
»Hm, hm« gesagt und die gnädige Frau werde
gegen Abend niederkommen und die Hebamm', ja, ja,
er werde schon alles ordnen. ⟨Die Kinder waren schon
seit drei Tagen bei den Großeltern mütterlicherseits.⟩
Ludwig ging mit großen, idiotischen Schritten in seinem
Zimmer auf und ab. Er schlug bald die Geschichte
der Kolonial=Entwicklung auf, bald die Chronika der
Stadt Nürnberg. Dann setzte er sich, strich sich über
die Haare, lächelte befriedigt. Wurde unruhig, zer=
spitzte einen roten Bleistift und band sich einen neuen
Schlips um. Zu Mittag warf er mit einem gewaltigen
Aufbrüllen die Köchin, die ihm einen »falschen Hasen«
hereinbrachte, zur Türe hinaus und aß überhaupt nur
ein Stück Semmel und ein wenig Kirschen. Um $^1/_23$
Uhr ging er dann zu seiner Frau hinein, streichelte sie
und sagte, er sei gleich wieder zurück, er müsse sich
nur ein Buch besorgen. Hierauf ging er zum Thermo=
meter im Hof, konstatierte, daß es 26 Grad im Schatten
habe, nickte mit dem Kopf und nahm aus einer Lade

den Browning. Dann bestieg er die Tramway, nahm sich eine 20-Umsteigen und fuhr über den Gürtel gegen den Parkring. Ja, ihr Vater war heute dort gestorben und er mußte sie sehen, heute sehen, gerade heute. Er fuhr im hintern Beiwagen. Neben ihm troff ein bläulicher Mann von Fusel und Schweiß. Die Fenster waren offen. Man sah die grünen Kastanienbäume und das aufgerissene Pflaster unserer Stadt. Die Blätter waren hie und da gegelbt von der Hitze, und die Arbeiter hatten das Hemd offen und zeigten die zottige Brust. Dort sprachen zwei mit Rackets von einem Tennistournier. Um die Ecke der Märzstraße zog ein Knabenhort und die Trompete klang schrill. Am Getreidemarkt hatte ein Roß gescheut. Leute liefen hin und her, Wache war da. Ludwig richtete sich auf und, als er einen umgestürzten Streifwagen sah, dachte er nur: »Ah, ja — ganz klar.« Im Palais Hornische sagte man ihm dann, da er sich für einen Abgesandten des Tennisturniers ausgab — er hatte etwas von Gretel gehört und benützte diese unwahrscheinliche Ausrede — »Ach, ja, gewiß« — und der Portier blickte von oben herab — ja, der gnädige Herr sei gestorben — das gnädige Fräulein könne natürlich nicht zum Tennisspielen kommen — sie sei aber zu Verwandten nach Dornbach oder so, um ihnen die Nachricht mitzuteilen. Ludwig lachte ihm ins Gesicht und klopfte ihm mit seiner gewaltigen Hand auf die Schulter und floh dann fort. Rannte zur nächsten Elektrischen und dachte — »Ah — ah — sie mußte

mich auch sehen — nun ja, 26 Grad — morgen sind Wahlen.« Einer sprach von Schuhmeier und Lueger selig ..... Gretel war vom Sterbebett — es sah unordentlich und gar nicht wie ein Paradetod aus — es war zu sommerlich, um im Bett zu sein — sie war also unter irgend einem Vorwand weggestürzt. Sie rannte zu Fuß über den Gürtel, sie wußte nicht, was sie wollte, sie mußte ihm etwas sagen, sie zitterte, es flimmerte ihr vor den Augen. Nur heraus aus dieser Dumpfheit, dieser Krebsluft. Sie wollte mit ihm einen Ausflug nach Rodaun machen. »Das geht aber nicht, man darf sich nicht kompromittieren.« Sie seufzte. Keine Wolke war am Himmel. Sie kaufte sich Gefrorenes und verzehrte es trällernd. »Herrgott — die Sonne ist was Schönes!« Auf der Stiege trafen sie sich dann ....
»Warum packst du mich so roh an der Hand?« Er zog sie in sein Zimmer. »Du — ah — du!« Die Rouleaux waren herabgelassen, es war bräunlich im Zimmer. »Küß', ja, küß' mich!« Sie waren ans Bett getaumelt. Er zerrte an ihrem Haar, an ihrem Kleid. In seinem Gesicht stand mit großen Zeichen die Sommerwut der Hunde zu lesen. »Nein — du laß — schau — es geht doch nicht —« Jetzt war etwas Schwärzliches da. Sie schlug ihm den Revolver aus der Hand. »Bist du wahnsinnig? — aah — mit Gewalt?!« Sie rüttelte an der Türe, die versperrt war. »Du — Du« Ihre beiden Schultern bebten vor Erregung. Er stand breit da wie ein brunftendes Tier. Sie sprang ihm

mit den Händen ins Gesicht. »Du Prolet — du Kot=
Mensch!« Sie kratzte. Er packte sie bei den zarten
Handfesseln und schleuderte sie zu Boden. Einen
Augenblick wimmerte sie, dann ein Schrei — doch er
sprang an ihre Gurgel und schleuderte sie hin und her.
Jetzt war nur mehr Lachen, ihr Lachen, ihr triumphierendes
Lachen da. Es sprang von den Büchern herab, von
der Wand herab in sein Hirn . . . .
Da erwürgte er sie.

DIE KINDER DES HERRN HAUPTMANNS

WENN Josef Mittermüller ins Gymnasium ging, um bei den Professoren Auskünfte über seinen vierzehnjährigen Sohn Max einzuholen, so sagte man ihm gewöhnlich: »Ja, gewiß, ganz brav ist der Bub. Aber, aber, ich glaube, er hat nicht viel Talente. Wissen Sie, lassen Sie ihn Offizier werden.« Das war noch so in der guten, alten Zeit, da noch Bismarck lebte und es noch keine Aeroplane gab. Josef Mittermüller folgte dem Rat der Behörden und so wurde sein Sohn Offizier. Da nicht viel Geld vorhanden war, wurde auch noch dazu die Infanterie ausgewählt, den blonden Maxl in ihre Reihen aufzunehmen. Der machte seinen Weg geradeaus und ohne viel Beschwerden und Neuigkeiten. Er war seine Jahre in Galizien, er erbte, als sein Vater starb, ein kleines, aber immerhin vor= liegendes Kapital und blickte aus wasserblauen Augen noch immer nicht sehr intelligent in eine Welt, die ihm bis jetzt wohl neue Oberste und hie und da ein neues Dienstreglement, aber sonst nichts beschert. Sein Kopf saß steif auf dem nicht sehr jugendlichen Nacken, um den Mund lag jene Gutmütigkeit, die in den ver= zweifeltsten Situationen die Mistviecher zum Mitleid

[1759]

reizt, und die Hände waren gut bürgerlich. Als Max Mittermüller nach Innsbruck transferiert wurde, war er 27 Jahre und ein wohlbeschriebener Oberleutnant. In der lieblichen Bergstadt lernte er Margot Osten kennen. Sie lebte, abgeschnitten von jedem gesellschaftlichen Verkehr, bei einer alten Tante. Maxl war nur durch einen Zufall in das Haus gelangt. Margot Osten war damals noch sehr jung. Sie hatte schweres goldenes Haar, einen sanften Mund und Augen, die in gewissen Augenblicken ihre meergrüne Farbe zu nicht geahnten Effekten steigern konnten. Außerdem fast gar kein Geld. Die Achtzehnjährige las viel Bücher, gab italienische Stunden und war zu ernst für ihr Alter. Sie hatte so jung ihre Eltern verloren, die alte Tante hielt sie stramm und konnte gut schimpfen. Maxl Mittermüller war fast der erste Mann, den sie kennen lernte. Es hatte da einmal — — wie sie noch in Wien gelebt — — einen Cousin gegeben; sie war noch nicht sechzehn gewesen; einen Cousin verbunden mit Waldspaziergängen und Küssen. Max Mittermüller verliebte sich in die Schlanke mit der Goldkrone. Nicht gerade mit einer Leidenschaft, wie sie oft stille Seelen bis zum Irrsinn stachelt; aber doch immerhin, er war ziemlich aus dem Geleise und in der Zeit der Unentschiedenheit schmeckte ihm sein Morgenkaffee gar nicht. Die Unentschiedenheit konnte nicht lange dauern. Margot sah jemanden vor sich, der ihr körperlich und geistig nicht ekelhaft war, im Gegenteil, den sie sogar in Gespräch und Blick und Lebensführung mehr als achten gelernt;

jemanden, der ihr andere Existenzmöglichkeiten bot. Die alte Tante mußte notgedrungen einwilligen, erstens wußte sie wirklich nichts Besseres, als »ja« zu sagen, und zweitens, wenn Margot etwas wollte, dann vermochten ihre Augen ihren Leib zu einem Trotz zu verhalten, ihm eine Linie des Aufstands zu geben, vor der die bissigsten Worte in Rauch und Asche zerfielen. An einem windigen Märztage also hatte sich Max die Zusage geholt. Er saß jetzt zu Hause, in seiner Junggesellenwohnung — hoffentlich nicht mehr lange! — vergönnte sich eine Zigarette und wiegte sich in Zukunftsträumen. »Ich liebe dich!« hatte sie sogar ganz weich gestammelt und hatte die Arme um den Waffenrock geschlungen, was jenem Braven alles sehr schön vorkam. Das war das Glück, jawohl. Das Glück, das Gott den Menschen geschickt, damit sie schön brav das liebe Leben loben. Und Kindlein würden aufwachsen, sie würden nützliche Mitglieder der . . . wir wissen schon. Der Oberleutnant summte eine Melodie und war ganz alltagserhoben. Er hätte fast ein Gedicht gemacht. Im richtigen Augenblick erinnerte sich sein Hirn einer Wohnung, die er jüngst draußen in Wilten — sehr hübsch gelegen, 3 Zimmer, ich glaube, ein kleines Haus ganz für sich, Garten — angeschlagen gesehen hatte. Und so ließ er die Reimerei und machte sich auf, eine Bestallung für die Zukunft zu mieten . . . Die Zeit der Verlobung dauerte nicht lange. Die Wohnung in Wilten war eingerichtet worden und grüßte wirklich sehr nett aus dem kleinen Garten, den Habicht

und den Weg nach dem Süden. Margot hatte es sich aus=
bedungen, außer ihren Büchern und den sehr bescheidenen
Mädchenzimmermöbeln auch noch die Dienerin Annina
mitzunehmen. In letzterem Falle wäre sie fast bei
ihrem sonst sanften Bräutigam auf Widerstand gestoßen.
Ja, das war so eine Sache mit Annina. Sie war nicht
eigentlich eine Dienerin, es hieß, ihre Eltern wären
mit Margots Eltern gut bekannt gewesen, hätten ihnen
einmal vor Jahren einen großen, sehr großen Dienst
erwiesen. Dafür sprach auch die Art und Weise, mit
der sie Margot behandelte. Sie sagte ihr »Du« wie
einer Freundin und schien sie fast zu lieben, sicherlich
zu bewundern. Annina war erst siebzehn und sehr schön.
Obwohl man auf den ersten Blick nicht wußte, worin
ihre Schönheit lag. Sie ging auch immer so einfach,
einfacher als alle Dienstboten der Erde. Sie hatte
einen Gang wie eine Katze und sprach sehr wenig,
und wenn, dann klangen in ihr Deutsch italienische
Worte und Betonung. Oberleutnant Mittermüller
hatte sie vom ersten Tage an nicht leiden können.
Er war zwar nicht grob zu ihr, ignorierte sie aber
vollkommen und konnte das Benehmen — sogar der
alten Tante — ihr gegenüber nicht verstehn. Schließlich
mußte er doch einwilligen, sie mit seiner Frau ins
Haus zu nehmen, da diese sehr böse wurde, als er
fragte: »Warum hängst du gerade an diesem Dienst=
mädel s o?« . . . .
Die Ehe Maxl Mittermüllers ließ sich anfangs sehr
günstig an. Leute, die an dem kleinen Hause vorbei=

gingen, sahen in den ersten Monaten die Beiden entrückt und Hand in Hand in die untergehende Sonne schaun, andere wieder fingen bei Jours und Sport und gemeinsamen Bergtouren Blicke voll Liebe auf, die sogar einmal Hofrätin Erzner zu dem Ausspruch bewogen: »Wie nett, so junge, glückliche Eheleute!« Margot hatte es auch wirklich gut, ein eigenes Heim, einen Mann, der sie vergötterte und außerdem jetzt Verkehr mit den ärarischen und nicht ärarischen Familien Innsbrucks.

Und doch entdeckte sie in sich Untiefen, für die niemand verantwortlich schien, die aber auch ihr Mann nicht verschütten und unsichtbar machen konnte. Ihre verzehrende Sinnlichkeit wuchs in um so abenteuerlichere Dimensionen, je menschlich sanfter die Liebe des Gatten in Küssen verebbte. Da glaubte sie auch ihrem Leibe nur die Gefährtin gewachsen. Annina, deren Macht schon, als sie selbst noch Mädchen war, bis in ihr tiefstes Blut gereicht, nahm sie für sich. Margot fand viel mehr Gleiches und viel mehr, das in ihrer Sprache zu ihr kam, in dem Herzen der Katze. Und wenn ihr Mann im schweren Bauernbett sie in den Armen hielt und über dem Garten lagen mitten in Blumen die Sterne, da glaubte sie ein Lachen ins Hirn rinnen zu spüren und wie ein weiches Tier legte es sich ihr um die Schultern. In das Stöhnen der Wollust traten Gesichte, die sie immer weiter lockten, das Zimmer ward voll schlangensüßer Leiber, die sich bis zur Decke reckten und ihr Früchte versprachen, goldene Äpfel, ungeheure, endlose Lust. Einmal auch war in solcher

Liebesstunde Maxl Mittermüller aufgefahren. Der Vor=
hang des Bettes hatte sich bewegt, eine Maske, die von
dort herstarrte, verschwand, eine Türangel knirschte.
»Was war das?« Das Herz des Offiziers ging hart
und hämmernd. »Nichts ... du ... nichts« Am
nächsten Morgen schlug es wieder den Trott der Ge=
zeiten und war beruhigt ....
Bis die Kinder kamen. Max Mittermüller war jetzt
37 und Hauptmann. Seine Ehe dauerte schon fast
zehn Jahre. Seine Frau hatte ihm fünf Kinder ge=
boren. Das jüngste war erst vier, das älteste neun.
Alle waren Buben, alle dem Vater vollkommen un=
ähnlich. Sie waren von dem ersten Tage an unge=
bändigt, wild, laut und hatten einen Zug um den Mund,
der Bösartigkeit verriet. Dabei waren sie alle sehr
groß und stark für ihr Alter, aufgeweckt und recht=
haberisch. Alle schienen den Vater, der sie nur mit
einer bärenmäßigen Strenge kuranzen zu können glaubte,
zu übersehen. Sie waren um ihre Mutter, zupften sie
an den Haaren, tollten um sie, küßten sie ab. Doch
waren sie nie zärtlich zu ihr. Zärtlich waren sie nur
zu Annina ....
Annina hätte einen Stationsvorstand aus Sterzing hei=
raten können. Sie hatte gelacht. Und als dieser —
ein braver Mann und Bürger — sie sinnlos vor Leiden=
schaft verfolgt und belästigt hatte, war sie ihm bei der
Gartentür in Wilten ins Gesicht gesprungen, hatte ihn
gekratzt, hatte über die blutende Stirn des geilenden
Männchens ihre schwarze Mähne geschüttelt. Dann

war sie hinaufgelaufen, im Speisezimmer Margot um
den Hals gefallen und hatte gerufen: »Ich bleibe bei dir,
cara, carissima!« — — — Sie war auch die einzige, die
durch ein Nicken die Kinder an ihren Platz stellen
konnte, die aber auch durch einen nicht ausgesprochenen
Gedanken sie die größten Dummheiten tun ließ. Max,
der nur den erzieherischen Einfluß Anninas bemerkte,
mußte seiner Frau wohl oder übel recht geben, wenn
diese ihm auf seine Vorstellungen, die italienische
Bestie doch hinauszuhauen, immer nur antwortete:
»Was machst du dann mit den Kindern?« Ja, es
war gräßlich, und jedem in der Stadt fiel es auf, was
für eine Wirtschaft die Mittermüllers zu Hause hatten.
Wenn man zusammen ausging, da fingen gewöhnlich
die beiden Ältesten, Karl und Moritz, auf kolossal
raffinierte Weise einen der vorbeikommenden, kleinen
Hunde, rannten mit ihm weg und erschienen nach
einigen Minuten mit einer plattgedrückten Leiche, die
sie mit Hilfe eines Feldsteins oder einer elektrischen
Straßenbahn hervorgebracht. Hauptmann Mittermüller
hatte schon manche Strafe zahlen müssen, aber es half
da wirklich nichts. Man konnte prügeln so viel man
wollte, vierzehn Tage waren die Kinder dann wie
die Engerln, gaben bei der Ecke dem armen, blinden
Mann aus ihrem Taschengeld je einen Kreuzer, um
ihm nach weiteren acht Tagen den Hut beim Vorbei=
gehen mit allem, was drin war, hämisch hinabzu=
schleudern. Max Mittermüller wollte für die ältesten
eine Korrektionsanstalt, ein sehr strenges Institut

57

heranziehen. Margot beschwor ihn davon abzustehn. Sie würden dort verdummen und ganz schlecht werden. »Sie sind doch so hübsch und gescheit!« Die beiden Eltern blickten in den Garten hinaus, der in summender Augustsonne dalag. Hinter ihnen im Speisezimmer verstreute Ludwig, der Sechsjährige, von dem noch nicht abgeräumten Esstisch sinnreich Kirschkerne über den Boden. Die Eltern aber beobachteten unten beim Springbrunnen Fritz und Robert, deren helle Lockenköpfe interessiert über ein Ding im Gras gebeugt waren. Es war eine kleine Eidechse, die sie mit Hilfe eines Brennglases in Brand versetzten. Margot meinte: »Fritz — bitte, er ist erst vier gewesen — kann schon ganz gut buchstabieren! Es ist unglaublich. Nicht, Liebling?« Hauptmann Max hatte sich umgedreht und die Tätigkeit seines Sprößlings im Zimmer entdeckt. »Schau, um Gottes willen, schau! Wie komme ich zu diesen Kindern?« Seine wasserblauen Augen wollten sich mit Tränen füllen wie immer in solchen Momenten. Da wurde dann aber Margot zornig. »Kümmere dich um sie! Du bist der Mann!« Der Hauptmann begann zu prügeln . . . .
Besonders gründlich wurden Haus und Garten hergerichtet, wenn der Vater in der Kaserne war. Kein Mensch wollte mehr bei Mittermüllers verkehren. Wie Horden wilder Tiere durchstürmte die Schar der fünf die Zimmer, erfüllte sie mit Geschrei, warf Teller gegeneinander, riß Blumen aus, ließ Stinkbomben platzen, schlug sich blutende Wunden. Im Garten

wurde ein Graben aufgeworfen, listige Fallen gelegt. Obwohl sie immer in Kampf miteinander lebten, schlossen sie sich sofort gegen den Erwachsenen solidarisch zusammen und nur vor Annina entbrannte Eifersucht. Wen sie streichelte, der wurde halbtot gehauen. Da konnte die Mutter Margot nicht konkurrieren, und je älter sie wurden, desto mehr haßten sie ihren Vater. Im Hin= und Herstreiten um das Schicksal der Kinder war auch das Einvernehmen der beiden Gatten sichtbar schlechter geworden. Streit, Rauheit und dunkle Sünden hatten sich um das weinlaubumrankte Haus gelegt und versuchten heimlich das Glück, das sich bereits zum Mittagstisch gesetzt, zu fesseln und zu würgen......................

— — — — — — — — — — — — — —

Im Winter des zehnten Jahres der Ehe mußte Margot zu ihrer Tante reisen, die schon lange nach München übersiedelt war. Während der Zeit ihrer Abwesenheit kam Hauptmann Max einmal gegen 12 Uhr nachts angeheitert von einer geselligen Zusammenkunft. Er dachte, daß er im Februar transferiert werde. Die Nacht war ganz in Schnee und Schnee stieg bis zum Himmel auf. Hauptmann Max stapfte durch die nicht gekehrten Vorstadtstraßen und sein Hirn funktionierte weiter: »Da werde ich wenigstens mit einer guten Ausrede diese — diese Annina los!« Jene Gedankenassoziation riß ihn plötzlich wach. In das dunkle Gefühl der allgemeinen Rauschseligkeit sprang böse Lust. Das Bürgerliche wurde pervers und erinnerte sich der festen Brüste des Mädchens, das ihm sonst höchst zuwider war. Max Mittermüller sperrte das Haustor leise auf, um die Kinder nicht zu wecken, die auf der rechten Seite des Vorzimmers in zwei Räumen schliefen. Dann schlich er, nachdem er den Säbel abgelegt, durch die Küche in das Dienstbotenzimmer und vergewaltigte die Schlafende. Mit männlichster Faust hielt er ihr den schreienden Mund zu und seine Betrunkenheit ließ ihn dann zu Bett taumeln, ohne den Blick erkannt zu haben, der den Augen Anninas Wut und Qual entriß .... Föhn sprang um das Dach. Eine Kerze schwankte im Vorzimmer hin und her. Dort stand in einem weißen Mantel die Dienerin. Jetzt öffnete sie die Türe in das Kinderzimmer, trat ein. Das war noch nie vorgekommen, daß sie ihre Lieblinge zur Nacht besuchte; alle waren darum aus ihren Betten aufgefahren, fiebrig=erregt im Nachtkleid zu ihren Füßen gehuscht. Die Kerze tropfte in der zitternden Hand. »Was hast du? Du kommst zu uns?« Annina beugte sich zum Ältesten und flüsterte. Das Flüstern ging weiter. »Sie ist unser Vater?! Hast du das gewußt? Sie hat es gesagt! Der dort drüben aber ...« Die kleine Faust ballte sich. Die Diele knackte. Das Flüstern erfüllte das Haus, stieg in den Kamin. Drüben schlief der Hauptmann den Schlaf der Gerechten und Sünder. Die Kinder schlichen durch den Gang, wie Tiere an sein Bett. Weiße Mäuse des Irrsinns. Dort stand eine und hielt das Licht. Es fiel dem Hauptmann flackernd vor die Stirn, doch der schlief fest. So fest, daß sein

Ältester ihm mit dem Rasiermesser die Kehle durch=
schneiden mußte, um ihn zu besserem Leben zu erwecken.
Der kleine Fritz, der schon lesen konnte, riß an des
Vaters Füßen, bis sie locker wurden und einer schnitt
an der Nase herum. Der Föhn sprang ums Dach.
Annina hatte den Mantel fallen gelassen und war
nackt ....
Am grauen Morgen fuhr ein Einspänner vor dem
Hause vor. Freudig bewegt eilte Margot durch den
Vorgartern auf die Türe zu. Sie hatte einen früheren
Zug benützt und war schon da. Der Jüngste kam
ihr im Hemd entgegengelaufen, trug ein Ding in der
hohlen Hand und schrie: »Schau, das A=uge, das
A=uge!« Durch ein Fenster sprang Annina, schwang
sich in die Lüfte, hinter ihr die Kinder, jedes blutig
und höhnisch. Im winterlichen Land lagen die Trümmer
eines explodierten Lebens verstreut. Mitten im Zimmer
ein großes, blutiges Herz. Im Garten die liebliche
Gattin.

IDYLLE

BAUER zenterte und Fischera konnte unhaltbar ein=
senden, eine halbe Minute später pfiff der Schieds=
richter ab: der Länderwettkampf Österreich = Ungarn
war für ersteres 4:2 siegreich entschieden. Ein unge=
heures Gebrüll durchdrang die Maienlüfte, die Menge
warf sich ins Spielfeld, um ihre besonderen Fußball=
lieblinge auf den Schultern hinauszutragen. Das Logen-
publikum eilte zu seinen Autos. »Ja, Josef, fahren
Sie direkt nach Haus.« Frank Merten half seiner
kleinen Frau in den Wagen. Die beiden sprachen
anfangs kein Wort. Frau Herma hatte ihre rechte
Hand über ihre müden Augen gelegt, die andere aber
lag sehr kindlich in der des großen, breitschultrigen
Mannes, der ihre Finger einzeln und sorgfältig lieb=
koste. Auf den Gassen weiter draußen gegen Lainz
und Mauer waren die obligaten roten Blusen, in denen
die Mädchen unserer Stadt steckten, und die Wiesen
sah man voll Sonntags und Papierln. Die Grünheit
des Tiergartens schien freundlich herüber, Sonne war
da. Frank Merten sagte: »Weißt du, Liebling, wir
haben heute viele Menschen gesehen — bei Renskys
war es eigentlich ganz nett — und jetzt das Match.«
Herma dehnte die vom Sitzen steifen Glieder: »Ja —

du — vier Besuche ... aber beim Ländermatch das Geschrei hab ich so gern.« Er steckte ihr ein Schokoladebonbon in den Mund und sie machte die Augen wieder zu. »Du, Hermelein, ich habe heute wieder den blödsinnigen Liebes=Tag. Am Abend haben wir heute keinen Menschen draußen — zwar, die Randolfis warten schon lange auf eine Einladung — —« Als sie dann vor ihrer Rodauner Villa ausgestiegen waren und das Auto war fortgeschickt — sie gingen Hand in Hand zwischen Taxushecken dem Hause zu — lächelte sie ganz plötzlich und zeigte ihre Zähne: »Schick auch die Diener weg außer dem Karl. Heute haben wir Mond. Wir wollen allein sein im Garten, nicht Bubi?« Als sie in die Halle traten, kam der Diener Karl schon auf sie zu. »Etwas Neues?« »Nichts, Euer Gnaden. Das heißt ein Mann war da, ein Gartenbursche von Scaldonettis drüben, glaub' ich. Er hat das gebracht.« Karl wies auf einige schmutzige Tücher, unter denen die Pfoten eines Bullys hervorschauten. »Hat man ihn endlich gefunden — ja, aber so — wer hat ihn denn?« Dr. Merten machte ganz bestürzte Kinderaugen. »Die Lausbuben, die Pülcher, mit Schrot — wann i die derwisch.« Frau Herma war über die Fetzen gebeugt und sprach einige Worte zu dem toten Hundekopf. Dann richtete sie sich auf: »Na, armes Vieh ... Erinnerst du dich, Tante Blanca hat es zu Ostern vor einem Jahr — —« Ihr Mann aber war schon ins Schlafzimmer vorausgegangen. Sie sagte noch zum Karl: »Übrigens sagen Sie den Leuten, es kommt heute niemand her. Sie können alle weggehen, auch die Fanny. Es ist doch Kaltes da und Obst? — ja, also decken Sie auf der Veranda auf.« »Ich möcht schön bitten, Euer Gnaden, meine Tante hat heut ihren 60. Hochzeitstag gefeiert und wir sind alle beim »Schneider« unten — —« »Gut, gehn Sie halt auch. Aber machen Sie alles nett. Ein paar Blumen zu Tisch. Und wenn Sie weggehn, machen Sie beide Türen gut zu.«

Drinnen im Badezimmer hatte Frank schon das verschwitzte Hemd von sich geschleudert, den Kopf unter die Brause getan und pustete gewaltig. Herma fuhr auch recht schnell und gewandt aus ihrer Straßentoilette. »Hast du die Lisie schon weggeschickt?« schrie er ins Schlafzimmer hinein, »soll ich dir helfen?« Da flog auch schon die gnädige Frau mit der Schnelligkeit ihrer zweiundzwanzigjährigen Beine ins Badezimmer und küßte Frank oft und stürmisch ins nasse Gesicht. Sie lachte unausgesetzt über ein Haar, das ihm von seinem Scheitel so komisch wegstand, wofür er sie hinterrücks mit der Douche überraschte Hierauf trockneten sie sich zusammen in einem schneeweißen Badetuch ab. »Du, Nunnerl, ich zieh mir den Smoking an. Du, geh, nimm auch dein hellblaues.« »So üppig? Aber du mußt einen niedern Kragen haben, wo du wie ein Gymnasiast ausschaust.« »Ich — Gymnasiast?« Er straffte seinen Oberarmmuskel. »Schon gut.« Sie fuhr ordnend über seine Augenbrauen . . . . Beim »Hellblauen« mußte er allerdings hinten mithelfen.

Sie sah hübsch aus vor dem offener Fenster — weiter drüben war ein blühender Kirschbaum in letzter direkt kitschiger Abendröte. »Ich glaube das mit dem Bobby war der Aushilfskoch, der mit mir so — war — du warst auch etwas roh.« »Ach was, so ein frecher Hund — überhaupt brauchen wir keine Riesen im Haus.«

»Euer Gnaden, es ist serviert.« »Also gut, gnädige Frau?« Frau Herma hing sich förmlich in ihres Mannes Arm ein, sie gingen durch ein paar Zimmer, die dunkel lagen, auf die Veranda. Der Tisch war voll Goldregen und alles sehr appetitlich. Nachdem sie auch Karl entlassen, liefen sie noch einmal zum Rosenbeet hinunter und Frank steckte der gnädigen Frau zwei Rosen ins Haar, er selbst befestigte sich eine im Knopfloch. Dann lächelten sie sich in die Augen und als von einer auf der Gasse vorbeiziehenden Menschengruppe Ziehharmonikaklänge heraufkamen, tanzten sie einen Walzer mitten im schönen Rasen. »Du, der Herr Rubek wird schimpfen —« Er hob sie und trug sie freudig zu Tisch. Die Abendschatten waren ganz lang geworden und eine Frühlingsnacht ließ Schleier von den Bäumen flattern. »Weißt du, — aber zum Essen muß man etwas sehn.« Frank stellte eine rote Lampe auf den Tisch, in deren Licht alles sehr freundlich zu ihrem Herzen kam. Dann aß man mit jugendlichem Appetit: Hummer und Mayonnaise, kaltes Händel und Roastbeef. Der Bursche hatte auch nicht den Champagner vergessen, ein Stöpsel flog in die Luft, sie tranken aus gewechselten Gläsern und er sagte: »Nunnerl, ich hab dich so lieb —« Er breitete die Arme weit. Bei den Erdbeeren wurde es dann ganz schön. Der Mond kam rot und lieblich wie eine Blüte über die Ebene, so daß sie die Lampe verlöschen und sich auf seinen Schoß setzen mußte. Die Erdbeeren rochen fabelhaft nach Wald und den warmen Lichtungen, auf denen sie gewachsen. Herma zerzupfte mit ihren Zähnen die Knopflochrose und schaute in das starke Gesicht ihres Mannes. Sie waren so nah — sie küßten sich. Der Horizont mit Stadtlichtern und einer geahnten Weite schien sich um sie in lieblichem Ringelreihen zu schließen — von dem Ginster dort sang die Nachtigall eines Dichters und der Springbrunnen war der Friede. Der Mond stieg — »Weißt du, Buberl, damals, als ich —« Ihr Arm hatte sich zu seinem Herzen geschlichen und hielt ihn ganz. Die Zigarette war ausgegangen. »Weißt du, daß wir glücklich sind?« — — Der Kies war wie Elfenbein und jetzt war ein Wind, der die Silberpappeln an der Einfahrt zittern machte, das Einzige, das zu leben schien. Die beiden atmeten und träumten. »Weißt du, wir sind im Himmel.« Eine Karaffe auf dem Tisch nickte ihren gleich schauenden Augen zu, Goldregen kam zu ihnen. Der Mond stieg und ließ Musik in ihr Herz. Ihre Körper wurden warm aneinander wie eine schöne Flamme. Frank summte leise eine Melodie. »Schau, Hermelein, hole deine Mandoline aus dem Herrenzimmer.« »Oh, was für eine gute

Idee . . .« Sie biß ihn in das Ohr und fort war sie
wie eine Katze. Er ließ die Arme von dem Fauteuil
herabhängen und blies heitere Wolken von der neu
angezündeten En A' Ala dem Mond ins Gesicht.
Drinnen warf scheinbar beim Herunternehmen der
Mandoline die gnädige Frau das Konsoltischerl um.
Pum. Pum. Nein, es war wieder still. »Wo das
Mäderl nur bleibt?« Im Ginster raschelte es. Frank
erhob sich — »sie hat wieder nicht Licht gemacht —«
und trat in die Türe. Er wollte das »Elektrische«
anzünden, das aber scheinbar nicht funktionierte und
durchmaß deshalb im Dunkeln den nicht allzu großen
Raum. »Weißt du, Mäderl, wir werden —« Da
sah er, nachdem er die nächste Tür geöffnet, im süßen
Mondschein eine weiße Hand, weiter nichts mehr.
Denn ein furchtbarer Schatten fiel wie der eines Tieres
von hinten über ihn, würgte ihn, ließ ihn nicht sich
umdrehen, zog ihn zu Boden. Seine Hände spreizten
sich — »Jetzt gilt's — Leben — Herrgott —« — ganz
rohe pfauchende, laute Stimmen. Etwas kollerte er
von sich und dann kam eine Spitze durch die Smoking=
Brust und tat weh. Er schlug hart mit dem Kopf
auf, hörte noch, wie Kasten aufgerissen, zersprengt
wurden, ein Wimmern, schwere Schritte. Dann stürzte
sein Himmel ein, rote Kugeln schossen vor seinen
Augen hin, seine Hand hob sich, sank zurück . . . . .
Die Raubmörder verließen das Haus, nachdem sie
sämtliches Bargeld samt Pretiosen im Gesamtwert von
rund 300 000 K an sich gebracht und das Licht ver=

löscht hatten, über die hintere Mauer des Garten=
komplexes, bestiegen ein Auto und fuhren nach Italien,
um sich gegen Brasilien einzuschiffen . . . .
Dort drinnen schien aber der Mond noch immer auf
einen frühlinglich gedeckten Tisch und gepflückten Gold=
regen. Nur das Blut, das in die Dielen sickerte und
dann dick ward, war seinen heiteren Blicken neu. Und
als er auf die entstellten Leichen der Liebenden schaute,
die durch ein weites, verwüstetes Zimmer getrennt
waren, zog er eine Wolke vor sich und weinte . . . .

ERNST BLASS

DIE GEDICHTE VON SOMMER UND TOD

1918
KURT WOLFF VERLAG / LEIPZIG

BÜCHEREI »DER JÜNGSTE TAG« BAND 46
GEDRUCKT BEI DIETSCH & BRÜCKNER / WEIMAR

COPYRIGHT KURT WOLFF VERLAG / LEIPZIG, 1918

Der Tau fällt auf das Gras, wenn
die Nacht am verschwiegensten ist.
                              Nietzsche.

I
EINGANG

Was dir genommen auch ward, o suche nicht über die Erde!
Nimmer findet so deine Sehnsucht das Gut.
Wehre dem Troste nicht, ihn schickt der mächtige Herrscher
Aus dem Himmel herab, beuge dich Seinem Befehl!
Aber wandte sich nicht der göttlichen Mutter Demeter
Grenzenloser Schmerz? Kam nicht die Tochter zurück?
Geht nach dunkler Gewalt des abgestorbenen Jahres
Kore nicht aufs neu jedem Tode hervor?

Fühle, die Nächte des Landes sind von Gestorbenen bewohnet,
Ob auch der menschliche Sinn sich noch ihr Dasein verbirgt,
Ob er auch Hunderte Tage gewaltsamer Wache ertrage,
Schattenhafte bevölkern ringsum die Sommernacht.
Sind die grünen Wälder von bleicherem Schein überflogen,
Ist es Schimmer des Monds, der sie wie immer besucht,
Und vom rauchenden Tod die erlösten und leisen Gestalten
Wandeln entseelt und verkannt nun in Berg und in Tal.

Vorsprünge wissen von ihnen, es weiß von ihnen der Abgrund,

[1780]

Der in den Tiefen des Walds sich ihren Spielen vereint.
Hohl, ohne Blick und seltsam, so mischt sich ihr Wesen
der lieben,
Ihr, der erfüllten Nacht, die sie gastlich umschließt,
Die in heiligem Rauschen verlorene Scharen vollendet
Und, die durch Tod befreit, mächtig doppelt erlöst:
Auch das Leere, das Graun im Ewigen einst zu verwandeln,
Wenn wieder himmlische Sonne brennt im starken
Azur.

Todes einziges Wesen ist auf die Männer gesenket,
Die in freudigem Lauf fielen oder verstört,
Die im warmen Empor zum großen Dunkel gestürzet,
Und die, irr und gequält, Tod der Erlösende nahm.
Ach, zog er sie denn nicht in seine milderen Räume,
Wo verblendend kein Licht auf die Leidenden fällt?
Wenn verklingender Tag ein seltenes Schweigen bereitet,
Fühlt das schlagende Herz seine Beruhigung vor.

Aber in Wildnis verstrickt und von Gewalt überfallen,
Trifft der sterbliche Mensch jäh das klaffende Mal,
Da ihn das Leben verläßt, das traute, innig gesellte,
Und in neues Gefühl stürzt er blindlings hinab.
Wolken kreisten ihm noch, noch trug ihn tapferes
Wissen,
Doch die endliche Kraft kam zu tödlichem Fall.
Und im lichtlosen Reich, das dauernder Nebel durchwaltet,
Ist er, schwebend und leer, eine fremde Gestalt.

[1781]

Nun auf dämmriger Höh erheben leise die Klagen
Ihrer Stimme Getön, ihre zarte Gewalt,
Und umschattet von Qual, von unendlichem Weh
    überwältigt,
Irrt der eigene Klang ins verlassene Tal.
Schleier senkt sich herab, es währt die Nacht bis zum
    Morgen,
Wo das reinere Licht um Verlorenes weint,
Und von Tränen benetzt der selige Glaube empor-
    keimt,
Daß vom schmerzlichen Strand einst der Vater dich
    ruft.

[1782]

II
SCHATTEN

Höhnen auch Narren
Zwecklosen Traum,
Müssen verharren
Am dunklen Baum.

Äste gesenket —
Gilt kein Vorbei,
Eh nicht geschenket
Blüten der Mai.

Steigen die Sommer
Immer aus Tod:
Ehret ein Frommer
Solches Gebot.

[1783]

AUF EINEN GEFALLENEN

Als Bewußtsein deines Falles
Unser armes Herz durchdrang:
Wieder wars geschehn um alles,
Wir erbleichten, wurden krank.
Und die wissender sich deuchten,
Fühlten, daß sie nicht gewußt,
Als sie so verließ dein Leuchten,
Übertraf sie der Verlust.

Wie du zieltest, wie du ranntest,
Ließen froh wir dich hinweg,
Keinen Blick auf uns verwandtest
Du aus Augen stark und keck.
Eiltest herrisch durch das Leben,
Schiedest ohne letzten Wink,
Und wir fühlten dich fast schweben,
Als dein Licht schon unterging.

Wiederum in jähem Sturze
Fiel ein Knabe unbewacht,
Den es hinriß durch die kurze
Lebenszeit zu Kampf und Schlacht.
Reinem Lose, stolzem Fliegen,
Unbewußtem Überschwang,
Führe es auch nicht zu Siegen,
Schallt doch ewig der Gesang.

Was ruft die längst entschwundenen Gefühle,
Noch immer fordernd, daß ich Rede steh?
Ward nicht ein Neues durch des Todes Kühle,
Wie sich das Land verändert durch den Schnee?

Nennt ein Gespenst mir noch die taumelnd-schwüle,
Doch lang verschneite Stunde auf dem See,
Die Blumensprache und den Tanz am Bühle?
Ward nicht zur Lösung uns das weite Weh?

Mit weißer Decke feierlich bekleidet
Der Leichnam ruht, die Erde harrend steht
Und namenloser als ein Mensch, der leidet..

Was hindert das beginnende Gebet?
Ist es der grimmen Wolken wilde Reise?
Oder das dunkle Brauen unterm Eise?

[1785]

Nun herrschen über ihn der Fremde Geister,
Und nur der Wind ist ein bekannt Geleit.
Nun ist er abgeschieden und verwaister
Als jemals in erwünschter Einsamkeit.

Ihn führten fort die unsichtbaren Meister,
Doch selbst ihr Hohn verließ ihn vor der Zeit.
Nun schrillt im Walde blinder und ergreister
Baumstämme über ihm der Wolken Streit.

Ein wandernd Wesen mit verlornen Sinnen
Ist seine Seele, von der Not verheert,
Rufen der Angst hebt an, ihm zu entrinnen..

Da aber wird die Tröstung neu gewährt:
Des Echo Antwort tönt nach kleiner Weile
Wie eine ferne Botschaft von dem Heile.

[1786]

III
AN DEN LEUTNANT F.H.S.

Bewahrt dein Heimlichsein dir noch das Bild
Des hellen Stromes mit den lockern Booten?
In Stunden, die verworren sind und wild,
Begraben wir den Lenz wie einen Toten.

Zu keiner Rückkehr altem Übermut
Ist dein wie mein Herz einmal noch bereitet,
Es überkam uns früh die große Flut
Mit der, die unser Leben nun begleitet:

Der ewigen Not, die unser Einstmal schlug,
Frohlockend, unsre Blumen auszujäten..
Und siehst du den gespensterhaften Flug
Der Wolken in den grausen Nebel-Städten?

[1787]

Die Tage, die von Vogelsang durchschwirrten,
Sind nun von tobenderem Klang verdrängt,
Und unser Dasein — Dasein wie von Hirten —
Ward auch in frühem Massengrab versenkt.

Wir horchen ängstlich, was der Wind uns raune,
Der zwischen uns die großen Felder trifft:
Ist es des Ares niemals satte Laune?
Steht in den Sternen es in ewiger Schrift?

In Leichtsinn und in Schwermut den Genossen
Sah ich in dir, da du mir nie entflohst,
Nun steigt aus Monden, sind sie auch verflossen,
Dankbar Gedenken uns zu schlichtem Trost.

[1788]

Ich kam von Trennung zu dem Erdenlicht:
Zuerst bedürfend noch heilsamer Pflegung,
Ward mir ein Helfer manches Angesicht,
Und Balsam manche freiere Bewegung.

Und wie ich schnell sodann bei euch genas,
Ward ich euch bald zu einer schönen Freude,
Und unsrer Freundschaft angenehmes Maß
Erbaute sich ein reinliches Gebäude.

Dann kam die Zeit aus Spielen, Üben, Scherzen,
Da selten nur ein Trübsinn Einlaß fand.
Und fast unmerklich reiften unsre Herzen
Zu innigem und zärtlichem Verband.

[1789]

Laß mich die Hecken nennen und die Plätze,
Natur, die willig angetragen ward..
Und wie wir sannen, was uns leicht ergetze,
Gefährten wir von kaum gewußter Fahrt..

Die Straßen, sich mit Dämmerung bekleidend,
Den Mittag, der auf grünem Lande schlief,
Die Blumen, ein' die andre nicht beneidend,
Die Sonne, die uns strahlte rein und tief,

Und manche Pfade, die in klarer Biegung
Durch Fruchtbarkeiten führten in das Tal,
Wenn vor der abenddunkelen Besiegung
Der Berg erglänzte noch ein letztes Mal.

[1790]

So war der Lenz, ewigen Glaubens Spender,
Selber so ewig nicht wie er gelind:
Der heitren Jugend kam der rauhe Wender,
Und unsrer Wiesen Herrscher ward der Wind.

Doch glauben wir, getreu dem ernsten Bunde,
Die Kraft von stillem und erhabnem Lied
Und preisen in der nun erhaltnen Wunde
Die Einfachheit des Opfers, das geschieht.

Denn nicht im Feuer und im Wolkenbruche,
Nicht in der Schlachten blutigem Gezerr:
Es lebet Gott in einem schlichten Spruche,
In sanftem Wehen ist der Herr.

[1791]

Wir singen nicht die rasende Trompete,
Wir nicht Verwirrung und das Schlachtgeschrei,
Gesammelt zu betätigtem Gebete
Der Geist des Volkes heil und heilig sei,

Nicht Schwärme hassend, die er nicht gekannt,
Nicht Stürzende von unerklärten Tiefen,
Nicht Herzen, von der großen Not verbrannt,
Die früher in verlorener Kindheit schliefen.

Doch folgt voll Willen eine jede Schar
Dem Ruf um seinen Schutz und seine Wehr
Zum Opfer für das Land, das sie gebar:
Das mütterliche Deutschland um sie her.

[1792]

Ja, Deutschland, deiner Not und deiner Feier
Sei diese Klage, dieser Sang erbaut,
Und deines Dichters schmerz-bewegte Leier
Berühre sich mit heimlicherem Laut.

Nicht deine Landschaft grüßen wir, die schöne,
Zur mächtigen Stund', die das Gewicht verschob,
Auch nicht die Kindertreue deiner Söhne,
Sie klinge nicht aus dieses Liedes Lob.

Wir singen heut nicht Liebe deiner Hänge,
Der Plane, Wälder nicht und nicht der Lauben,
Schlug auch der Schmerz Erleben und Gesänge:
Wir wissen deine Hoffnung, deinen Glauben.

[1793]

O Freund, ich sehe dich in ferner Stadt
Die Seele ernsthaft meinen Versen leihen.
Erinnerung an zartes grünes Blatt
Im Sonnenschein steigt auf aus meinen Reihen.

Was wir verloren haben, ist bestattet,
Nach kurzem Glück der Erde heimgegeben.
Wir werden solchen Frühling, bald verschattet,
Nie wieder auf der weiten Welt erleben.

Denn niemals wird der Winter uns verjähren,
Der so uns traf in unseren Jugend-Lenzen.
Oder gedeiht uns doch in hohen Sphären
Noch Rückkehr zu den ewigen Reigen-Tänzen?

[1794]

V
CHÖRE

Wir lagen lang an Küsten
Und sind nun aufgewacht,
Ach, wenn die andern wüßten
Um unsere Mitternacht.
Das Wasser in dem Tale,
Der Berg in dunkler Ruh,
Die Luft ist leis und fahle
Und schillert immerzu.

Wir sind im nächtigen Walde
Ein flatternder Verein.
Die schwesterliche Halde
Pflegt ihre Brüderlein.
Von Spitzen über Täler
Wir setzen kühn hinweg,
Wir fliehn die Sterbemäler
Und suchen doch Versteck.

[1795]

Auf Gipfeln und auf Graten
Uns wächst ein hoher Schwung.
Von unseren Mannestaten
Blüht die Erinnerung.
Und während wir uns halten
Im Wind, der uns umgibt,
Verspüren wir ein Walten
Und fühlen uns geliebt.

Es wurde um uns stummer,
Wir werden nicht geschreckt,
Da Wolke wie ein Schlummer
Nun unser Sein bedeckt.
Und wenn vom Geigenspiele
Ein Hauch vorüberstreift,
Ist's schon, als ob am Ziele
Uns eine Hand ergreift.

Im Himmel und auf Erden
Ist eine Allgewalt,
Der Hirte aller Herden,
Er bleibt ein starker Halt,
Die Sonne, die auf allen
Viel Seiten uns bescheint,
Und die in ihrem Wallen
So scheidet wie vereint.

[1796]

Die Fische auf dem Grunde
Sind ihm anheim gestellt,
Der Wolken große Runde
Steht an dem Himmelszelt,
Die Flüsse in den Ländern,
Sie nehmen ihren Lauf,
Und nichts mag sich verändern,
Er sähe denn darauf.

So ist in heiligem Walten
Die ganze Welt vollbracht,
Den Jungen und den Alten
Wird immer Tag und Nacht!

[1797]

V
VERWANDLUNG

Waldinneres, wo von dem felsigen Stein
Das dunkle Wasser rauschend niederfällt!
Der Wolke drohend Schweben gibt allein
Noch Kunde vom bewegten Himmelszelt.

Der starken Bäume Festigkeit ist müd.
Weicht nicht der Boden und beginnt der Traum?
Die frische Gegenwart ist schon verglüht,
Und Sterben öffnet leise seinen Raum.

Die schweigenden und oft gebrochenen Herzen
Ziehen im Abschied wiederum hinab.
Und eine Weile brennen kleine Kerzen
Dem eingeweihten, schattenhaften Grab.

[1798]

Erschrecken und ein Sinken ohne Halt —
Dann fangen dunkle Stimmen an zu grüßen.
Von neuem ist ein alt bekannter Wald
Dir aufgetan zu Häupten und zu Füßen.

Die Quellen springen, und ein frisch Gedeihn
Ist sanft und lieblich um das Wiederkehren,
Es kommt zurück das freundliche Verzeihn,
Das ausgestoßen war von hundert Speeren.

Und wiederum sollst du den Weg beginnen,
Indes die Wolken ziehn ob deinem Haupt,
Und wenn die Stunden rätselvoll verrinnen,
Sollst du nicht wissen, was sie dir geraubt.

[1799]

Hindere mich nicht, daß ich dir einmal sage,
Wie sehr ich unter der Verwandlung leide,
Und hör es nicht als eine kranke Klage,
Noch dies sei hart Geheimnis für uns beide.

Dann mag auf Wogen uns ein Sturm umnachten,
Oder es komme Süßigkeit der Gärten:
Wir wissen, welches Opfer wir einst brachten,
Eh wir erwarben unsere großen Härten.

Und nun: wir müssen immer davon schweigen,
Da wir zu Schaffenden uns selbst bestimmt,
Wir dürfen uns und jenen nie mehr zeigen,
Wie sehr wir wissen, daß sie schnöde sind.

[1800]

Der große Baum im ruhenden Gefilde,
Das dunkle Grün des Laubes in der Schlucht,
Der Felsen dicht bewachsene Gebilde,
Das ferne Grollen: der Gefühle Flucht....

Hier ist ein Eingang zu den Unterwelten,
Hier haben Wanderer sich oft verirrt.
Wenn einst durch Träume ferne Laute gellten,
Erahnten sie, was nun aus ihnen wird.

Das Wasser des Vergessens kam gezogen,
Sie wußten nicht mehr recht, wie das geschah.
Im Steigen der von Träumen bleichen Wogen
War Fremde sich und Heimkehr traurig nah.

[1801]

Ich möchte immer Traurigeres künden,
Das überstiege des Vergessens Flut:
So laßt uns einen Scheiterhaufen zünden
Dem Sterben, das auf allem Leben ruht.

Nicht eher darf der Lebende gesunden,
Als nicht der letzte Abschiedsgruß verbrannt,
Und unreif haben jene überwunden,
Die nicht die letzte Stunde ganz gekannt.

Was nicht gestorben ist, kann nicht erstehn:
O Feuer, kämpfe lange mit dem Wind!
Zu Asche wirst du früh genug vergehn,
Schon in der Mittagsonne Staub und blind.

[1802]

Es werden wieder duftige Morgen kommen,
Entzückende, mit Tau im süßen Haar,
Du wirst nicht wissen, was dir weggenommen,
Nicht fühlen mehr, was einst lebendig war.

Und an den frischen Bäumen wirst du lehnen,
Noch träumerisch von dem, was dir entschwand.
Leise erfreut und ohne alles Sehnen
Glänzt um dich her das morgendliche Land.

Wo klar die Berge zu den Wolken steigen,
Sind auch die neuen Menschenlaute wach:
Du spürst, wie sich die Bäume heimlich neigen,
Und eilst zu dem beglückten, kleinen Bach.

[1803]

Da zur Versöhnung uns die Reife fehlt,
Das Bleiben aber hindert jeden Fluch,
Da, was das Herz geschlagen und gequält,
Sich dennoch hebt zu neuestem Versuch,

Da wir vom Tor der Unterwelten kehren,
Verändert, dennoch gleich, ins alte Haus,
Und unser Unreifsein nicht weiß zu wehren
Dem, was uns neu beherrscht tagein tagaus:

So will ich einmal doch gebeichtet haben,
Daß niemals wir zutiefst gestorben sind,
Wir nahmen nur der Tröstung kleine Gaben,
Nie auferstanden mit dem Morgenwind.

[1804]

Und also bleibt armseliges Verhallen
Von Freude, Schmerz und Liebe unser Teil,
Bis nicht ein gnädiger Vater über allen
Uns liebreich wieder leitet zu dem Heil.

So sind wir fern dem seligen Erneun,
Den Himmelsfrüchten und dem heiligen Lenze,
Und unser bestes Tun sei noch das Freun
Des stolzen Schaffens mit der harten Grenze.

Und wird auch solches Dasein untergehen
Wie vieles Sterben ohne letzten Tod:
Es lehre doch das späte Auferstehen,
Die Reife und das große Morgenrot.

[1805]

Die Schlüssel des Himmelreichs
oder
Sankt Peters Wanderung auf Erden

Märchenspiel in fünf Akten
von
August Strindberg

1917
Kurt Wolff Verlag / Leipzig

Bücherei „Der jüngste Tag" Bd. 47/48
Druck von Ernst Hedrich Nachf. in Leipzig

Autorisierte Übersetzung aus dem
Schwedischen von Erich Holm

[1808]

Personenverzeichnis und Szenerie

[1809]

Personen:

Der Schmied
Der Arzt (Doktor Allwissend)
Sankt Peter
Don Quixote
Sancho Pansa
Narzissus
Tersites
Der Pfarrer
Seine Frau
Tochter
Schwiegersohn
Der Däumling
Das Aschenbrödel
Der ewige Jude
Ein Papst
Ritter Blaubart u. a. Schatten
Liebhaberin
Dreaden Nymphen Volk Zwerge

Szenerie:

I. Akt: In der Schmiede
II. Akt: Don Quixote auf Romeos silberner Hochzeit
III. Akt: Der Hoberg-Alte
IV. Akt: Schlaraffenland
V. Akt: Am Calvarienberge. Beim Papste. Im Turm zu Babel

(Bei einer Aufführung sind diese fünf Akte in drei zusammenzuziehen)

[1810]

Erster Akt

[1811]

(Kammer hinter der Schmiede, von der letzteren durch eine Bretterwand, in deren Mitte sich eine große Offnung befindet, getrennt. Hierdurch sieht man die Schmiede, die zugleich Verkaufsladen ist und nach der Straße zu ein großes offenes Fenster hat. — In der Mitte der Kammer ein Ambos mit Schlegel. An der linken Wand drei leerstehende Kinderbettchen. Spielsachen auf einer nebenbefindlichen Bank; über den Bettlehnen Kinderkleidchen, unter den Bettstellen Kinderschuhe. An der rechten Wand ein Kachelofen aus grünen Kacheln mit einer eingemauerten Bank. — An den Wänden gewebte Bilder, Darstellungen aus der biblischen Geschichte, des Ganges nach Golgatha, der Höllenfahrt Christi. Auf dem Getäfel Krüge, Kannen, Silber- und Zinngefäße. Draußen in der Schmiede ein langer, die Mitte einnehmender Tisch mit Eisenwaren, Werkzeugen, Blechschilden, Schlüsseln, Schlössern, Waffen, Rüstungen. Die Zugstange des Blasebalgs hängt rechts an der Zwischenwand hervor. — Durch das im Hintergrund befindliche offene Fenster der Schmiede wird eine Straße im mittelalterlichen Stile sichtbar.)

Erste Szene

Der Arzt. Der Schmied. Sankt Peter.

(Der Arzt, schwarz gekleidet, in Doktorstracht, sitzt unbeweglich auf der Bank am Kachelofen, so daß er dem Zuschauer den Rücken zuwendet. Der Schmied in Trauerkleidern tritt aufgeregt und verweint beim Aufgehen des Vorhangs ein.)

Der Schmied

Was half mir deine Kunst, du Wunderdoktor?
Was nützten wohl Mixtur und Balsam,

[1813]

Da nun die Pest mein Haus verödet?
Was liest du unaufhörlich, schwarzer Meister,
Von Säuren und von Salzen,
Von Theriak und des Weisen Stein,
Der in dem Magen eines Krebses sitzt?
Kannst du in meine Kinder Leben lesen,
Die jüngst sie senkten in die schwarze Erde?
Ich kam zu spät zum letzten Scheidekuß,
Zu spät, sie zu der Grube zu geleiten,
Darein, was lieb uns war und teuer,
Vergraben wird und fault zum Schmutz. —
O, du mein Gott! Nun ist die Stube leer,
Und leer sind auch die kleinen Betten!
Sieh, hier lag Katharina! Ach, sie war mein Ältstes!
Sieh hier den Abdruck ihres schönen Köpfchens
Im Kissenüberzug . . . .
Sie war mein Freund, seit Mutter starb, —
Und ich war ihrer!
Und Mutter ward sie den Geschwistern.
So klug, so zärtlich und so ernst . . . .
Sie kam zur Welt in unsern allertrübsten Zeiten
Und brachte mit das Glück,
Und Wohlstand, reichen Segen unserm Haus.
Gesegnet sei dein Angedenken, Engel! —

Und hier mein Margarethel!
Du frische Rose voller Duft,
Du kleiner Vogel, der mit frohem Zwitschern
Das Haus erheitert, der Geschwister Kreis!
Mit offner Hand und offnem Herzen,
Wie war dir's Geben Lust!
Da steht dein kleiner Schuh!
Den Heller leg' ich dir hinein —

[1814]

Daß, wenn du aufwachst ... Wenn du aufwachst?
Wenn? —
Ja, dies der Schuh, doch wo das Füßchen,
Das kleine runde Füßchen, —
Das kaum berührt den Blumenanger,
Das eine Emse nicht zertrat, —
Ohn' daß ein leises „Gott verzeih"
Von leicht gerührtem Herzen Zeugnis gab?
Du kleiner Schuh ....
Schlaf süß, mein liebes, liebes Margarethel!

Und du, mein Sohn, mein Schmerzens-Kind,
Doch meiner Sorgen nicht!
Mein Benjamin,
Der Mutter Bild war mir zurückgegeben,
Wenn aus der Wiege deine großen, hellen Augen
Mich, wie dereinst die ihren, angelacht.
Ich hatt' dich lieb! Wie lieb, das kann
Ich gar nicht sagen. Doch weiß ich eins,
Als du mir starbst, starb ich. —
Dein kleiner, zarter Leib
Barg einen männlich starken Willen!
Dein schönes blondes Köpfchen,
So reich an mächtiger Gedanken Keim,
Ließ dir zu Spielen niemals irgend Ruh.
Und in der schwachen Brust ein edles Herz dir klopfte,
Daß du dich strafen ließest für die Schwestern. —
Denk, schwarzer Doktor, dir,
Er nahm der andern Schuld auf sich —
Dem Jesuskinde war er gleich:
Sein liebstes Spielzeug war das kleine Lämmchen,
Das Lämmchen, sieh, so unschuldsweiß!
Das sollte schlafen ihm im Arm,

[1815]

Es sollt' ihm fressen aus der Hand!....
Mein kleines, weißes Lamm, leb wohl,
Leb wohl, mein Liebling, mein Johannes!
   (Läßt sich am Bette des Kindes nieder.)

   Der Arzt (aufstehend)
Hat, armer Freund, der Schmerz nun ausgetobt?

   Der Schmied
Wo gab's ein Ende solchen Grams,
Arzneien wo?
Ja, gib mir meine Kinder wieder, und ich bin geheilt!

   Der Arzt
Hör mich und nimm Vernunft zu Hilfe!
Nicht immer heilt man Gleiches nur mit Gleichem,
Brandwunden linderst du mit kühler Salbe:
Du weißt, die des Gesichts entraten,
Sie helfen sich mit Ohr und Hand;
Und bald, als deine Frau dir starb,
Vergaßest du sie um die Kinder.

   Der Schmied
Und nun sind auch die Kinder mir gestorben!

   Der Arzt
So höre doch! Kann ich zum Leben wecken,
Die von uns schieden?
Ich kannte deine Kinder, habe nie
So liebe Kleinen noch gesehen.
Und daß sie dich geliebt, das weiß ich,

[1816]

In Leidensstunden sah ich sie
Und hörte, wie sie Vater riefen.
Mit Tränen in der Stimme! Väterchen,
Komm, Vater! Komm! Wir sterben.

Der Schmied
Ach! Nach dem Vater riefen sie!
Was weißt du noch? So sprich ...!
Sie litten schwer? Wie sahn sie aus?
Wer war am tapfersten?
Berichte alles! Auch das Kleinste
Ruf ins Gedächtnis dir zum Leben!

Der Arzt
Zuletzt, im Fieber, dem Ersticken nah — — —

Der Schmied
Halt ein, zum Satan! Sie erstickten!
O Gott! Der du sie mir erstickt,
Ich hasse dich!

Der Arzt
Bedeckten sie mit Küssen meine Hand
Und nannten Vater mich — — —
Zum erstenmal hört' ich mich Vater rufen,
Und als ich fühlte ihre heißen Lippen
Auf meiner harten Hand, die schnitt in Menschenfleisch,
Empfand ich deine Seligkeit, dein Wehe ...

Der Schmied
Du bist ein Mann von Herz, du Doktor!

[1817]

Der Arzt
So ziemlich, ja!
Indessen kam ich da auf den Gedanken —
Und denken ist ja meine stille Seite —
So dacht' ich denn:
Wie schön der Tod ist in der Jugend,
Bevor des Lebens Bosheit uns verderbte.

Der Schmied
Ein altes Wort, und wohl so unwahr nicht.

Der Arzt
Du bist ein Mann von Kopf, du Schmied!

Der Schmied
So ziemlich, ja!

Der Arzt
Doch sollst ein lust'ger Kerl du von Natur
Auch sein. So spricht man in der Zunft.

Der Schmied
Ich war's. Doch bin ich es nicht mehr.
Nun ist mein Frohsinn hin.
Der Baum, dem seine Wurzeln abgestorben,
Der welket ab!

Der Arzt
Doch setzt die Zweige man ins Wasser, schlägt er neue
Ich hab' mir auch erzählen lassen   [Wurzeln.
Von deinem Wissensdrang und Weisheitsdurst,
Und daß du mehr von deinem Fach verstehst als andre.

Der Schmied
Man sagt's. Und wahr ist's ohne Prahlerei,
Wenn in den Krug die andern gingen,
Saß bei den Kindern ich und lernte lesen.
Und als ich's selbst verstand, da lehrt' ich es die Großen,
Mein Käthchen . . .

Der Arzt
Was aber lasest du am liebsten?

Der Schmied
Von Höfen, Fürsten, Schloß und Burgen,
Der Großen Streit, von Heer und Feldschlacht,
Von alten Zeiten, längst entschwund'nen Tagen;
Kabalen, Diplomaten, Glaubensstiftern,
Von fremden Ländern, Türken, Persern,
Kreuzfahrern und den Sarazenen,
Und seltsam war's: je mehr ich las,
Je mehr wuchs mein Verlangen nach dem Wissen.

Der Arzt
Du sehntest dich nie, fortzukommen, nie zu reisen?

Der Schmied
Oh, reisen! Ja! Die große, weite Welt zu sehen,
Nicht nach dem Hörensagen bloß von ihr zu reden!
Wer träumt ihn nicht, den Jugendtraum,
Wer hegte nicht die Jugendhoffnung?

(Während der vorhergehenden und nächstfolgenden Szene verschwinden zuerst die Kinderschuhe, dann die Spielsachen, hierauf die Kleider. All dies aber nach und nach.)

[1819]

Der Arzt
So sollst du reisen!

Der Schmied
Was sagst du da? —
Mit wem? Wieso?

Der Arzt
Mit mir!

Der Schmied
Wohl hörte ich, daß einst in früher Zeit
Der Herr auf Erden sei umhergewandert,
Die Menschenkinder zu beglücken!
Doch daß in unsern Tagen
Der Volksaufklärung und der Ketzerei
Noch solch ein Wunderwerk geschehen könnte,
Das hätt' ich, Doktor, nimmermehr geglaubt!

Der Arzt
Ja, Wunder kannst du alle Tage schauen,
Bis an der Welten Ende!
Wenn du das Meer siehst an die Wolken steigen,
Und Wolken sich zur Erde senken, —
Und wenn dem Samen in der Erd' entsprießt die Pflanze,
Der Blitz den Baum zerschellt, das Eis die Sonne
                             schmilzt,
Wenn Worte spricht der Mund, das Hirn Gedanken
                             denkt,
Geschehen Wunderwerke noch und alle Tage.

Der Schmied
Sag, kannst du zaubern, Doktor?

[1820]

Der Arzt

Ja, ich so gut wie du!
Siehst du ein Weib, so häßlich wie die Sünde,
So faul wie Jauche, scharf wie Gift,
Und du erschaust in ihr die schöne,
Die gute, engelsgleiche, reine,
So zauberst du!
Als eben jetzt aus der Erinn'rung Tiefen
Du auferweckt die toten Kleinen,
Und du sie deutlich eins vom andern schiedest,
Daß meinem Auge leibhaft sie erschienen,
Daß ich sie sah und ihre Stimmen hörte,
Da wecktest du die Toten auf,
Da konntest du auch zaubern!
   (Er zieht einen Totenschädel aus der Tasche)
Sieh hier die Zauberbüchse, die Natur uns gab,
In dieser Kapsel lag vor kurzem noch,
Grauweißlich, eine Masse phosphorhalt'gen Fetts!
Durch diese runden Höhlen drangen
Hinein des Lichtes Wellen,
Durch diese die des Lautes,
Da des Geruchs und des Geschmacks.
Und wenn sie sich im Innern trafen,
Zurück ließ jeder seinen Abdruck,
Bei manchem stärker und bei andern schwächer,
Gesammelt so, vereint, geschieden,
Befruchtend wirken sie und zeugend.
Da hast du nun die ganze Denkmechanik,
Zwar stark verkürzt, doch nach dem Wunsch des Publikums.
   (Die Betten der Kinder verschwinden.)

(Sankt Peter kommt zwischen dem Kachelofen und der Wand hervor. Er ist hochbetagt und hat einen stark ergrauten Bart. Kostüm und Maske entsprechen der biblischen Tradition. Die Linke hält einen Fisch, am Gürtel hängt ein leerer Schlüsselring.)

[1821]

Zweite Szene

Der Schmied. Der Arzt. Sankt Peter.

Der Arzt
Sieh da, am Freitag abend einen Kunden.

Der Schmied
Doch welchen Weg nahm er?

Der Arzt
Den schmalen.

Der Schmied
Verkauft er Fische?

St. Peter (mürrisch)
Das ist kein Fisch! Das ist ein Symbol!

Der Arzt
Das merkt man am Geruch, daß er zur Symbolik gehört.

St. Peter
Ich bitte Euch, sprecht wie ein ehrlicher Mensch, damit ich verstehen kann, was Ihr sagt.

Der Arzt
Euch führt wohl ein besonderes Geschäft hierher, da Ihr den Zugang durch den Kachelofen wähltet. Was immer es sei, macht's kurz, denn der Schmied und ich, wir stehen im Begriff auf Reisen zu gehen.

[1822]

St. Peter

Mein Geschäft? . . . Wartet ein wenig! Ja ja! Mein Gedächtnis läßt mich im Stich, seitdem ich alt geworden bin.

Der Arzt

Ihr seht in der Tat nicht jugendlich aus, aber wie alt Ihr seid, dessen erinnert Ihr Euch doch wohl?

St. Peter

Laßt mich mal nachdenken. Wann habe ich denn die Taufe empfangen?

Der Arzt

Ihr seid getauft?

St. Peter (indigniert)

Ob — ich — getauft — bin?

Der Arzt

Mich wollte, der Nase nach, bedünken, daß Ihr beschnitten aussähet. Konfirmiert seid Ihr auch?

St. Peter

Was ist denn das? Davon weiß ich nichts.

Der Arzt

Seid Ihr etwa zum Priester geweiht?

[1823]

St. Peter

Das nicht, aber verheiratet war ich. — Wie hieß sie doch nur? Konstantia nannten sie die Kirchenväter, allein sie führte den Namen Perpetua, ihrer unerschöpflichen Ausdauer wegen.

Der Arzt

Hört, Ihr seid doch nicht ...? Ist nicht etwa Euer Name Petrus oder dergleichen?

St. Peter

Damit hat es seine Richtigkeit, obgleich ich mich, so auf der Fußwanderung begriffen, nur des familiäreren St. Peter bediene.

Der Schmied

Das klingt ja wie aus dem Legendenbuch, wo Petrus auch auf Erden wandelt.

Wie oft nicht las am warmen Winterherd
Ich meinen Kindern diese Märe vor.

Der Arzt

Geh, schwätz' nicht, Schmied! Sieh lieber, daß du deinen Ranzen packst!

Der Schmied

Apostel, Heil'ger, der du weckst die Toten,
Gib meine Kinder mir zurück!

[1824]

St. Peter

Ich war meiner Treu kein Heiliger und kann auch nicht Tote auferwecken. Wenn Ihr Eure Kinder verloren habt, so müßt Ihr Euch in Geduld fassen. Oben im Himmel, da treffen wir uns ja alle wieder.

Der Schmied

Alle?

St. Peter

Alle. (Salbungsvoll.) Denn die Macht der Hölle ist niedergeworfen durch ihn, der in die Welt kam, das Gesetz aufzuheben, oder wie der Apostel spricht: Du Tod, wo ist dein Stachel, du Hölle, wo ist dein Sieg? Ja, so verhält es sich! Doch, was wollte ich nur eigentlich sagen?

Der Arzt

Dem betrübten Vater ein Wort des Trostes?

St. Peter

Ein Wort des Trostes, jawohl. Danach verlangen sie alle. Von einem Mahnwort aber will niemand wissen. Weißt du, weshalb der Herr gegeben und genommen? Um deiner Selbstsucht, deiner Sünde willen.

Der Arzt

Der Schmied war kein selbstsüchtiger Mann und sündigte weniger als andere, die ihre Kinder behalten.

St. Peter

Ja, seht, wie soll ich das beurteilen können?

Der Arzt
Nun, dann laßt aber auch das Verurteilen sein!

St. Peter
Und an einem Trostwort lasse ich es niemals fehlen.
(Er zieht ein Bündel Traktätchen aus der Tasche, von denen er dem Schmied eins reicht.) Ist's gefällig? Es kostet nichts.

Der Arzt
Und bittet er um Brot, so erhält er einen Stein!
Bist du mit dem Einpacken nun fertig, Schmied?

St. Peter
Alle Wetter! Den Schmied, den suche ich ja gerade!

Der Schmied
Jetzt haben wir keine Zeit, uns länger aufzuhalten!

St. Peter
Nur einen Augenblick! Seht, die Sache ist die — aber Ihr werdet am Ende glauben, daß ich Euch etwas vorlüge!

Der Arzt
Allerdings!

St. Peter
Im Grunde weiß ich selbst nicht recht, ob etwas Wahres dran ist, allein man sagt es nun einmal. Es heißt auf Erden, ich gäbe so eine Art Torwart des Himmelreiches ab, und jedenfalls kann ich mich aus der Zeit, da ich vor dem Kölner Dom stand, recht wohl

erinnern, in dieser Hand einen Schlüssel gehalten zu haben — den Fisch, den hielt ich stets in dieser hier — jetzt aber ist der Schlüssel fort — man mag sich doch sozusagen gerne komplett sehen. Mit einem Wort, Herr Schmied, verachtet mich, aber macht mir einen Schlüssel.

Der Arzt
Das nenne ich mir eine vornehme Bestellung, wie, Schmied?

Der Schmied
Einen Schlüssel zum Himmelreich soll ich verfertigen? Das ist doch ein bißchen viel von einem Schmied begehrt.

St. Peter
Das ist allerdings nicht zu leugnen. So aber stehen nun einmal die Dinge. Und soll nicht einer dem andern helfen?

Der Schmied
Und wenn ich's nun tue? Was bekomme ich dann?

St. Peter
Bekommen? Alles!

Der Schmied
Wie freigebig! Was ist das: alles?

St. Peter
Vergebung der Sünden!

[1827]

Der Schmied
Ich habe nie gesündigt!

St. Peter
Unverschämt!

Der Schmied
Gewiß nicht! Ich hatte niemals andere Götter, habe nie am Sabbat gearbeitet, nie gestohlen, nie gelogen (mit geringen Ausnahmen natürlich), habe nie gemordet, bin nie unehrerbietig gewesen gegen meine Eltern, nie liederlich, (ja, ein wenig getrunken hab' ich hie und da) — — — — mit einem Wort, ich war immer ein ganz honetter Mensch. Um aber doch noch ein Übriges zu tun, sollst du deinen Schlüssel haben! Wo hast du das Schloß?

St. Peter
Das Schloß?

Der Schmied
Ja freilich. Muß doch Maß nehmen!

St. Peter
Das Schloß ist selbstverständlich an der Pforte.

Der Schmied
So hast du etwa die Pforte mit?

St. Peter (sinnt nach)
Die Pforte wird sich wohl am Himmelreich befinden.

[1828]

Der Arzt
Und das Himmelreich? Wo hast du das?

St. Peter (spitz)
Das wissen allein die Armen im Geiste, Herr Doktor!

Der Arzt
Wahrhaftig, du siehst so geistesarm aus, daß du es wissen müßtest.

St. Peter
Nun ja, jetzt, in meinem hohen Alter. Aber ich hatte auch eine Zeit . . .

Der Arzt
Das ist hübsch lange her! — Willst du uns den Weg weisen, so schließen wir uns dir an.

St. Peter
Der Weg ist schmal, aber die Pforte weit . . . . .

Der Arzt
Nein, du! Richtig zitieren ist nicht deine Sache!
(Zum Schmied)
Der Alte, glaub ich', ist schon dekrepit!
Die Sprache ist so simpel, riecht nach Schimmel,
Auch läßt ihn das Gedächtnis oft im Stich.
Kaum weiß er recht mehr über sich Bescheid.
Sieht bald in sich — sich selbst, bald einen Schatten,
Vermischt Geschichte, Bibel, Sagen,
Er lebt um tausend Jahr zu lange,
Und morsch sind der Erinnrung Speicher worden.

[1829]

Der Schmied

Schwätz jetzt du nicht, Doktor, und machen wir uns auf den Weg.

Der Arzt

Sollen wir den Alten wirklich mitnehmen?

Der Schmied

Es wird sicherlich manchen Spaß geben, ihn ein wenig zu hänseln, und findet er das Himmelreich nicht, was liegt dran? Vielleicht bringen wir ihn auf vernünftigere Gedanken.

Der Arzt

Ich glaube nicht, daß dieser Pharao-Mumie überhaupt Gedanken beizubringen sind. Allein seine Unerfahrenheit, sein Dünkel und seine Unsauberkeit werden die Annehmlichkeit der Reise erhöhen, denn ich habe mich in schlechter Gesellschaft noch immer wohl befunden.

Der Schmied (zu St. Peter)

Bist du nun bereit, Apostel?

St. Peter

Wie beliebt?

Der Schmied

Da haben wir's! Taub ist er ja auch!

Der Arzt

Zum letzten Male, Schmied, bist du gerüstet,
Die Fahrt ins Leben zu beginnen?

Mach deine Rechnung mit dem Alten
Und wende dich nicht rückwärts, wenn einmal
Die Hand du an den Pflug gesetzt.

(Er bläst in ein Pfeifchen, die Dekoration verwandelt sich. Ein Vorhang wird vor die Öffnung zwischen Kammer und Schmiede herabgelassen, so daß die Verwandlung dahinter vor sich gehen kann, der Ofen tritt in die Wand zurück usw.)

Der Schmied

Was ist das? Hebt die Erde sich
Aus ihren Angeln? Weh! Der Boden zittert.
Nach beiden Seiten weicht die Wand!
Ich glaub', es birst die Decke!!
Oh, meine Kinder!

Der Arzt

Du weißt, hier sind sie doch nicht mehr!
Und wenn du je sie wiedersiehst,
So ist es sicher nicht mehr hier.
Doch trage die Erinnerung an sie mit,
Als Kompaß in des Meeres Sturm,
Als trockne Blum' im Taschenbuche,
Die das Gedächtnis weckt des Besten,
Des Lieblichsten, das uns das Leben beut,
Vielleicht des einzig Guten,
Das Wirklichkeit besitzt.

Der Schmied
(der die Bettchen der Kinder suchen gegangen war, stellt sich wieder an des Doktors Seite)

Wer bist du, Zauberer? Verkehrst du mir den Blick?

[1831]

Der Arzt
Ich bin ein Meister der Magie,
Doch ist die Hexerei natürlich.
Das hier ist bloße Szenerie,
Wenn auch Mechanik, wie gebührlich,
Man aus dem Grunde muß verstehen,
Sonst heißt's Verwandlung, mag sie vor sich gehen. —

Verwandlung
(Die Szene stellt einen Wald mit einem mit Wasserblumen be=
wachsenen See vor.)

Narzissus
(lehnt an einem Baumstamm und betrachtet sein Bild im Wasser).

Tersites
(äußerst häßlich, groß und feist, mit schmaler Stirn, verglasten
Augen und aufgedunsenen Wangen, sitzt in einem Kahn und
wirft Steine ins Wasser, um das Bild des Narzissus zu trüben).

St. Peter
(späht anfangs nach allen Seiten umher, zieht dann seine Brille
aus der Tasche, entdeckt eine Angelrute und setzt sich an das Ufer
des Sees, um zu angeln).

Dritte Szene
Narzissus. St. Peter. Der Arzt. Der Schmied.

Der Schmied
Den Reiseanfang lob' ich mir! Im Wald ein Aben=
Just das ist mein Geschmack. [teuer!
Man hat doch etwas zu erzählen,
Kommt man mit heiler Haut nach Haus.
Doch wer ist jener schöne Jüngling dort,
Der so versunken steht in Träumen?

[1832]

Der Arzt
Das ist Narzissus!

Der Schmied
Narzissus! Ach! Der Narr der Eigenliebe,
Der nimmermüd sein eigen Bild bewundert?

Der Arzt
So sagt die häßliche Canaille auch,
Die dort im Hinterteil des Bootes
Kot in das klare Wasser wirft!
Sieh nur die kolossale Fleischbank,
Tersites nennt sie sich.
Soll auch dabei gewesen sein im Trojerkriege,
Wo er von allen Helden aus dem Trosse
Der Größte war dem Maul nach und dem Suff.
Und obendrein der häßlichste von allen.
Er hält sich Wunder was für einen Sänger,
Und läßt sich gerne auf den Brettern sehn.
Von seiner Schönheit ist er überzeugt,
Und doch voll Neid Narzissus gegenüber.
Darum auch trübt er des Narzissus Bild
Mit Schmutz, den er aus seinen Nägeln kratzt.
Paß auf, wie bei der kleinsten Schmeichelei
Er schnell bereit vor uns sich produziert —
Tersites, Bester, sing uns etwas vor!

Tersites
(erhebt sich und macht eine Verbeugung)
Mit allerhöchster Freude!
Ich bin nicht diffizil wie andre! Hm!
Und was Natur an mich verschwendet,
Ich geb's zurück mit vollen Händen.

[1833]

Sänger!
(Sechs Frösche steigen aus dem Wasser auf und deklamieren unter
Tersites Anführung.)

Die Frösche
Koak koak-koak koak koak-koak koak
Koak koak koak-koak koak koak-koak koak-koak*)
(Bis)

Tersites (singt)

Ich bin ein kleiner Vogel,
Der singt den Sommer lang,
Und lernt' ich auch nicht singen,
Ist doch recht schön mein Sang!
(Räuspert sich)

Die Frösche (applaudieren)

Tersites (singt)

Ich bin ein kleines Blümlein
Und dufte rein im Tann',
Und lernt' ich auch nicht duften,
So duft' ich, wie ich kann.
(Räuspert sich)

Die Frösche (applaudieren)

Tersites (singt)

Ich bin ein kleiner Falter,
Zu schäkern flieg ich aus,
Und lernt' ich auch nicht fliegen,
Ich flieg, trotz einem — Strauß.
(Er tanzt)

*) —◡◡—◡◡—|◡—◡◡—◡◡—◡

[1834]

Die Frösche
(applaudieren und rezitieren hierauf wie S. 30)

Koak koak=koak koak usw.

Der Arzt

Du singest wie Narzissus selbst!
Und hätte Midas nicht schon ganz verpfuscht das Genre,
So könntest du dich messen mit Apoll!

Tersites

Ihr seid zu gütig, Doktor,
Und daß ich's nur gesteh', ich dachte selbst daran,
Doch hielt die angeborne Schüchternheit
Mich stets davon zurück.

Der Arzt

Hast du Narzissus nie zum Wettkampf aufgefordert?
Das wär' doch immer ein Triumph, ob auch nicht groß.

Tersites

Der dünkelhafte Narr!

Vierte Szene

Die Vorigen. (Eine Oreade der Felsen des Waldes tritt hervor. Um sie scharen sich Dryaden, welche sich hinter Baumstämmen verborgen gehalten, sowie aus dem Wasser tauchende Najaden.)

Die Oreade

Halt ein! Tersites! Hör', bevor du redest
Von Dingen, die dir unbegreiflich sind.

[1835]

Du liest die Sagen wie ein Kind
Und findest alles einfach.
Doch der Gedanke, der dahinter steckt,
Bleibt deinem trüben Blick verdeckt.
So klingt die wahre Sage von Narzissus:
(Rezitiert oder singt)

So erzählt die Sage von Pan,
Dem Gotte des rauschenden Wald's,
Einer Nymphe stellt er einst nach,
Die Echo mit Namen genannt.
Nicht geneigt war Echo dem Pan,
Ihr Herz einem andern gehört;
Doch Narzissus, den sie erwählt,
Statt Liebe die Weisheit erkor.
Gnothi Seauthon!

Die Nymphen
Das da heißt! Erkenne dich selbst!

Die Dreade
In Gedanken sieh ihn dort stehn:
Er schaut in der Tiefe sein Bild,
Seines Wesens Grund zu erspähn,
Das hinter den Zügen sich birgt.
Doch im Wasser rudert ein Narr,
Im See nur den Spiegel er sieht,
Und er wähnt, der Denker begafft
Sich dort, wo ins Tiefste er blickt.
Gnothi Seauthon!

Die Nymphen
Das da heißt: Erkenne dich selbst!

[1836]

Tersites

Gnothi Seauthon!* Ach! Der Narr,
Damit soll ich vielleicht gemeint sein!
Doch zeigen will ich euch, daß auch der Narr,
Wenn's sein muß, in die Tiefe blickt,
Obgleich ich, grad' heraus, dort nichts gewahr' als
                                Schlamm.
(Er lehnt sich über den Bootsrand)

Die Oreade

Das glaub' ich gern, Tersites,
Doch ist's, weil du allein die Oberfläche siehst.

Tersites (auf der Bootskante)

Den Himmel seh' ich jetzt sich unten spiegeln!

Die Oreade

Ja, auf der Oberfläche; tiefer blick, Tersites!

Tersites
    (Das Boot schlägt um, und er versinkt)
Ich sinke! Weh! Kein Boden unter mir!

Die Oreade

Das war zu tief für dich!
Und also heißt es jetzo Wasser schlucken.

Die Nymphen

Gnothi Seauthon!
Das da heißt: Erkenne dich selbst!
(Tersites sinkt in die Tiefe. Die Frösche hüpfen ihm nach. Die
Nymphen verschwinden in das Dickicht, Narzissus zieht sich in die

---

   *) Für den Schauspieler: Tersites skandiert falsch, in Jamben.

[1837]

Höhlung des Baumes zurück. Der See bedeckt sich mit einer Grasmatte, und St. Peter, der ohne auf die sich abspielende Szene zu achten, während der ganzen Zeit erfolglos mit Angeln beschäftigt gewesen, wird schließlich gewahr, daß etwas Ungewöhnliches vorgeht.)

Der Arzt
Nun Schmied, was dünkt dich von dem Abenteuer?

Der Schmied
Gewiß, recht nett und auch sehr instruktiv —
Etwas zu tief wohl auch für mich —
Philosophie ist just nicht meine Stärke.

Der Arzt
Nein, nein, das geb' ich zu! denn leben erst
Und sehn, hören und sodann summieren,
Den Abzug machen, Wurzel, Mittel suchen,
So spinnt sich ja der Hergang ab.
Nicht eher lernst du dich erkennen,
Als bis im kleinen Finger du das Leben hast,
Also zurück zu Fuß auf neuen Wegen.
Wie steht's mit unserm Freund Apostel?
Sind seine Rappen schon bereit?

St. Peter
(der die Angelrute auf die Wiese ausgeworfen)
Ich glaube, meiner Seel', der See ist alle!

Der Arzt
Du fischest auf dem Trock'nen, alter Fischer,
Komm' mit und fische Menschen, Petrus.

[1838]

St. Peter

Das Wort hab' ich einmal gehört
Vor vielen, vielen Jahren schon — — —
Wie mir das Alter das Gedächtnis trübt —
Und dennoch wie durch ein Gewölk
Seh' einen Mann ich licht und mild,
Mit Malen an der Brust, den Händen —
In Büchern las er niemals, sondern wanderte
In Waldeseinsamkeit und auch auf Bergen,
In Dörfern, Städten . . . Da, nun reißt der Faden
                                        ab —
Doch immerhin! — Komm', laß uns Menschen fischen,
                                        Doktor!
    (Er wirft die Angelrute weg; sie gehen.)

[1839]

Zweiter Akt

[1841]

(Der Hof eines Gasthauses. Zur Linken und Rechten von Baulich=
keiten eingeschlossen, im Hintergrunde von einer Mauer mit großem
Einfahrtstore begrenzt. Im Trakte rechts die Schenke, links Kuh=
und Pferdeställe, Wagenschuppen und dergleichen. In der Mitte
des Hofes ein Brunnen. Vor der Schenke ein paar längliche
Holztische mit Bänken.)

Erste Szene

Der **Schmied** und Der **Arzt** sitzen am Tische, vor sich ein
Schreibzeug und das Fremdenbuch.

Der Schmied (schreibt)
Hier denn mein Name, Stand, etcetera,
Nun ist's an dir zu schreiben!

Der Arzt
Schreib' du für mich, das ist ja alles eins.

Der Schmied
Wie heißest du?

Der Arzt
Anonymus.

Der Schmied
Ein sonderbarer Name das! Dein Stand?

[1843]

Der Arzt

Mein Stand? Da könnt ich manchen nennen! —
Sag': Doktor!

Der Schmied
Von wannen?

Der Arzt
Vom Mutterleibe!

Der Schmied
Dein Reiseziel?

Der Arzt
Das Grab!

Der Schmied
Stets mystisch!
Wer bist du, wunderlicher Mann, der mein Geschick
In deine Hand du nahmst? — Was willst du mir?

Der Arzt
Das sollst du wissen, wenn du fertig bist!

Der Schmied
Wann bin ich fertig denn?

Der Arzt
Wenn du, wie ich,
Dich selbst erkennen lerntest!

Der Schmied
Mich selbst?
Was ist dies selbst, das du beständig predigst?

[1844]

Der Arzt
Das ist der feste Punkt, den Archimedes suchte,
Von da er sich vermaß, das Weltall zu bewegen.
Das ist dein Ich, das nie ein andres ist,
Dein Mittelpunkt in deinem Horizont.

Der Schmied
Wer bin ich denn?

Der Arzt
      Ein Bursche vorderhand
Von vierzig Jahr, versetzt mit Erz und Schlacke,
Empfindlich wie ein Kind und gleich gestimmt zu Lust
                          und Leid!
Gewiß, noch locken dich des Lebens schlichte Freuden:
Ein voller Tisch, ein schäumend Glas,
Ein Tanz mit Dirnen in dem Grünen . . . .

Die Wirtin
(Mit einer Flasche Wein und zwei Gläsern)
Der Wein ist für die Herren, nicht? (Geht ab.)

Der Arzt (schenkt dem Schmied ein)
Das nicht, doch einerlei! — Trink, Schmied!

Der Schmied
Und Ihr?

Der Arzt
  Ich trinke nicht!

Der Schmied
          Wohl aus Prinzip?

[1845]

Der Arzt
Beileibe nicht! Ich trank so viel in meiner Jugend,
Daß nichts mehr mich berauschen kann!

Der Schmied
Na, dann trink ich!

Der Arzt
      Ich aber geh',
Denn wer nicht mittrinkt, wird leicht lästig.
Sorg' nun für dich, dort kommen Leut!
Gesellschaft hast du nun beim Kruge,
Zum mindesten, solang er voll;
Doch wenn du in die Klemme kommst,
Und nach dem Doktor dich's verlangt,
So rufe nur; ich steh' dir bei! —

(Entfernt sich durch das große Tor).

Zweite Szene

Der Schmied allein. Dann *die Liebhaberin.*

Der Schmied
Philosophie, bah! Horizont und Archimedes,
Was kümmert's mich, mag sich die Erde drehen,
Mag sie auf Vieren kriechen!

Die Liebhaberin
Zu Hilfe! Helft mir, edler Herr!

Der Schmied
Was stieß' Euch zu, mein schönes Fräulein?

[1846]

Die Liebhaberin

Ich bin ein hilflos elend Weib,
Geplündert wurd' ich eben auf der Straße.

Der Schmied

Von wem? — Wer war es? Sprecht ein Wort,
Und stracks den Arm zu Eurem Schutze,
Wie's Ehrenmännern ansteht, will ich heben.
Ward Eure Tugend, Eure Sittsamkeit verunehrt,
Laß ich die ganze Räuberbande hängen!
Doch sprecht nur, sagt: Wer seid Ihr?
Und wo geschah's? Wer ist der freche Täter?

Die Liebhaberin

Seid Ihr der Edelmann, der Ihr mir scheinet,
So fragt mich nicht um meinen Namen.

Der Schmied

Ich fragte nicht, ich stellte bloß in Frage ...

Die Liebhaberin

In Frage stellet, was Ihr wollt,
Nur glaubt an meine Ehrlichkeit
Und Tugend, an die Schmach, die ich erlitten ...

Der Schmied

Ich glaub' daran, wie nur an Eure Schönheit,
Die ich mit meinen offnen Augen sehe,
Wie nie zuvor dergleichen ich erschaut! —

[1847]

Die Liebhaberin

Ich wußt' es ja: Ihr seid ein edler Mann ...
Nun denn! mein Vater wollte mich zur Ehe zwingen!

Der Schmied

Ha! Nun versteh' ich alles! — Ihr;
Ihr liebtet einen andern!

Die Liebhaberin

Nein! — Doch ist das mein Geheimnis.
Ich bitt' Euch, fragt nicht mehr! Erlaubet nur,
Daß ich mich Eure Schwester nenne
Und unter diesem Namen suche Schutz und Schirm.

Der Schmied

Als Schwester? Herzlich gerne, edles Fräulein,
Wenn Eure Schönheit, Eure edle Art
Nicht allzu tief mich stellt in Schatten
Und dies nicht allzu unwahrscheinlich macht.

Die Liebhaberin

Sprecht nicht von Schönheit, von der meinen gar,
Das Schöne ist nur Schein!

Der Schmied

Ein strahlend heller Schein, der wärmt und leuchtet.

Die Liebhaberin

Ein Irrwisch nur auf Wiesensumpf.

[1848]

Der Schmied
Das ist nicht wahr, kann nimmermehr so sein!
Allein der Güte Widerschein ist Schönheit,
Wenn sie mit solchen Augen redet —
Kein böses Wort von Euren Lippen
Kann ich mir denken! Diese klare Stirn,
Die furchen Zornesfalten nimmer,
Und diese kleine Hand erhebt sich wohl
Zum Handschlag nur und zur Versöhnung —
O wollt Ihr folgen mir, doch nicht als Schwester!

Die Liebhaberin
Wie mancher freite mich und hat sich's überlegt!
Du kennst mich nicht, du weißt es nicht,
Wie elend und bedrückt ich bin.

Der Schmied
Noch besser! — Gleich und gleich gesellt sich gern!

Die Liebhaberin
Wie krank . . .

Der Schmied
So will ich warten dein!

Die Liebhaberin
Wie böse!

Der Schmied
Nur Kraft verrät es! Eine Tugend mehr!

[1849]

Die Liebhaberin
Wenn ich dich schlag' und schelte!

Der Schmied
Vertreibt's mir nur die üble Laune!

Die Liebhaberin
Das deutet wirklich schon auf echte Liebe!
Sag', kannst du, Mann, ein Weib denn lieben?
Trotz all' und jedem — Nein, rühre mich nicht an!
Sag', wirst du, wenn verschwunden meine Schönheit
Durch Alter, Krankheit, Gram,
Mich lieben wie zuvor?

Der Schmied
Seit ich ins Auge dir geschaut,
Kann ich dich nimmer, nimmermehr vergessen!
Und auf des Alters Schreckbild würde sich
Erinnerung wie eine Maske legen,
Ob Pest auch ihre schwarzen Zeichen ließe,
Ob Feuer deine weißen Wangen sengte
Und deine Augen aus den Höhlen träten,
Ich säh' es nicht!
Dein schönes Bild in meinem Herzen blieb,
Das seh ich überall, das hab' ich lieb!

Die Liebhaberin
Aussätzig bin ich, nun besteh' die Probe!
(Sie lüftet ihre Maske und läßt ihr vom Aussatz verwüstetes Antlitz sehen)

[1850]

Der Schmied
(anfangs etwas verzagt, faßt sich allmählich)

Ich traure, wie im schneeigen Winter
Man trauert um des Sommers Blumen;
Gram ist der Liebe Schnee,
Und unterm Schnee, da treiben Rosen!
Wie früher lieb' ich dich,
Nein, wärmer noch!
Ich lieb' in dir Erinnerung
An das, was ich geliebt! Mein Lieb,
Zum Unterpfand der Liebe küsse mich.

Die Liebhaberin
Rühr' mich nicht an! Ich trag' den Tod
Auf meinen Lippen!

Der Schmied
     So laß uns beide sterben,
Und nichts mehr kann uns fürder trennen!
Nicht Zank, nicht Zwist, des Lebens Kümmernisse,
Nicht Neid, Verleumdung nicht, wir sterben selig
Der Jugend wunderschönen Tod!

Die Liebhaberin
O Gott, nie hätt' ich solche Lieb' erträumt!

Der Schmied
Sieh, darum sollst du nicht an Träume glauben!

[1851]

Dritte Szene

Die Vorigen. St. Peter

(St. Peter, der während dieser ganzen Szene sich ab und zu im Hintergrunde gezeigt und dem Gespräche gelauscht hat, tritt hervor).

St. Peter

Jetzt aber glaub' ich, daß wir das Himmelreich gefunden haben. Solche Liebe ist sicherlich nur bei Engeln daheim.

Der Schmied

Sieh da, alter Petrus, bist du's? — Sag, willst du uns zum Altar führen?

St. Peter

O ja, sehr gern, wenn ich nur dürfte!

Der Schmied

Was sollte denn im Wege stehen?

St. Peter

Ich weiß, siehst du, nicht, ob ich ordiniert bin, und übrigens glaube ich, daß man abgesetzt werden kann, wenn man eine — Aussätzige traut.

Der Schmied

Du bist feig, Petrus!

St. Peter

Wenn man das so nennen will, sich an die Gesetze und Verordnungen zu halten.

[1852]

Vierte Szene

Die Vorigen. Don Quixote (kommt zu Pferde durch das große Tor hereingeritten. Er ist mit der traditionellen Rüstung bekleidet, doch stark beleibt).

Die Liebhaberin

Komm fort von hier, Geliebter, ehe mehr Leute kommen! — Ach, da ist ja dieser abscheuliche Don Quixote. (Sie zieht den Schleier vors Gesicht)

Don Quixote

Guten Tag, liebe Leutchen!

Der Schmied

Wen sucht Ihr, mit Verlaub?

Don Quixote

Ich bin der Ritter Don Quixote de la Mancha, und von Romeo und Julia zu ihrer silbernen Hochzeit im Gasthause: „Zum goldenen Roß" eingeladen. Bin ich etwa fehlgegangen?

Der Schmied

Das Gasthaus ist allerdings das genannte, ob aber Romeo und Julia hier ihre silberne Hochzeit feiern sollen, darüber kann ich keine Auskunft geben, um so weniger, als ich in den Geschichtenbüchern nirgends eine Andeutung gefunden habe, daß die beiden jungen Leutchen sich bekamen.

Don Quixote (sitzt ab)

In den Geschichtenbüchern! Sprecht mir nur von diesen nicht! Was haben sie nicht alles über mich zusammengelogen! — Komm her, Sancho Pansa! —

[1853]

Fünfte Szene

Die Vorigen. Sancho Pansa (mager wie ein Jockey, faßt Don Quixotes Pferd am Zügel, um es in den Stall zu führen).

Sancho
Zu Befehl, gestrenger Ritter!

Don Quixote
Führ' meinen Vollbluter in den Stall und gib ihm Hafer!

Der Schmied
Mir scheint, so mager Sancho Pansa geworden, so fett ist jetzt Rosinante.

Don Quixote
Die Zeiten ändern sich und wir mit ihnen. Selbst ich habe vom Leben gelernt, meine Vernunft zu Rate gezogen und mich zum klugen Mann entwickelt! O, ich bin jetzt verteufelt klug.

Der Schmied
Sollten Sie, Herr Ritter, sich sozusagen auch einer bestimmten Laufbahn zugewendet haben und in die engen Verhältnisse des bürgerlichen Lebens eingetreten sein?

Don Quixote
Ich züchte Traber und besuche Pferdemärkte. — Darf ich Sie mit einer Adresse versehen?
(Reicht St. Peter einen Prospekt, der ihm dagegen ein Traktätchen
einhändigt)

[1854]

St. Peter

Vielen Dank, Ritter, aber meine Pferde brauchen nie gewechselt zu werden.

Don Quixote

Was sind das für Pferde?

St. Peter

Apostelpferde!

Don Quixote

Haha, alter Spaßvogel! Läßt sich mit diesen Rappen gut auf und davon reiten?

St. Peter

Jedenfalls vor Windmühlenflügeln.

Don Quixote

Pfui, schämt Euch!

Sechste Szene

Die Vorigen. (Der Hochzeitszug aus dem Brunnen hervor. Zuerst Musikanten. Hierauf Montecchi und Capulet, Arm in Arm. Sodann die Brautführer und Brautführerinnen, nämlich Hamlet und Ophelia; Othello und Desdemona; Ritter Blaubart und seine Gattin Macbeth; endlich Romeo und Julia, schon recht alt, mit fünf, teils erwachsenen, teils halbwüchsigen Kindern.) Volk. Der Wirt (auf der Vortreppe stehend, empfängt den Hochzeitszug).

Don Quixote

In meiner Eigenschaft als Festordner bei dieser silbernen Hochzeit, heiße ich die Gäste im Namen des Brautpaares willkommen. Euch, alter Montecchi, und

[1855]

Euch, Capulet, es freut mich, Euch nach so vieljähriger
Feindschaft, deren Haltbarkeit sich nur mit der Festig=
keit Eurer jetzigen Freundschaft vergleichen läßt, Arm
in Arm zu sehen; wenngleich nicht verschwiegen werden
kann, daß die Freundschaft der beiden alten Seiden=
firmen Montecchi & Capulet in Verona eigentlich
von dem Mailänder dreiprozentigen Anlehen datiert.

Es ist mir ferner eine teure Pflicht, die Anwesen=
heit des Brautpaares, des Herrn Romeo, Chef des
Hauses Romeo & Söhne, und seiner vielgeliebten
Gattin Julia zu konstatieren. Ich möchte dieses Wieder=
sehen gewiß zu keinem schmerzlichen gestalten, noch
einen Mißton in ein so angenehmes Familienfest
bringen, kann aber gleichwohl, wenn ich die beiden taub=
stummen Kinder besagter Gatten sehe, eine Bemerkung
nicht unterdrücken. Gestatten Sie mir denn nur zu
sagen, diese Ehe wäre besser unterblieben, und als
Moral hinzuzufügen: so geht es, wenn ungehorsame
Kinder ihren Willen durchsetzen.

(Gemurmel des Unwillens)

Was das Brautgefolge betrifft, so ist es mir vor
allem ein Vergnügen, darauf hinweisen zu können,
daß Ritter Blaubart über seine verderblichen Instinkte
triumphiert und sich in einer relativ glücklichen Ehe mit
Lady Macbeth, welche ihn durch eine sehr anerkennens=
werte Arbeit über die Abschaffung der Todesstrafe auf
bessere Gedanken brachte, absolut monogam entwickelt
hat. Ich heiße euch willkommen.

(Murren)

Mit der gleichen Befriedigung sehe ich meinen
alten Freund Othello von Venedig wieder. Er hat
sich nach überstandenen Stürmen, trotz des ihm ge=
wordenen vollen Beweises, daß seine Gattin Desde=

mona ihn nicht nur wirklich betrogen, sondern ihre Gunst sogar zwischen dem Unteroffizier Jago und einem gewissen Leutnant Cassio geteilt habe, wieder mit ihr ausgesöhnt und führt jetzt eine recht unglückliche Ehe mit der eifersüchtigen Desdemona, die in ewiger Angst schwebt, der Mohr möchte Revanche nehmen! Ich gratuliere euch; insonderheit Othello!

(Murren)

Zum Schlusse habe ich noch dem Prinzen Hamlet und dem Fräulein Ophelia Polonius zum Ringwechsel zu gratulieren. Wie es diesen beiden Schwärmern ergehen dürfte, ist schwer vorherzusagen, doch glaube ich, daß sie viel zu hoch begonnen haben, um nicht tiefer als gewöhnlich zu' enden. Jedenfalls viel Glück!

Und nun zum Feste! Daß es dabei in solch einer Gesellschaft nicht sonderlich lustig hergehen kann, versteht sich von selbst, und ich möchte demnach die Teilnehmer davor warnen, sich irgendwelchen Illusionen hinzugeben. Vor allem: keine Illusionen! Um auch mich selbst vor den allerunliebsamsten, vor unbezahlten Rechnungen nämlich, zu salvieren, ersuche ich in meiner Eigenschaft als Festordner, die Abgabe beim Eingange zu entrichten. Hamlet als Künstler ist natürlich nicht bei Kasse, allein er ist ein schwacher Esser, und Romeo hält ihn frei. — Begebt euch nun hinein, aber, bitte, bezahlt! Bezahlt!

Montecchi (zu Capulet)

Ich glaube, Bruder, der Mensch ist jetzt total verrückt!

Don Quixote

Ja, sagt das nur! Als er an Windmühlen, Schankmädchen, Stechbecken, unbezahlte Rechnungen und

Schindmähren glaubte, da war er verrückt; und wenn er jetzt nicht mehr an Schankmädchen, unbezahlte Rechnungen, Stechbecken und Windmühlen glaubt, ist er gleichfalls verrückt! Geht, Gesindel! Stopft euch mit Essen und Trinken an, redet von Liebe, aber nennt sie nicht Brunst, besingt Dulzinea, aber hütet euch zu sagen, daß sie eine Schenkmamsell gewesen; feiert den Ritter Blaubart, aber laßt kein Wort von seinen polygamen Instinkten verlauten; preist Romeo, laßt aber ja nicht merken, daß ihr von seiner ersten Verlobung wißt, verhimmelt Desdemona, ohne je die leiseste Andeutung fallen zu lassen, daß sie eine kokette Dirne gewesen! Geht, Gesindel! Lügt euch einander so voll, so voll, daß ihr um die Ecke schleichen müßt, zu schauen, wie ihr innen beschaffen seid!

(Die Hochzeitsgäste begeben sich ins Innere des Gasthauses.)

Siebente Szene

St. Peter. Don Quixote. Der Schmied.
Die Liebhaberin. Sancho.

St. Peter

Verzeiht, Ritter, aber Ihr scheint mir ein Mann zu sein, dem das Beste abhanden gekommen.

Don Quixote

Wieso? Was sollte mir abhanden gekommen sein?

St. Peter

Das Ideal, Ritter!

[1858]

Don Quixote

Das Ideal! In welchem Kapitel und welchem Vers der Heiligen Schrift kommt das Wort Ideal denn eigentlich vor?

St. Peter (sinnt nach)

Don Quixote

Spekuliert bis zum Anbruch des Jüngsten Tages, Ihr kriegt es doch nicht heraus, denn es steht einfach nicht drin. Meint Ihr vielleicht die Illusionen? Was die sind, weiß ich!

St. Peter

Nun, was sind sie?

Don Quixote

Windmühlen, Schankmädchen, Stechbecken —— —

St. Peter

Wartet ein wenig! — Seht Euch diesen Mann hier an!

Don Quixote

Nun! Er sieht in diesem Augenblicke dümmer aus als selbst Othello, der sich von Desdemona hintergehen ließ. Wer ist dieses Frauenzimmer da?

St. Peter

Seine Braut!

Don Quixote

Schön! Weshalb heiraten sie sich nicht?

[1859]

St. Peter

Wird schon kommen! Wird schon kommen! Seht, sie ist krank, mit Aussatz behaftet, aber er liebt sie dennoch.

Don Quixote

Da ist er ja verrückt, der Mensch. Schickt ihn aufs Beobachtungszimmer und sie ins Spital.

St. Peter

Nein, Ritter! Seht, dies ist die Liebe!

Don Quixote

Verschiedene Namen für das gleiche Ding. Muß mir das Weibsbild doch mal ansehn! (Reißt ihr den Schleier weg) Ha! (Zum Schmied) Und die willst du heiraten?

Der Schmied

So wahr ich lebe und sie mich würdigt, mir ihre Hand zu reichen.

Don Quixote

Das mußt du nochmals sagen.

Der Schmied

Auf Ehre und Gewissen!

Don Quixote

Daß sie aussätzig ist, das siehst du selbst. Daß sie aber eine liederliche Dirne ist, die im Spinnhause saß, das sollst du nun von mir erfahren.

[1860]

Der Schmied
Das lügst du!

Don Quixote
Komm ins Freie und fechten wir's aus!

Die Liebhaberin
Opfert nicht euer Leben für ein Wesen wie mich. Vergreift euch nicht aneinander!

Der Schmied
Ist es wahr, was der Mann da sagt? Ist das wahr?

Die Liebhaberin
Es ist wahr!

Der Schmied
O, Herr, steh mir bei! Du logst also, als du dich unbemakelt nanntest?

Die Liebhaberin
Ich log!

Don Quixote
Eine aussätzige, lügnerische Dirne. — Was Gott zusammengefügt, das soll der Mensch nicht trennen!

Der Schmied
So lüg' doch nochmals, Weib! Lüg' in des Himmels Namen noch einmal: sag', daß jetzt du logst!

Die Liebhaberin
Ich vermag nicht mehr zu lügen, seit ich mich von der Unendlichkeit deiner Liebe überzeugte.

[1861]

Der Schmied
Ich glaube dir — und folge dir!
Mit einem Herzen wund und weh,
Gleich deinen Zügen, jüngst so hold!
Ob du nun siech, ich bin es auch,
Vergingst du dich, so fehlte ich.
Dein Joch ich trage, fluch ihm nicht,
Nein, segne es, denn Liebesschmerz
Er überdauert Liebeslust,
Und ich, ich will dich lieben ewiglich!

St. Peter
Was sagt Ihr nun, Herr Ritter?

Don Quixote
's ist zum Teufel holen.

St. Peter
Das ist die wahre Liebe.

Don Quixote
Es ist zum Teufel holen!

St. Peter
Habt Ihr je so etwas gesehen?

Don Quixote
Es ist rein zum Teufel holen!

St. Peter
Na, aber so flucht doch nicht!

[1862]

Don Quixote

Sancho, führ' mir mein Roß vor.

Sancho (kommt mit dem Roß)

Herr Ritter!

Don Quixote

Hast du den Hafer bezahlt?

Sancho

Alles in Ordnung, Ritter!

Don Quixote

Wieviel hast du dabei gestohlen? Mach dir nur keine Illusionen darüber, mich betrügen zu können!

Sancho

Was wäre das Leben ohne Illusionen, Herr!

Don Quixote

Was soll das nun heißen! Hast du deinen praktischen Blick verloren, du, der sich früher so geschickt aus den vielen Verdrießlichkeiten zu retten wußte, während ich in der Patsche stecken blieb?

Sancho

Da Ihr mir auf unseren bekannten Irrfahrten so oft die Peitsche gabt, weil mir die Flügel — Ihr wisset ja, die Flügel fehlten, bewirkte dieses Peitschen endlich, daß sie mir wuchsen! So will ich denn auch, so schmerzlich und unklug es sein mag, die Wahrheit zu sprechen, nicht verfehlen, Eure Lehren zu beherzigen und — Illusionen zu nähren.

[1863]

Don Quixote

Was der Teufel!

Sancho

Ritter! Ich kann nicht leugnen, daß meine niedre Herkunft, mein Stand, um nicht zu sagen, meine beschränkten Verhältnisse, mich zuweilen in die peinliche Lage versetzten, unter den Mißlichkeiten des Lebens empfindlicher zu leiden, als bei der Natur der Dinge eigentlich der Fall zu sein brauchte.

Don Quixote

Faß dich kürzer!

Sancho

Und — so — fand ich es rätlich, gleichsam — wie sag' ich nur — das fehlende Ende anzustücken.

Don Quixote (zieht ihn am Ohr)]

Sancho

Ritter, so ausgemacht ist das nicht, daß es nicht auch Euch einmal passieren kann, ein Pferd satteln zu müssen, vielleicht gar das meine!

Don Quixote

Was sagst du?

Sancho

Und ich damit in die Lage käme, Euch durchzuprügeln: Ja!

[1864]

Don Quixote

Sancho! Du redest wahr! — Alles ist möglich, und ich könnte mich durch eine Verkettung von Umständen — wenn du, was ja möglich ist, ein junges, reiches Mädchen in Illusionen zu wiegen vermöchtest — ist doch die Macht der Illusion groß — in die Lage versetzt sehen, dein Pferd satteln zu müssen. Allein deinen Hafer stehlen, so etwas, siehst du, würde ich nie und nimmermehr tun!

Sancho

Was, Sie würden nie meinen Hafer stehlen? Welch irrer Traum!

Don Quixote

Ach, ich habe Schlangen an meinem Busen gezüchtet. Sancho, laß uns Freunde sein!

Sancho

Freunde! Freundschaft! Mir scheint, meiner Seele, Eure alten Illusionen wandeln Euch wieder an.

Achte Szene

Die Vorigen.   Der Brautzug (erscheint im Laufe der Szene).   Der Arzt.

Der Arzt

Ei sieh da, meine Reisegefährten! Und Ihr, Ritter Don Quixote de la Mancha. Ein interessanter, belehrender Umgang! Ihr leistet uns wohl Gesellschaft?

Don Quixote

Irre ich nicht, so sehe ich Doktor Allwissend vor mir! Ich bin wohl infolge meiner teuer erkauften Erfahrungen, mit denen ich weder großtun noch Verstecken spielen kann, hinter gar manche Dinge gekommen, aber alles weiß ich denn doch nicht, und wenn die Herren mit ihrer Reise nicht gerade einen bestimmten Zweck verfolgen, so gestatten Sie mir, mich Ihnen anzuschließen.

Der Arzt

Der Zweck unserer Reise ist, den Schlüssel zum Himmelreich, den St. Peter irgendwo verloren hat, zu suchen. Finden wir ihn nicht, so wollen wir uns direkt nach dem Himmel aufmachen!

Don Quixote

Vortrefflich! Wohl habe ich, seitdem ich mich überzeugte, welche Hölle das Leben ist, alle Illusionen in bezug auf einen Himmel auf Erden aufgegeben, will aber dennoch mit —

Der Arzt

Herr Ritter! Euer tiefgewurzelter Unmut über das Leben scheint mir daher zu kommen, daß Euch die Ideale verloren gingen.

Don Quixote

Bums! Da haben wir das Wort wieder! Was ist denn das Ideal? Seht Euch den Schmied da an. Er hat sein Ideal an einer aussätzigen Spinnhausdirne gefunden, deren vornehmste Tugend darin besteht, daß sie nicht leugnet, gelogen zu haben! Ist der Schmied glücklich?

[1866]

Der Arzt

Wahrscheinlich! Er berauscht sich an seinem Unglück!

Don Quixote

Denkt Euch, wenn er so wirklich glücklich wäre! Denkt Euch, wenn ... Aber hört, ich glaube, ich werde in der Tat guttun, mich Euch anzuschließen, um nach meinen verlorenen Idealen zu fahnden. Etwas Glück täte mir nur zu not, nachdem ich den ganzen Kehrichthaufen der Jugendideale sich auf dem Boden umherschleppen gesehen habe. Seht Euch nur dieses fette Schwein Romeo an, wie er seinen Knaster raucht und der Braut eines andern die Kur macht. Seht da diesen Blaubart, der sich der moralischen Liga angeschlossen und Lady Macbeth geehelicht hat, die ihrerseits Präsidentin des Vereins zur Abschaffung der Todesstrafe ist. Pfui! Pfui! Pfui! Ich wollte, ich könnte sie alle auf einen Haufen werfen, Teer darüber spritzen und hernach das Ganze in Brand stecken.

Der Arzt

Ihr Schatten, die ich hier ans Licht beschwor,
Gedanken in ein sichtbar Bild zu kleiden,
Hinab mit euch, dahin, woher ihr kamt!
Erzeugt aus trocknen Brunnens sumpf'ger Luft,
Seid Irrwisch wiederum am alten Ort!
Marsch, alle marsch! Macht fort!
(Der Brautzug kehrt in den Brunnen zurück. Der Arzt schlägt den Deckel zu, sperrt ihn ab und wirft den Schlüssel weg. Als zuletzt auch die Liebhaberin hinabsteigt, springt der Schmied auf und will ihr nach, wird aber von dem Arzte zurückgehalten. Die Liebhaberin winkt dem Schmied ein Lebewohl zu. Irrlichter erscheinen hierauf oberhalb des Brunnendeckels.)

[1867]

Der Schmied

Sie ging, und ich, ich darf nicht mit!

Der Arzt

Ihr seht Euch wieder! Stör' nicht meinen Plan!

Der Schmied

Ich armer Mann! Was soll nun aus mir werden?

Der Arzt

Sag' selbst! Ich laß dir freie Wahl!
Was wärst du gern?

Schmied
        Was gern ich wär?
Was bin ich? O! Ich fühle mich so alt,
So böse, seit des Lebens holder Trug
Mir ward geraubt!
Mir ist, als wandelt' ich auf Modergrund.
Man fürchtet mit den Beinen einzusinken
Und dazusitzen, wie der Fuchs im Eisen.
Ach! Wie's des Lebens mich, der Menschen ekelt!
Je mehr man lernt, je weniger man glaubt,
Und wer am meisten meint zu wissen,
Weiß nichts! Ja, dieses kaum!
Ah, daß ein Ries' ich wär, die Alpen tragend
Auf meinem breiten Schulterblatt,
Ich wollt' mich bücken und die ganze Last
Zur Erde wälzen, daß sie flög' in Trümmer!
Groß will ich sein und stark, der Allerstärkste,
Das Universum mit dem Fuß zertreten,

[1868]

Auf daß beim Schreiten der Vergänglichkeit
Mit Stolz mich der Gedanke schwellte,
Allein zu fallen von der eignen Hand,
Wenn all die anderen von fremder fielen!

Der Arzt
Mich dünkt der Wunsch so deutlich vorgetragen,
Daß nicht daran zu zweifeln ist! Wohlan!
Magst Riese sein, die alte Erd' erschüttern!
Nur gib hübsch acht, wie du den Kreisel peitschst,
Daß er dir laufe, ohne anzuprallen!
Hinweg nun, marsch!
    (Hinausrufend) Laßt Eure Künste spielen!

(Verwandlung.)

[1869]

Dritter Akt

[1871]

(Rechts die von Laub und Blumen umrankte Veranda des Pfarr=
hofgebäudes. In der Mitte des Hofes eine Linde. Darunter ein
Tisch. Zur Linken ein jäher Abhang, über den sich der Hoberg=
Alte erhebt, ein Pfad schlingt sich am Fuße des Bergriesen hin.
Im Hintergrunde sieht man das Tal mit einem See, an dem die
Dorfkirche liegt.)

Erste Szene

Der Hoberg=Alte (Schmied) allein.*)

So bin ich richtig nun ein Riese worden,
Und keinen größern siehst du hier im Norden!
Bin ich nicht gerade schön, bin ich doch schaurig groß,
Und weithin kann ins Land ich wie kein Zweiter sehen.
Ich spiegle mich im See, das Haupt im Wolkenschoß,
In Weiß hüllt mich der Schnee, grün kleidet mich das
                                          Moos,
Im warmen Sonnenschein laß ich mir's wohlergehen.

Dort unten in dem Tale, da wohnt ein Priestergreis,
Aus seiner Kirche hör' ich's immer bimmeln,
Im alten Trotte wallet das Volk hin scharenweis,
Um seinen weißen Balder gläubig zu verhimmeln.

Doch ihn, den Bergesriesen, ehrt keiner mehr fürwahr,
Obgleich an Kraft er allen überlegen;
Er schützt im Tal die Menschen vor wilder Sturm=
                                        gefahr.

*) Der Riese wird durch eine Felsenformation dargestellt.

[1873]

Die blauen Blitze fängt er in seinem eignen Haar,
Dem Acker gibt er Wärme, die Sonnenlicht gebar,
Im tiefen Schoße sammelt er den Regen.

Ach, welch erbärmlich Volk ist's, das unten haust im Tal;
Das bimmelt und das klingelt, bekreuzt sich, und zumal
Glaubt Sagen, alte, aufgefärbte, von dem Gotte,
Getötet durch die Mistel, den Baldur licht und rein,
Und glaubt nicht an den Riesen, der selber wirft den Stein,
Eh' er sich stein'gen ließe von der Zwergenrotte!

Nun sinkt ins Meer die Sonne, still bricht die Nacht herein,
Und alle Menschen rüsten sich zum Schlafe.
Da klingt gen Spuk und Wetter das Abendglöckelein,
Und in den Betten stammeln Gebete Groß und Klein,
Denn Finsternis dünkt jedem Frommen Strafe.
(Es dunkelt. Von der Kirche her ertönen dreimal drei Glockenschläge.)

Der Riese liebt das Dunkel, in dem die Ruhe thront,
Im Dunkel herrscht die Stille, wo der Gedanke wohnt,
Denn vor der Sonne tanzen doch nur Mücken.
(Eine Eule kommt geflogen und setzt sich ihm auf die Schulter.)

Da ist mein Lieblingsvogel, mein Nachtfreund und Berater,
Zwei Augen und zwei Schwingen, mit Krallen wie ein Kater.
Man glaubt im Bund dich mit des Teufels Tücken!
Sing, kleiner Vogel, mir dein altes kluges Lied.
In Schwarz schaust du die Welt und singst doch stets —

[1874]

Die Eule
>Snee wit!

Der Hoberg-Alte
Um Weisheit kann man dich allein befragen,
Gebären Berge Ratten, füllst du den Kropf dir gut,
Und überwuchern Hasen, hältst Razzia in der Brut,
Und niemand wird den Strauß mit Ries' und Vogel
>>wagen.

Zweite Szene

(Der Hoberg-Alte. Zwerge kommen mit Grabscheiten, Hauen und Spaten und fangen unten am Berge, zu Füßen des Riesen, an zu hacken und zu graben).

Die Zwerge (singend oder rezitierend)
>Wir picken, wir hacken,
>Wir knicken, wir knacken,
>Wir geben nicht Ruh',
>Wir hetzen, wir setzen,
>Wir wetzen, wir setzen
>Dem Bergkönig zu.
>>Zu! (Lang anhaltend.)

Der Hoberg-Alte
>Was treiben denn die Knirpse da unten?

Die Zwerge
>Wir schütteln, wir schmeißen,
>Wir rütteln, wir reißen
>Den Riesen schon um.

[1875]

Wir picken, wir packen,
Wir knicken, wir knacken,
Im Staub liegt er — plumm!
           Plumm! (Lang anhaltend.)

Der Hoberg-Alte

Wenn ihr Knirpse nicht vom Berge lasset, so kommt der Riese und schleudert Steine.

Erster Zwerg

Wirf nur!

Der Hoberg-Alte

Oho! Nehmt euch in acht! Ksst!

Zweiter Zwerg

Hört ihr, was er sagt? — Er sagt: Ksst! Wie man's mit Katzen macht! (Die Zwerge lachen.)

Der Hoberg-Alte

Ja so, ihr glaubt nicht, daß das wahr ist. Seht her, ich niese nur, und es regnet Geröll. Aufgepaßt da unten! (Er niest. Geröll kollert über den Berg hinunter.)

Erster Zwerg

Ich glaube wirklich, der wirft Steine! (Er nimmt einen Stein und wirft ihn nach dem Riesen.)

Der Hoberg-Alte

Achtgegeben! Jetzt werden wir einmal husten! (Er hustet. Steine stürzen herab und verschütten Zwerg I.)

[1876]

Die Zwerge
Der Zwergkönig ist tot, es lebe der Zwergkönig!

Zweiter Zwerg
Nun bin ich König.

Die Zwerge
O nein, das gibt's nicht ...

Zweiter Zwerg
Wer denn?

Die Zwerge
Ich! Ich!

Zweiter Zwerg
Ihr könnt doch nicht alle auf einmal König sein. Und da ich der Älteste bin, halte ich mich für den Nächstberechtigten.

Dritter Zwerg
Aha! Jetzt ist er der Älteste! Als aber der Älteste auf dem Thron saß, da war er zu alt zum regieren. Wir brauchen junge Leute, hieß es da!

Zweiter Zwerg
Das war damals, als Lasse noch lebte. Doch nun ist Lasse tot, und da herrscht jetzt ein anderes Regiment. Wollt ihr übrigens, daß wir wählen, so bin ich auch dabei, unter einer Bedingung.

[1877]

Die Zwerge
Unter welcher?

Zweiter Zwerg
Daß ich das absolute Veto behalte und außerdem die ausschlaggebende Stimme.
(Die Zwerge schreien und raufen.)

Der Hoberg-Alte
Wenn die Diebe sich prügeln, führt der Bauer seine Kuh heim! — Ihr kleinen Teufel! Ihr rauft am Sonnabend! Ihr seid meiner Seel nicht um ein Haar besser als die großen Menschen!
(Steine stürzen herab und töten Zwerg II.)

Die Zwerge
Der Zwergkönig ist tot, es lebe der Zwergkönig!

Dritte Szene

Die Vorigen. Der Däumling (in Siebenmeilenstiefeln, hinter ihm) Aschenbrödel (in einem Schuh von einer Ratte gefahren).

Däumling
Nein! König bin ich!

Dritter Zwerg
Wer bist du?

[1878]

Däumling

Ich bin der Däumling, und hier ist meine Königin Aschenbrödel.

Dritter Zwerg

Mit welchem Rechte, wenn ich fragen darf, erlaubt Ihr Euch Ansprüche auf den erledigten Thron zu erheben?

Däumling

Mit dem Recht, daß ich der Kleinste unter den Kleinen bin, und wer sich erniedrigt, der soll erhöht werden. Und meine Königin hat bekanntlich den kleinsten Fuß der Welt!

Dritter Zwerg

Für eine Königin kann diese Eigenschaft eine Empfehlung sein, aber von einem König fordert man selbst bei den Kleinen denn doch noch etwas anderes, als daß er klein sei! Mein Herr! Haben Sie die Güte und stellen Sie sich in Socken.

Däumling

In Hemdärmeln meinen Sie wohl!

Dritter Zwerg

Nein, ich meine in Socken. Denn ich schlage mich niemals mit einer Person in Siebenmeilenstiefeln.

[1879]

Aschenbrödel
Nicht sich schlagen! Nicht sich schlagen! Ihr dürft es nicht!

Däumling (zieht die Stiefel aus)
Ein Rittersmann schlägt sich alle Zeit und überlegt nicht lange, meine Königin!

Aschenbrödel
Oh! mir schwindelt! Ich werde ohnmächtig! Zu Hilfe!

Däumling (bemüht sich um sie)

Dritter Zwerg (zieht die Siebenmeilenstiefel an)
Nun aber schlage ich mich nicht, Herr Winzig!

Däumling
O, der kleine hinterlistige Spitzbub! Der kleine falsche Diebskerl! (Weint und beißt sich in den Daumen.)

Dritter Zwerg
Huldigt mir nun, Gesindel! Solch einen König habt ihr bis jetzt noch nicht gehabt. Marsch! Sonst lasse ich euch alle miteinander die Köpfe abschlagen.
(Allgemeines Geschrei, Schlägerei. Neuer Steinregen vom Berge. Däumling und Aschenbrödel fallen tot um.)

[1880]

Vierte Szene

Die Vorigen. Sankt Peter.

Dritter Zwerg
Hier riecht's nach Christenblut!
(Alle verschwinden. St. Peter setzt sich unter die Linde.)

Der Hoberg-Alte
Bist du da, St. Peter?

St. Peter
Die Stimme ist des Schmiedes Stimme, aber ...
Ja, ich bin hier ... Wo bist du?

Der Hoberg-Alte
Hier oben!

St. Peter (erblickt den Hoberg-Alten)
So groß bist du geworden, Schmied!

Der Hoberg-Alte
Das will ich glauben! Wie geht's denn dir aber, alter Petrus?

St. Peter
Ich weiß nicht, ob ich recht habe, aber mit dem Wissen dieses Dr. Allwissend scheint es mir durchaus nicht so weit her zu sein, als er uns weismachen wollte. Wie mich dünkt, führt er uns auf Irrwege.

Der Hoberg-Alte

Ja, das ist auch meine Meinung! Und wenn ich aufrichtig sprechen soll, habe ich Lust, mich von ihm loszureißen.

St. Peter

Ich glaube, er ist der Böse selber. Du aber, der du so groß und stark geworden bist, könntest ihm doch den Garaus machen.

Der Hoberg-Alte

Lock' ihn nur in Niesweite, so werde ich Steine auf ihn regnen lassen.

St. Peter (bemerkt Aschenbrödel und den Däumling auf der Erde)

Was ist denn das? — Mir scheint gar, das ist der Däumling! (Er packt ihn beim Knie.) Wer hat ihn getötet?

Der Hoberg-Alte

Das hab' ich getan!

St. Peter

Wie, du schlägst die Kleinen, du großes Ungeheuer?

Der Hoberg-Alte

Ja, wenn sie meine Stellung als Riese untergraben wollen.

[1882]

St. Peter
Wer einen dieser Kleinen ärgert . . .

Der Hoberg-Alte
Sie haben ja mich geärgert! Aber du bist von jeher der Kleinen Freund!

St. Peter
Und hier ist das kleine Aschenbrödel!

Der Hoberg-Alte
Deren größter Vorzug ihr kleiner Fuß war.

St. Peter
Und diese Armen hattest du das Herz zu töten! Oh!

Der Hoberg-Alte
Sonst hätten sie mich getötet! Und Notwehr ist erlaubt! Übrigens hättest du sehen sollen, wie sie zankten und rauften, einander betrogen und sich balgten, ganz wie die großen Menschen. Glaubst du, sie hätten soviel Pietät gehabt, ihre Trauer zu bezeugen, als der Zwergenkönig totgeschlagen war? Bewahre. — Sie gerieten sich sofort wegen der Krone in die Haare und ließen die Leiche liegen. Wahr dich vor den Zwergen, sie beherrschen die Welt. Im Innern der Berge verbringen sie ihre Zeit damit, nach Gold zu schürfen, für das die Menschenkinder Glauben und Seele verkaufen, um Schwerter zu schmieden, mit denen die Menschenkinder einander umbringen.

[1883]

St. Peter

Das ist nur Verleumdung! Und könnte ich diese Kleinen zum Leben erwecken, so würdest du sie gleich dankbaren Kindern mir auf meiner langen Wanderung folgen sehen.

Däumling (erwacht)

Guten Morgen, Großpapa!

St. Peter

Nein, sieh, er lebt! — Und ich, der ich glaubte, die Zeit der Wunder wäre vorbei! — Wie kam das, du kleines Wechselbaby?

Däumling

Ah, ich stellte mich nur tot, um den Zwergen und ihren Prügeln zu entwischen.

St. Peter

Fliehen ist des Fechtens bessrer Teil! — Ja, du warst allezeit ein kleiner schlauer Teufelskerl! Na, was ist denn mit dem kleinen Aschenbrödel? —

(Der Däumling geht herum, findet St. Peters Fisch, den dieser auf den Tisch gelegt hat, nimmt ihn und steckt ihn ein.)

Aschenbrödel (erwachend)

O, ich bin nur in Ohnmacht gefallen, wie's mich meine Stiefmutter lehrte. Sonst hätte sich Däumling geschlagen.

[1884]

St. Peter

So klein und so klug! Ach, wieviel Raum ist nicht in einem so kleinen Hühnerhirn, du großer Riese droben!

Der Hoberg-Alte

Und wieviel Raum, glaubst du, ist in Däumlings Brusttasche?

St. Peter

Was sagst du da oben?

(Aschenbrödel schleicht sich zum Tisch und packt St. Peters Brille, die er weggelegt hat.)

Der Hoberg-Alte

Ja, ich mag's nicht noch einmal sagen; aber wenn vier Augen mehr sehen als zwei, so siehst du nicht über deine Nasenspitze hinaus.

St. Peter

Das ist gewiß sehr tiefsinnig! — Da muß ich erst darüber nachdenken!... Laß mich sehen... Wo ist denn meine Brille?

(Er sucht. Däumling und Aschenbrödel schleichen links hinaus.)

St. Peter

Und mein Symbol! Wo ist mein Symbol!

[1885]

Der Hoberg-Alte

Meinst du den Fisch, der denselben Weg wie die Brille nahm? So, jetzt hast du noch ein klein wenig mehr zu tun, St. Peter; und nun du auch die Brille nicht mehr hast, wirst du niemals der Schlüssel zum Himmelreich habhaft werden.

St. Peter

Ja, aber ich habe sie doch hier auf den Tisch gelegt!

Der Hoberg-Alte

Ja, aber der Däumling hat sie in seine Brusttasche gesteckt.

St. Peter

Ach, der Schelm! — Meiner Seel, ich werd' ihm ...

Der Hoberg-Alte

Was wirst du?

St. Peter

Ich werd' ihm eine Tracht Prügel zukommen lassen — das werd' ich! (Petrus wendet sich zum Gehen.)

Der Hoberg-Alte

Einem von diesen Kleinen? Pfui, Petrus! — Bleib doch! — Geh nicht von mir ... und leiste mir Gesellschaft.

[1886]

St. Peter (unschlüssig)

Ich weiß nicht! Aber mir ist hier nicht recht geheuer!

Der Hoberg-Alte

Ach, ich bin so einsam und brauche Freundschaft!

St. Peter

Freundschaft kann nur zwischen Personen von einigermaßen gleicher — Korpulenz bestehen. — Du bist zu groß für mich, Schmied! — Viel zu groß! —

Der Hoberg-Alte

Und der Däumling zu klein! — Wie groß soll man denn in deiner Gesellschaft sein? —

St. Peter

Na, ungefähr wie ich!

Der Hoberg-Alte

Demokrat!

St. Peter

Despot! — Adieu! — (Links ab.)

[1887]

Fünfte Szene

Der Hoberg-Alte.   Der Pastor.   Die Pastorin.   Der
Sohn.   Die Schwiegertochter.   Die Enkelin und deren
Bräutigam.   Zweite Enkelin (acht Jahre alt).

(Sie kommen zu zwei und zwei die Veranda herab. Erstes Paar
Arm in Arm. Zweites Paar die Arme um den Leib geschlungen.
Drittes Paar Hand in Hand. Das Kind folgt dem zweiten Paare.)

Pastor

Ein schöner Abend! — Und nach schönem Tag!
Habt Dank, ihr meine Kinder, Kindeskinder!
Der Jahre achtzig füllte heut der Greis,
Nun neiget sich dem Abend zu sein Leben.
Habt Dank, daß wolkenlos die Rüste ihr gestaltet,
Ihr alle, die ihr meine Welt gewesen.
Denn nie verließ ich noch dies stille Tal.
So recht mein Leben erst den Anfang nahm,
Als hier ich mit der Frau das Heim uns baute.
Ich weiß nicht, wie es kommt, doch dieser Abend
Ruft das Vergangne neu mir ins Gedächtnis.

Kind (erschrocken)

Großvater, sieh, der Hoberg-Alte rührt sich!

Pastor

Du siehst Gespenster, Kind! — Der Berg ist's,
Und der hat sich noch nie gerührt!
Es geht vom Hoberg-Alten eine Sage,
Ein Märchen, weißt du, Kind, daß er ein Riese,
Der einst verhext von einem Bischof ward,
Und eher nicht Erlösung finden kann,

[1888]

Bis er sich eines Weibes Lieb erringt! —
Sei also nur getrost, mein Enkelkind,
Der Hoberg-Alte sitzt noch lange still.

Sohn

Nein, Vater, das ist gar noch nicht so sicher;
Hier spricht man schon von einem Schienenweg,
Den mitten durch den Berg man ziehen will.

Pastor

Sieh, das ist mehr, als ich gewußt — — —
Das freut mich und betrübt mich auch,
Denn teuer war mir dieses Tal,
So still und einfach, fern vom Weltgetriebe . . .

Kind

Sieh nur, nun schüttelt sich die Linde,
Großvater, und doch bläst kein Wind.

Pastor

Er bläst gewiß dort oben in der Krone,
Ob wir's hier unten auch nicht fühlen, Kind.

Bräutigam (zur Braut)

Vielleicht, daß sich vor Schmerz die Linde schüttelt,
Weil morgens in die Rinde wir den Namen ritzten.

Braut

Vor Schmerz sah ich sie weinen, und wie sollte
Denn sie nicht leiden, während wir genießen,
Ist unser Glück doch stets auf andrer Schmerz gebaut.

[1889]

Pastorin
Sie blühte diesmal reich, die alte Linde,
Da wird's viel Honig geben in den Körben.

Schwiegertochter
Du denkst doch stets an deinen Haushalt, alte Mutter.

Pastorin
Wer, glaubst du, sollte sonst wohl daran denken?
Man ritzt nicht mehr den Namen in die Linde,
Hat man die siebzig hinter sich.
Großmutter pflückt da lieber Blüten
Und trocknet sie, um Tee zu haben,
Wenn an dem Sarg der Husten hobelt.

Kind
Großvater, komm, bevor das Dunkel fällt;
Sobald die Sonne sinkt, wird mir so bang.

Pastor
Recht gern! Und laßt uns nun zur Kirche gehn.
Hab' in der Sakristei noch manches zu besorgen,
Für morgen, für den Gottesdienst! So kommt!
(Der Pastor und seine Gattin rechts ab.)

Schwiegertochter (zum Sohn)
Wie schön ist Eintracht bei Verwandten!
Ich sah noch nie bei andern solche Liebe;
Gesegnet preis' den Tag ich, da ich hierher kam
Und eingefügt durch dich in diese Kette ward!

[1890]

Sohn
Die erste Frau, die nicht die Kette drückt!

Schwiegertochter
Du Schelm du! Gib mir einen Kuß, im Ernst!
(Sie gehen.)

Bräutigam
Mein Jugendglaube nicht zu Schanden ward:
Das Glück wohnt nicht im hohen Marmorsaale.
Ich streb' nach Lammes-, nicht nach Wolfesart
Und such' die Unschuld in dem stillen Tale.
(Die Eule schreit.)

Braut
Oh, die abscheuliche Eule!
(Sie gehen.)

Sechste Szene

Der Hoberg-Alte. Don Quixote (ohne Pferd).

Don Quixote (nimmt den Helm ab und trocknet sich die Stirn)

Der Hoberg-Alte
Heda, alter Ritter!

Don Quixote
Ist das der Schmied? — der ein Riese geworden ist?

[1891]

Der Hoberg-Alte

Und das ein richtiger, ohne Windmühlenflügeln an den Schultern.

Don Quixote

Ei, still davon!

Der Hoberg-Alte

Bist du verdrießlich, Ritter?

Don Quixote

Ja, sehr.

Der Hoberg-Alte

Wie kommt das? Und wo hast du deine Stute gelassen?

Don Quixote

Sprich nicht von ihr! (Erhebt sich.) Weißt du, wie es um einen Menschen steht, der nicht essen kann?

Der Hoberg-Alte

Der Arme hat wohl kein Geld, sich Essen zu schaffen!

Don Quixote

Possen! — Hast du einen Begriff, wie das einen Menschen hernimmt, nicht schlafen zu können?

Der Hoberg-Alte

Vielleicht hat er zu tief in den Tag hinein geschlafen.

[1892]

Don Quixote

Possen! — Welche niedere Auffassung!

Der Hoberg-Alte

Mir scheint, der Herr Ritter beginnen wieder in höheren Regionen zu schweben. Wie kommt das?

Don Quixote

Weißt du, warum ich meine Stute verkaufte?

Der Hoberg-Alte

Geldmangel!

Don Quixote

Materialist! Geld! Ha! Was ist lumpiges Gold gegen — das Goldhaar eines Weibes —

Der Hoberg-Alte

Haha! So habt Ihr Euch verliebt, Ritter?

Don Quixote

Sprich nicht in so niedern Ausdrücken von einer so hohen Sache! — Ich liebe!

Der Hoberg-Alte

Gott in deinem Reich! Ja, ja! Hat man Silber im Haar, möchte man Gold haben!

[1893]

Don Quixote

Ich liebe! Liebe rein, unschuldig, uneigennützig und — absolut monogam.

Der Hoberg-Alte

Das heißt, er möchte der einzige sein.

Don Quixote

Pfui, schäme dich, Schmied, Riese, oder wie du dich sonst zu nennen beliebst!

Der Hoberg-Alte

Und wird die heilige Flamme erwidert — uneigennützig — absolut monogam?

Don Quixote

Ja, siehst du, das weiß ich nicht! Aber darin besteht gerade der Zauber.

Der Hoberg-Alte

Oder der Reiz. Und Rosinante?

Don Quixote

Das Ziel meiner Wünsche vertrug den Stallgeruch nicht, und demzufolge —

Der Hoberg-Alte

Wie sieht es denn aus, dieses Ziel Eurer Wünsche, oder richtiger Eures Begehrens?

Don Quixote

Ich habe die Angebetete nie gesehen! Doch ich hörte sie, hörte sie sogar auch beschreiben.

Der Hoberg-Alte

Ist sie schön?

Don Quixote

Was kümmert das dich?

Der Hoberg-Alte

Ich finde, daß Ihr Euch in sehr ungeziemender Weise ausdrückt, Ritter, und ist's Euch gefällig, so brechen wir eine Lanze miteinander.

Don Quixote

Es gab allerdings eine Zeit, da ich mich mit Riesen schlug, darüber bin ich jedoch nunmehr hinaus, und hast du nichts dagegen, so scheiden sich unsere Wege.

Der Hoberg-Alte

Ihr weigert Euch also, mir Genugtuung zu geben?

Don Quixote

Ja, ich will überhaupt nichts mit dir zu schaffen haben. Du bist mir zu groß! Leb wohl! — Sancho!

Siebente Szene

Die Vorigen. Sancho Pansa.

Der Hoberg-Alte
Also auch ihm bin ich zu groß!

Don Quixote
Wieviel hast du für die Stute bekommen?

Sancho
Sechsunddreißig Taler, gestrenger Herr!

Don Quixote
Her damit!

Sancho (sucht in seinen Taschen)

Don Quixote
Du hast sie vertan!

Sancho
Ich habe sie deponiert.

Don Quixote
Her denn mit dem Depositenschein.

Sancho (sucht in den Taschen)

[1896]

Don Quixote

Du hast nie einen besessen. Ja, du bist ein schlechter Mensch, aber bei allen deinen Gaunereien steckt eine gewisse Ehrlichkeit in dir, die ich zu schätzen weiß, weshalb ich dir denn, wie nicht minder in Anbetracht meiner Liebe, verzeihen will. Folge mir nun, und wandern wir weiter. Doch hinaus aus dem engen Tal, hinauf auf die Höhen, Sancho! Auf die Höhen!

Sancho

Ach, also wieder auf die Höhen! Und dann wird es wieder ins Tal hinunter heißen?

Don Quixote

Alle Vorwärtsbewegung geht der Welle gleich, erst hinauf, dann hinab, und nur durch Veränderung läßt sich ein fester Halt gewinnen, sagt der weise Konfuzius.

Sancho

Gewiß, ein verteufelt kluger Mann! Allein, obgleich ich mich stets in Krümmungen bewegte, habe ich den festen Halt im Leben immer noch nicht finden können.

Don Quixote

Vorwärts, Sancho, vorwärts!

Sancho

So schwanken wir denn in Gottes Namen weiter! — Gehen Euer Gnaden gefälligst voran. (Sie gehen.)

[1897]

Achte Szene

Der Hoberg-Alte. Dann Die Liebhaberin.

Der Hoberg-Alte

Wie gräßlich hier zu sitzen und so groß zu sein,
Da niemand Umgang pflegen will mit Recken.
Das können auch die Ammen, Kinder schrecken,
Und schließlich glaubt an Riesen weder Groß noch Klein.

(Die Liebhaberin tritt auf.)

Haha! Da kommt mit frecher Stirne,
Die jüngst so schmählich mir entrann.
Nun will ich imponieren dieser Dirne,
Und augenblicks ist sie mir untertan! —

Hör', meine Schöne, die im Tal du wandelst:
Ich bin der Größte, den's auf Erden gibt.
Willst mein du sein, so trägst du goldne Krone
Und sitzt im Bergessaal auf meinem Throne.

Die Liebhaberin

Nicht paßt für meine Stirn die Krone, Riese,
Und auch dein Bergschloß ist zu groß für mich!

Der Hoberg-Alte

Ha, du bist stolz, du kleine Schlange,
Verschmähst den Riesen, weil er häßlich ist.

Die Liebhaberin

Das nicht, doch weil du auf das pochst,
Was andre sich gleich einer Gunst erbetteln.

[1898]

Der Hoberg-Alte

Ich bettle nie, das ist mein Stolz,
Und ford're ich, so geb' ich voll zurück.

Die Liebhaberin

Was könntest du mir geben, die nichts sich wünscht,
Da Liebe unter deinen Schätzen fehlt?

Der Hoberg-Alte

So fahr' zur Hölle, störrisch Weib,
Das einst ich aus dem Schmutze zog.
Ich seh' nun, wie in schönem Leib
Ein fauler Kern mich gleißend trog!
Mag Liebe denn in Haß sich wenden,
Und mag die Sage nun mit grausem Schrecken enden!

(Starkes Getöse. Felsen stürzen herab und verschütten die Kirche, den Pfarrhof und das Tal. Der Hoberg-Alte wird mitten auf die Bühne vorgeschoben, wo er einsam auf den Trümmern sitzt, unter denen die Liebhaberin begraben wird.)

Neunte Szene

Der Hoberg-Alte. Der Arzt (tritt auf).

Der Arzt

Nun, Riese, wie verbringst du deine Zeit?
Befindest du dich wohl in deiner Stellung?

Der Hoberg-Alte

O schauerlich, so auf Ruinen sitzen
Und einsam brüten über sein Geschick!

[1899]

Der Arzt

Das sprichst du wahr. Nun graut dir selbst,
Da alles du zerschmettert und zerstört.
Aus grünem Tale schufst du eine Wildnis,
Zerstörtest freventlich der Kleinen Glück,
Die Freude fanden an dem Schlichten, Kleinen ...

Der Hoberg-Alte

Ja, schwatz' nur zu; ich glaube doch, die Zwerge,
Sie hätten's ebenso gemacht.
Ja, wärst du selbst hier auf der Höhe ...

Der Arzt

Das bin ich; ja und höher noch.
Vergißt auch du, daß nur durch mich
Du thronest, wo du thronst!

Der Hoberg-Alte

Das woll'n wir sehn. Stürz, Berg, hernieder!
    (Es poltert im Berge, doch lockert sich kein Stein.)

Der Arzt

Ja, poltre nur, das rührt mich nicht,
Ist der Effekt doch abgebraucht.
Doch gibst du gute Worte, läßt sich reden,
Und Freunde sind wir wie vordem.

Der Hoberg-Alte

Ja, Doktor, eh' ich sitze bis zum Jüngsten Tag,
Ergeb' ich mich und bitte um Pardon.

[1900]

Der Arzt

(schleudert eine Kugel gegen den Hoberg-Alten, der unter zuckenden
Blitzen seine Form verliert, worauf der Schmied hervortritt)

Bist endlich nun zufrieden, armer Tor,
Nachdem du auf den Höh'n gesessen,
Geseh'n wie klein es ist hier unten?
Fand'st du im Lebensgarn des Fadens Anfang?
Genügt dir das, was du gelernt?
Nein, du bist mißvergnügt, nichts ist dir recht,
Und darum will ich dich zum Lande führen,
Wo nichts zu wünschen übrig bleibt, sag', willst du?

Der Schmied

Aus dieser Welt der Mängel und Gebrechen
Laß ich mich gerne führen, Herr; doch eins!
Nicht einsam will ich wieder wandern.

Der Arzt

Du hast ja mich, den Ritter, den Apostel!

Der Schmied

Ja, ja! Doch fühlt der Mann sich stets allein,
Fehlt ihm ein Weib!

Der Arzt

Oho! Oho!
Wie lang ist's her, daß du sie steinigtest.
Die Niederste der Niedern in ihr sah'st?

[1901]

Der Schmied

Mich reut es tief, könnt' es was helfen!
Sie war die Beste von den Besten,
So stolz, so von Berechnung frei,
Nicht machtverliebt noch feil für Gold . . .

Der Arzt

So scheint dir's jetzt, seit sie gestorben ist,
Doch wenn sie wiederkäme, sprächst du anders.

Der Schmied

Versuch' es nur, und Besserung gelob' ich.

Der Arzt

Versuchen wir's denn noch einmal — — —
Laß nun in jenes sel'ge Land uns wandern,
Wo man für sich nicht lebt, nur für die andern,
Wo Stube ist der Wald, die Wiese Saal,
Wo in den Bächen Milch und Honig fließen,
Wo dir ins Maul gebrat'ne Tauben schießen,
Wo nie ein Tag durch Müh' und Plag' zu lang,
Das Leben eitel Tanz und nur Gesang,
Das als Schlaraffenland bekannt,
Die Pforte öffnet uns dies Wunderland.

[1902]

Vierter Akt

[1903]

(Eine Landschaft im Schlaraffenland. An den Bäumen hängen allerlei Eßwaren, Früchte und dergleichen. Drei Bäche kommen aus dem Hintergrunde hervor. In dem einen fließt Milch, in dem andern Honig und in dem dritten Sirup. — Mit der leichten bunten Tracht wilder Volksstämme bekleidete Menschen liegen schlafend oder schlummernd der Länge nach hingestreckt. In der Mitte der Bühne ein niederer römischer Speisetisch mit Ruhebetten ringsum. Rechts ein Ziehbrunnen, der gesperrt und oben mit einer königlichen Krone versehen ist. Der Däumling und Aschenbrödel liegen am Sirupbache.)

Erste Szene

Sancho (tritt auf)

Sancho

Welch ein gesegnetes Land, welch ein glückliches Volk! Nun bin ich volle acht Tage hier, und noch habe ich keinen mißvergnügten Laut gehört; nichts von Opposition, nichts von Steuern, nichts von Polizei! Tag und Nacht gleich lang: am Tage scheint die Sonne, bei Nacht der Mond. Gebratene Tauben fliegen in den Mund, Milch und Honig fließen. O, es ist alles so vollkommen, daß es einen rasend machen könnte! Ein Hagelschauer, ein Donnerschlag, eine kleine Überschwemmung dort und da, würde in dieses verschlafene Volk doch etwas Leben bringen! — Ein träges Volk, das sich wund liegt und an Magenkatarrhen leidet! Wenn ich nur zu entdecken vermöchte, wie ich in diese schlafenden Gemüter auch nur das winzigste Samenkörnchen Unzufriedenheit säen könnte. Ritter Don Quixote, der hier sein Ideal und seinen Idealstaat wiedergefunden hat, ist Staatsminister geworden, nachdem er anderwärts der prinzipiellen Opposition angehörte. Nun ist er natürlich ein eifriger Gegner aller und jeder Neuerung!

Das Volk (regt sich ein wenig auf)

Sancho
Gibt es gar niemanden, der einen noch so geringfügigen Grund zur Unzufriedenheit hätte?

Einer aus dem Volk
Womit sollten wir unzufrieden sein?

Sancho
Mit einer Bagatelle! — Mit allem! — Dem Bestehenden!

Einer aus dem Volk
Etwas einförmig ist's freilich!

Sancho
Ei, sieh doch! Das Essen ist gut, die Wärme wohlig, der Schlaf exzellent! Vielleicht daß es Euch an Arbeit fehlt?

Das Volk
Ja, Arbeit!

[1906]

Sancho

Schön! Eine kleine Arbeiterfrage als Anfang. — Gibt es nicht sonst noch etwelche kleine Mängel in Regierung oder Verwaltung, denen allerdings nicht abzuhelfen ist, die sich aber gerade dadurch als dauernd wertvoll herausstellen könnten? Däumling, du bist doch sonst voller Finten! Fällt dir nichts ein?

Däumling

Herr Waffenträger! Meine Unbedeutendheit, meine geringe Herkunft —

Sancho

Bravo! Du dokumentierst dich sofort als Ministerkandidat!

Däumling

— Sowie meine vollkommene Unkenntnis in bezug auf staatliche Angelegenheiten, veranlassen mich die Frage aufzuwerfen, ob wir denn in einem privilegierten Gemeinwesen leben oder nicht, und zwar auf Grund eines Sachverhalts, der schon längst den öffentlichen Unwillen hätte auf sich ziehen sollen.

Sancho

Was ist dies! Sprich, Engel!

Däumling

Bemerkt das Volk denn nicht, daß der Brunnen gesperrt ist und obendrein noch von einer Königskrone verunziert wird?

Sancho

Ha! Eine Kabinettsfrage, die leicht mit einer Ministerkrise endigen kann! — Was sagt das Volk zu dieser Verletzung der verfassungsmäßig gewährleisteten Grundrechte?

Das Volk (ermuntert sich)

Sancho

Das Volk erwacht! Die Opposition hat sich gebildet, und ich eile, eine Interpellation an den Staatsminister zu richten.

Zweite Szene

Die Vorigen. Don Quixote

Don Quixote

Ist dies nicht der ideale Staat, Sancho? Siehst du, daß das Ideal denn doch auf Erden zu finden ist, was du stets in Zweifel zogst! O, beglücktes Land, o, beglücktes Volk! — Wenn mir nun noch vergönnt wäre, mein Ideal, mein Liebesideal zu schauen, ich würde mit Freude und mit grauen Haaren in die Grube fahren!

Sancho

Das wäre auch das Ratsamste, Euer Gnaden, denn seine Ideale soll man nicht überleben!

[1908]

Don Quixote

Sehr wahr, Sancho! Doch was hat sich während meiner kurzen Abwesenheit hier zugetragen? Das Volk schläft nicht mehr!

Sancho

Nein, das Volk erwacht!

Don Quixote

Wer hat es aus seinen süßen Träumen geweckt?

Sancho

Der Zeitgeist, das Klassenbewußtsein und — ich!

Don Quixote

Warum tatest du uns das? Denn der da schläft, sündigt nicht, und im Schlafe kommen uns die schönsten Träume! — Was wünscht das Volk?

Sancho

Als Führer der Opposition liegt mir die schmerzliche Pflicht ob, die Wünsche des Volkes dessen erleuchtetem Diener vorzutragen!

Don Quixote

Was wünscht das Volk?

Sancho

Arbeit!

[1909]

Don Quixote
Arbeit? Wo soll ich die hernehmen?

Sancho
Ja, seht, wenn wir dies wüßten, so wäre die Frage gelöst!

Don Quixote
Und es ist dir ja gar nicht darum zu tun, daß sie gelöst werde! Du Schelm!

Sancho
Zugleich bekundet sich eine allgemeine Unzufriedenheit betreffs des privilegierten Brunnens, der verschlossen gehalten wird und überdies im Widerstreite mit der geltenden Verfassung des Reiches mit einer Königskrone versehen ist.

Don Quixote
Gut! Liegt noch etwas vor?

Sancho
Für den Augenblick nicht.

Don Quixote
Gut! Die großen Fragen sollen im Zusammenhang gelöst werden. Ich werde bei dem königlichen Landesherrn über die Angelegenheiten Vortrag halten.

(Ab.)

Dritte Szene

Die Vorigen. St. Peter

St. Peter

O, welch wonnigliches Reich! Sollte ich nun wirklich an das Ziel meiner Wanderung gelangt und dies das Himmelreich sein? — Doch ich habe keine Pforte gesehen!

Sancho

Hast du sie nicht gesehen? Sie stand ja sperrangelweit offen.

St. Peter

Ach, ist das nicht der widerwärtige Sancho Pansa? Nein, wenn der da ist, kann das nicht das Himmelreich sein!

Sancho

Du glaubst also nicht an den bußfertigen Schächer? Komm her, Däumling, und bring den Fisch sowie das Augenglas zur Stelle, damit der Prophet sich überzeugt, daß er sich in guter Gesellschaft befindet. Komm hervor, Däumling!

Däumling (zu Sancho)

Das sollst du mir entgelten. (Zu St. Peter, dem er den Fisch und das Glas übergibt.) Hier habt Ihr den Plunder, den ich auf einem Tisch unter einer Linde gefunden.

St. Peter

Ah, mein Symbol!

Sancho

Sind das deine Augengläser?

St. Peter

Und meine Brille!

St. Peter (betrachtet die Szenerie durch sein Augenglas)

Hm! Mich dünkt, es sieht hier so weltlich aus! Auch die Mienen der Leute entsprechen meinen Vorstellungen nicht! Nein! Hier ist sicherlich nicht das Himmelreich!

Sancho (zum Däumling)

Der Alte hat dich und deine Dieberei total vergessen. Gratuliere dir!

Vierte Szene

Die Vorigen. Der König (der Schmied) und die Königin (die Liebhaberin)

König (zur Königin)

Hier ist der Himmel, ja, und deine Augen
Sie spiegeln ihn so blau, so licht!

Königin

Es ist das nicht der Widerschein des Himmels,
Nein, deines eignen liebevollen Blicks!

[1912]

König

Der sich am hellen Feuer deiner Tugend,
An deiner Schönheit sich entzündet hat ...

Königin

Ihn zeugte deiner Milde Majestät,
Wie ihn auch nähret deine Güte, König!

Fünfte Szene

Die Vorigen. Don Quixote

Don Quixote

Eure Majestät sollten einen Entschluß fassen, denn die Flamme des Aufruhrs wächst und droht um sich zu greifen.

König

In welchem Maße? Du siehst immer alles im Großen, Don Quixote. — Um was handelte es sich doch? Ja, richtig, das Volk begehrt Arbeit, und das Volk begehrt eine Abänderung beim Brunnen! Und du siehst dich also nicht imstande, diese Fragen in ihrem Zusammenhange zu lösen?

Don Quixote

Nein, Eure Majestät!

König (zur Königin)

Verzeiht, liebe Königin, aber ich muß ein wenig regieren, um zu Tische Appetit zu bekommen! — (Zum Volke.) Gibt es jemanden hier, der diese Nuß mit einem Griff zu knacken vermag, so soll er Staatsminister werden!

Sancho (reckt die Hand in die Höhe)

König

Sancho! Nun wohl, so sprich! Aber sprich weise, und vor allem, kurz!

Sancho

Ich hab' mir die Sache so zurechtgelegt, nichts für nichts, und etwas gegen etwas! Die Mißvergnügten stehen von ihrer Forderung nach Arbeit ab, dafür wird der Brunnen der allgemeinen Benutzung überlassen.

König

Sehr schön! Man pflegt das einen Kompromiß zu nennen!

Don Quixote

Weißt du denn aber auch, Waffenträger, ob die Mißvergnügten auf den Kompromiß eingehen?

Sancho

Was? Man ladet die Opposition zu einem Korruptionsdiner und verleiht dem Führer ein Portefeuille.

[1914]

Don Quixote
In diesem Falle sehe ich mich genötigt, mein Mandat in die Hände Eurer Majestät zurückzulegen. Ich trage das Bewußtsein davon ...

Sancho
Doch nicht den Sieg!

König
(hebt die Krone von dem Brunnen und reicht Sancho den Schlüssel)

Hier ist der Schlüssel zum Düngerbrunnen! Pumpt nun, Leutchen! Doch gebt acht, daß ihr euch nicht bespritzt!

Das Volk
Ei!

König
Nachdem der Grund zur Unzufriedenheit nunmehr behoben ist, hoffe ich, du wirst gut regieren, Sancho, auf daß das Land künftighin vor Zerwürfnissen bewahrt bleibe.

Sancho
Eure Majestät! Da nunmehr aller Anlaß zur Unzufriedenheit hinweggeräumt ist, wird das Volk alsbald wieder in jene beseligenden Träume gelullt sein, aus denen es jüngst in so unliebsamer Weise aufgestört worden ist! Schlummere, Volk!

(Er macht mit den Händen einige hypnotische Gebärden.)

König
Ist das ein Staatsmann, dieser Sancho! Ist das ein Staatsmann! (Ab mit der Königin.)

III

[1915]

Sechste Szene

Die Vorigen (ohne den König und die Königin)

Don Quixote
Du bist ein Schurke, Sancho!

Sancho
Der König bediente sich des Wortes Staatsmann in einem ganz anderen Sinne!

Don Quixote
Bist du nun zufrieden?

Sancho
Nun bin ich zufrieden!

Don Quixote
Müssen aber deshalb auch schon alle andern zufrieden sein?

Sancho
Ich hoffe, sie sind es bereits! Ich weiß, daß sie es sind!

Das Volk
(das der Däumling unter der Hand bearbeitet hat, beginnt zu lärmen)

Sancho
Weshalb lärmt das Volk?

[1916]

Däumling

Die allgemeine Unzufriedenheit, das Klassenbewußtsein, der Zeitgeist und ich, wir haben uns in unsern — Wünschen dahin geeinigt ...

Sancho

Womit seid ihr unzufrieden?

Däumling

Mit allem! Mit dem Bestehenden, dem Gegenwärtigen und Zukünftigen!

Sancho

Das ist doch merkwürdig, daß man nie und nimmer zur Ruhe kommen kann, daß es ewig nur Hader und Unzufriedenheit geben muß! Wolltet ihr mir nur gehorchen, nur tun, was ich euch sage, der Himmel wäre auf Erden! Du bereitest mir Kummer mit deinen übertriebenen Forderungen, Däumling, schweren Kummer! Das Volk hatte es so gut, als es nur immer wünschen konnte: weshalb es unglücklich machen?

Das Volk (lärmt)

Don Quixote

Jetzt kehrt sich der Spieß gegen dich, Spitzbube!

Sancho (zum Däumling)

Was begehrt denn aber das Volk? Detailliere! Detailliere!

[1917]

Däumling

Ja, seht, einige möchten den Brunnen gesperrt haben!

Sancho

Hat man nicht eben erst verlangt, daß er geöffnet werde?

Däumling

Jawohl! Wieder andere wünschen eben auch, daß er geöffnet sei!

Sancho

Alle Wetter! O, du kleiner, großer Schelm! Ich beuge mich vor dem Meister, der die Parteien ins Leben rief.

Däumling

Teile und herrsche!

Siebente Szene

Die Vorigen. König (und die) Königin

König

Was gibt es nun wieder?

Sancho

Eine Ministerkrise! Der Parteigeist ist los!

König

Sei den Parteien zu Willen!

[1918]

Sancho
Es ist nicht möglich, beiden Parteien zugleich zu Willen zu sein!

König
Nein, das ist freilich nicht möglich! Ist es der Brunnen, der wieder spukt? — Wißt ihr was, Leutchen, ich geh' jetzt meiner Wege!

Königin
Nein, du mußt bleiben!

König
Ich muß? Was redest du da?

Königin
Welche Sprache! Welcher Ton!

König
Du willst mir wohl meine niedrige Herkunft vorrücken, daß ich ein Schmied war. Da muß ich dich doch daran erinnern, was du gewesen! Was bist du! (Regt sich mehr und mehr auf.) Dirne, Metze! (Er schlägt mit der einen Hand auf die andere.)

Königin (sinkt um)
So also liebtest du mich!

St. Peter
Mir scheint, ich bin geradenwegs in die Hölle geraten! (Ab.)

[1919]

(Es dunkelt.)

König (auf den Knien neben der Leiche)
Tot ist sie, o ihr Himmel, sie ist tot.
Du holder Engel, der das Leben mir versüßte!

Sancho
Hier wird es mehr und mehr ungemütlich. Ich geh' jetzt auch, so erspare ich, gegangen zu werden! (Ab.)

Don Quixote
Ich fange an zu glauben, daß, was nie gewesen, das Beste ist. — Dulzinea! — Dulzinea! (Ab.)

Däumling
Weißt du, Aschenbrödel, du bist ein prächtiges kleines Weibchen. Du fällst doch nicht gleich in Ohnmacht, wenn ich gegen dich grob bin, wie diese großen Prinzessinnen!

Aschenbrödel
Nein, da mach ich's besser. Ich geb's zurück!

Däumling
Und bei Geschenken und Gegengeschenken erhält sich die Liebe am längsten. Komm, gehen wir. Mir sind solche Szenen in der Seele zuwider! Hier wäre unstreitig ein gutes Land, aber es ist ein schlechtes Volk, das doch eine beßre Regierung verdiente! (Ab, Arm in Arm mit dem Aschenbrödel.)

[1920]

Achte Szene

König (an der Leiche der) Königin. Arzt. Sankt Peter

König
Unsel'ges Leben, oh, und grimmer Tod!

Der Arzt
Hast wieder 'mal was Schönes angerichtet!

König
Ja, was hab' ich denn eigentlich getan? Kann ich dafür, daß man ihr kein Wort sagen darf!

Der Arzt
Weißt du, Schmied, ich glaube, es ist am besten, daß sie dahin ist. Da schwärmst du immer am meisten für sie. Und Engel werden wir ja doch erst, wenn wir tot sind!

König
Leider, daß dem so ist! Aber nur einmal noch, wenn sie wiederkehrte! Wie wollte ich mich dann zusammennehmen!

Der Arzt
Einmal noch? — Nein! Nie wieder!

St. Peter
Hört, meine lieben Freunde! Aufrichtig gesagt, ich fange an, dieser Wanderung hier herzlich müde zu sein, und wenn ich so sehe, wie der Schmied immer nur Spektakel macht, so fürchte ich, daß wir gänzlich das hohe Ziel aus den Augen verlieren . . .

Der Arzt

Das Ziel? Ach ja, das war das Himmelreich! Wir kommen sicher noch dahin, nur müssen wir eben erst durchs Fegefeuer. Sag, Schmied, bist du der Erdenwanderung auch schon müde?

Der König

Ob ich es bin! War's schier von allem Anfang!
Und seit ich tiefer nun ins Aug' geblickt
Dem Menschen und dem Leben, widert's mich!
Das Große ist mir nicht genügend groß,
Das Kleine wieder dünkt mich allzu klein,
Und hat hier unten man bankrott gemacht,
Dann eben sehnt das Herz sich nach dem Oben!

Der Arzt

Man sagt, der Teufel wird im Alter Mönch,
Verlangt dich etwa nach dem Schoß der Kirche?

Der König

Du hast's vielleicht erraten; in den heil'gen Stand
Wünscht' ich als Knabe schon dereinst zu treten.

Der Arzt

Wohlan, zwei Fliegen schlagen wir mit einem Schlag.
Erhält doch Petrus so des Himmels Schlüssel,
Die dort in Rom verwahrt der heil'ge Vater,
Auf daß er bind' und löse, ihm von jenen
Zum Erbe einst gegeben, die die Kirche
Erbauet auf dem Fels — so heißt es doch?
Auf denn zum letzten Male, über'n letzten Steg,
Es gehet über Rom zum Himmel unser Weg!

(Die Szene beginnt sich zu verändern; der Vorhang fällt.)

[1922]

Fünfter Akt

[1923]

(Eine Kapelle der Peterskirche in Rom. Von den Seiten her Musik und Gesang. Rechts das Erzstandbild Petri.)

Erste Szene

Der Schmied (und) Sankt Peter (treten auf, sie entblößen ihre Häupter)

Der Schmied
Ist's hier aber gewaltig fein! Und dieses hohe Deckengewölbe!

St. Peter
Ja, wahrhaftig, es macht mich ganz befangen!

Der Schmied
Was sollen wir nur sagen, wenn der Papst kommt? Es wird am besten sein, wenn du zuerst sprichst!

St. Peter
Still, mir scheint, er kommt! Nein, das war er nicht!

Der Schmied (deutet auf das Standbild)
Himmel, wen mag das vorstellen! Lesen wir, was darunter steht. P,e,t,r,u,s; Petrus, das bist du ja!

[1925]

St. Peter

Nein, wirklich! Haben sie mich da gar in Bronze abgenommen! Haha! Es sieht mir aber gar nicht ähnlich, scheint mir.

Der Schmied

Oh ja! — Vielleicht, daß das Haar hier etwas voller ist, weißt du?

Zweite Szene
Die Vorigen. Der Papst

Der Schmied

Sieh, da ist er nun! Fall auf die Knie!
(Der Schmied und St. Peter fallen auf die Knie)

Der Papst (bleibt stehen)

Wer seid ihr?

Der Schmied (zu St. Peter)

Antworte du! Ich fürchte mich so sehr!

St. Peter

Ein geringer Diener des Herrn.

Der Papst

Wie heißt du, alter Mann?

St. Peter

Petrus!

Der Papst
Wie noch?

St. Peter
Simon!

Der Papst
Steh' auf!

St. Peter (erhebt sich)

Der Papst
Simon Petrus! Wie seltsam! — Und dein Vater hieß . . .?

St. Peter
Jona, Fischer in Kapernaum!

Der Papst
Wärst du Petrus? (Er bekreuzt sich.) Du bist schon einmal in dieser Stadt gewesen!

St. Peter
Niemals! Achthundert Jahre stand ich vor dem Kölner Dom, in Rom aber war ich noch nie!

Der Papst
Dein Gedächtnis läßt dich im Stich. Hier auf diesem Platze littest du den Märtyrertod, weshalb zur Sühne und ewigen Erinnerung diese Kirche erbaut wurde . . .

St. Peter
Den Märtyrertod litt ich nicht ...

Der Papst
So sagen die Kirchenväter!

St. Peter
Ich bin älter als die Kirchenväter und weiß darüber besser Bescheid als sie!

Der Papst
Und die Dekretalen ...

St. Peter
Ich kenne keine Dekretalen ...

Der Papst
Aber deine eigenen, in höchst vortrefflichem Stile geschriebenen Briefe!

St. Peter
Ich habe keinerlei Briefe geschrieben.

Der Papst
Auf Griechisch im Novum Testamentum?

St. Peter
Als Hebräer verstand ich nicht Griechisch. War ich doch ein armer, ungelehrter Mann, der sich mit Fischerei ernähren mußte!

[1928]

Der Papst

Bist du Petrus, oder bist du es nicht?

St. Peter

Ich bin Petrus, derselbe, den du meinst, Papst!

Der Papst

Der Fels, auf dem die Kirche ruht, als dessen Nachfolger ich bestellt bin?

St. Peter

Ich war kein Fels, nur ein schwankes Rohr. Hab' ich doch in jener denkwürdigen Nacht im Schreck meinen Herrn und Meister verleugnet! Zur Strafe wandre ich denn auch auf Erden, ohne Ruhe zu finden.

Der Papst

Und dies der Grund, auf dem sich die Kirche aufbaut!

St. Peter

Deshalb wackelt sie auch so, kracht in allen Fugen!

Der Papst

Daß du ein Ketzer bist, höre ich, und würde auch den großen Bann über dich aussprechen, wenn ich dich nicht im Verdacht hätte, irgendein entsprungener Tollhäusler zu sein! — Wer ist dieser dein Gefährte da?

St. Peter

's ist nur der Schmied!

[1929]

Der Papst
Welcher Schmied? Was ist sein Begehr?

Der Schmied
Ja, es klingt wohl wie eine Sage, aber eigentlich ist St. Peter hierher gekommen, sich nach den Schlüsseln zum Himmelreich umzusehen —

Der Papst (ruft hinaus)
Sbirre!

Sbirre (tritt auf)

Der Papst
Treib das Gesindel aus der Kirche! (Ab.)

Dritte Szene

Der Schmied. St. Peter. Sbirre

Sbirre
Hinaus!

Der Schmied
Dich nennen sie Gesindel, Petrus!

Sbirre
Hinaus!

[1930]

Der Schmied

Schön! Schön! Ihr wißt nicht, Sbirre, wen Ihr hier die Ehre habt hinauszujagen!

Sbirre

Hinaus! Gesindel!

St. Peter

Was sagst du, was sie alles über mich zusammengelogen haben! Da gehen sie hin und lesen Briefe von mir, die ich nie geschrieben. Aber seien wir demütig, Schmied!

Der Schmied

O, du brauchst nicht demütig zu sein, du, dessen Standbild in der Kirche steht —

St. Peter

Ja, doch! Ich schäme mich! Ich schäme mich!

Der Schmied

Das magst du wohl, und glaube nur ja nicht, daß ich im Schoße einer Kirche bleibe, in der es von Sbirren spukt.

St. Peter

Ich glaub', ich habe mich mein Lebelang dem Himmel nicht so fern gefühlt als eben jetzt.

Sbirre

Hinaus!

[1931]

St. Peter

So geht es einem, wenn man blöde ist und die Wahrheit reden will. (Zum Schmied.) Hinaus? — Jawohl, Schmied, wieder hinaus, zu irren und zu wallen, sonder Rast noch Ruh! Weißt du, woran es uns gebricht, warum wir nicht ans Ziel gelangen?

Der Schmied

Nein.

St. Peter

Am Glauben. Denn nun kommt mir's auf einmal in den Sinn: Der Weg zum Himmel ist der Weg des Kreuzes! Laßt uns das Kreuz aufsuchen!

Der Schmied

Du meinst das Leiden?

St. Peter

Ich meine das Leiden!

Der Schmied

Wohl. Nur dünkt mich, der leide am schwersten, der an nichts glaubt, und doch steht er dem Kreuze am fernsten.

St. Peter

Krieche zu Kreuz, Schmied, und wir werden uns überzeugen! (Gehen ab.)

[1932]

Verwandlung

(Ein Kreuzweg und ein Kalvarium. Steinerner Sockel, darüber Christus zwischen den zwei Schächern am Kreuze, letzteres mit der Rückseite gegen das Publikum.)

Vierte Szene

Don Quixote (sitzt am Fuße des Kreuzes. Der ewige Jude (der Arzt verkleidet), tritt auf, den Kramkasten am Riemen um den Hals.

Jude
Kauft vom ewigen Juden, gestrenger Herr Ritter!

Don Quixote
Was hast du denn noch zu verkaufen, nachdem du deinen Herrn und Meister verkauft hast?

Jude
Manschettenknöpfe und Krawattennadeln, Spiegel und Kämme, Bleistifte und Notizbücher!

Don Quixote
Gib mir einen Spiegel!

Jude
Ist's gefällig?

Don Quixote
Was kostet er?

Jude
Eine Mark!

Don Quixote
Kannst du auf dreißig Silberlinge herausgeben?

Jude
Jawohl!

Don Quixote
Du verstehst keine Satire, Jud'?

Jude
O, ich schon! — Aber der Herr Ritter?
(Er spuckt auf das Geld und steckt es ein.)

Don Quixote
Du spuckst aufs Geld?

Jude
Ja, ich mach' es, wie der Herr Ritter mit dem Juden.
Ihr spuckt ihn an und nützt ihn dennoch aus.

Don Quixote
Für dein schlechtes Gewissen hast du einen merkwürdig guten Humor!

Jude
Wieso?

Don Quixote
Nun, gingst du nicht auch hin und kreuzigtest ...?

[1934]

Jude

O nein, das taten der Römer Pilatus und seine Kriegsknechte, und mußte Pilatus sich auch seine Hände waschen, weil sie nicht rein waren, brauch' doch ich die meinen nicht zu waschen, die rein sind! (Setzt sich.)

Don Quixote

Steh auf! Und geh! Geh, geh, solange die Welt steht, du, der du dem Herrn auf seinem letzten Gange die Rast verweigert hast!

Jude

Sagen, Ritter! Nichts als Sagen! Übrigens, wenn ich tue wie der bußfertige Schächer und um Verzeihung bitte, wird mir dann das Paradies nicht offen stehen?

Don Quixote

Hast du denn um Verzeihung gebeten?

Jude

Ich habe noch mehr getan: ich habe meine Strafe abgebüßt, und nun bin ich müde.

Don Quixote

Setz' dich her, armer Jude, und möge der Schatten des Kreuzes dir Kühlung spenden!

Jude

Wißt Ihr, Ritter, weshalb Judas die dreißig Silberlinge wegwarf und hinging und sich erhängte?

[1935]

Don Quixote

Nein!

Jude

Das Geld war falsch!

Don Quixote

Deine Gedanken drehen sich fort und fort um Geld und weltliche Dinge, und du bist noch weit vom Kreuz.

Jude

Ich will mit Euch nicht streiten, Herr Ritter, und finde es vernünftiger, Eure Meinung zu teilen; so sind wir mindestens in der Hauptsache eins.

Fünfte Szene

Die Vorigen. St. Peter. Der Schmied

St. Peter

Hier, seh' ich, sammelten sich müde Pilger:
Der Ritter nahm den ersten Platz.

Don Quixote

Am Scheidewege treffen wir uns alle,
Allein wir treffen uns nur, um zu scheiden!

[1936]

St. Peter

Du scheinst nun allen Ernstes müde, Ritter!

Don Quixote

Nicht müde bin ich bloß, zusammen brech' ich!
Mein Leben, war es auch nur eine Sage,
Neu leben wird es jegliches Geschlecht,
So lang' die Erde kreist, der Himmel steht,
Die Menschen hinter Truggebilden jagen,
Solange man nichts lernt und nichts vergißt,
Wird Don Quixote weiter leben
In Jünglings Torheit, Mannes Klugheit!
Fahr' wohl, du Welt, voll grimmen holden Trug's!
(Sinkt nieder.)

St. Peter

Der edle Ritter, er ist tot!

Jude

            Und lebt doch!
Er hielt sich selbst die beste Leichenrede,
Wie keiner sie ihm besser halten konnte. —
Doch sieh', mich dünkt, daß auch St. Peter
Sein müdes Haupt zur Ruhe neigt.

St. Peter (hat sich niedergesetzt und scheint schläfrig)

Der Plag' und Mühen bin ich nunmehr satt,
Und ohne Klage geh' ich aus der Welt,
Denn nicht auf Erden findest du den Himmel,
Nur dessen Pforte — die da heißt der Tod!
(Stirbt.)

[1937]

Sechste Szene

Der Jude ([der Arzt] läßt die Verkleidung fallen). Der Schmied

Der Schmied
(will sich setzen, wird jedoch vom Arzte zurückgehalten)

Der Arzt
Nein, nein! Du darfst dich noch nicht setzen,
Zur Hälfte kaum verstrichen ist dein Leben.

Der Schmied
So warst das du? — Dann laß uns scheiden,
Denn ich will ruhn hier in des Baumes Schatten,
Und deine Wege, nie verstand ich sie.

Der Arzt
Es ist gut ruhen nicht im Schatten solcher Bäume,
Auch leg' auf andrer Schultern nicht dein Kreuz,
Das ist bequem, doch führt es nicht ans Ziel,
Steh' auf und trage selbst es bis ans Ende.

Der Schmied
Das tat ich auch, und hier ist nun das Ende.

Der Arzt
Nein, hier!

Verwandlung
(Das Innere der Ruinen des Turms zu Babel. Galerien und Gänge. Im Hintergrunde eine große Nische. Rechts eine Leiter, die auf halber Wand aufhört. Mitten im Raume ein Tisch, über den eine zierliche Decke gebreitet ist. Unter derselben ein Korb.)

Der Schmied
Wo bin ich hier? — Ist das die Unterwelt?

Der Arzt
Das nicht. — Doch in dem Turm zu Babel bist du.
Der Sage doch gedenkst du aus der Jugend,
Wie einst die Menschen sträflich sich vermaßen
Und in den Himmel klettern wollten,
In Turmesform sich eine Treppe bauend?
Die Götter — nein, hm, Gott vertrug das nicht,
Und er zertrümmerte den stolzen Bau.

Der Schmied
Weshalb ihn heut nicht wieder auferbaun,
In diesen Tagen, da wir nachgeahmt
Den Blitz, hinan zum Himmel segeln,
Herniedersteigen auf des Meeres Grund
Und durch den Draht mit fremden Ländern sprechen.

Der Arzt
Du Himmelsstürmer, lebst du immer noch?
Sieh hier im Bilde deine ältsten Ahnen!

Phantasmagorien
(auf weißem Grunde in der Tiefe der Nische)

Der Arzt
1. Ikarus
Hier sieh, wie Ikarus sich Flügel bildet,
Um zu der Sonne sich emporzuschwingen,
Sie aber schmolz das Wachs im Mechanismus,
Und den Entflügelten verschlang das Meer.

[1939]

2. Prometheus
Hier ist Prometheus, wohl der Kuckuck
In deiner Himmelsstürmer Schar,
Im übrigen verwandt dem Riesen,
Du denkst doch sein? Willst lieber ihn vergessen! —

3. Jakob ringt mit Jehova
Hier sieh den Patriarchen Jakob,
Der kämpfen wollte wider seinen Gott
Mit dem Erfolge, den die Bibel lehrt. —
Wünschst du noch mehr zu sehn, so sprich!

Der Schmied
Ich sah genug, hab's auch verstanden!

Der Arzt
Bist also du des Himmelsfluges satt!
Wohlan, zurück denn auf die Erde!

Der Schmied
Ein Wort noch! Diese Leiter hier?

Der Arzt
O, das ist die berühmte Jakobsleiter.

Der Schmied
Auf der die Engel steigen auf —

Der Arzt
                      Und nieder!
Bei Gott, es läßt dich noch nicht ruhn,
Dem Himmelswahne nachzujagen!

[1940]

Der Schmied
Der steckt in einem, wie die Sünde selbst!

Der Arzt
Kein Wunder das! Demselben Baum
Entsproß er wie die Sünde.
Wohlan, klimm auf, versuch' die Leiter,
Und trägt sie dich nicht himmelan,
Steht sie doch fest auf Erden.
Nun scheiden wir, doch eh' du gehst,
Nimm hier die kleinen Angedenken
Von ihm, der dich geführt ins Sagenland.
Am Herbstesabend, da mit deinem Gram
Der Regen draußen um die Wette weinte,
Zog ich aus meinem großen Korb
Des Spielzeugladens beste Waren,
Gebrauchend sie nach Zauberart.
(Während des folgenden nimmt er Spielsachen und Märchenbücher
aus dem Korbe und legt sie auf den Tisch.)
Hier sieh' den Riesen, greulich anzuschaun,
Der Felsen schleudert und die Kleinen schluckt.
Da haben wir den winz'gen Däumling,
Der Riesen fräße, käm' er ihnen bei,
Und seine treue Gattin Cendrillon.
Sieh hier die Sagen mit den hübschen Bildern,
Den Ritter Blaubart mit den Frauen,
St. Peter, der auf Erden wandelt,
Ob er auch lang schon, lange tot,
Den Schuster aus Jerusalem, Schlaraffenland — — —
Laß dir's genügen und trag's heim den Kindern.

Der Schmied
Was soll der Hohn, der grausamer denn all die Bilder?

Der Arzt
Nie sprach ich je ein wahrer Wort! —
Steig auf die Jakobsleiter dort,
Und du wirst sehn — mag's gar nicht mit anschaun,
Dort wirst zu allererst du sehn
Die Schmiede und dein Kämmerlein;
Drin an der Wand drei kleine Bettchen.

Der Schmied
Die Räume will ich niemals wiederschaun!

Der Arzt
Und in der Kammer findest du Bekannte!
Doch glaub' nur nicht, der Himmel falle nieder,
Und daß auf Leitern seine Engel wallen.

(Die Kinder des Schmiedes erscheinen in der Nische.)

Der Schmied
O, meine Kinder!

Der Arzt
Nun geh' ich fort,
Denn meine Zauberkunst vermag hier nichts.
Bau nun ein neues Himmelreich dir selbst,
Glaub' denen nicht, die mit den Schlüsseln klappern,
Vertrau' der Wirklichkeit und nicht dem Schein,
Bau keinen Babelsturm; er stürzt dir ein.

(Der Vorhang fällt.)

(Schluß.)

[1942]

Max Herrmann
Empörung · Andacht
Ewigkeit

Kurt Wolff Verlag · Leipzig

[1943]

Bücherei „Der jüngste Tag" Band 49
Gedruckt bei Dietsch & Brückner in Weimar

[1944]

Erkenntnis ist ein Wald von Schnee

Erkenntnis ist ein Wald von Schnee um meine Stirn.
Ich stehe still. Tatkraft zerbricht unter der Last.
Zermalmter Zweig. Bin ich für immer ungebetner Gast
und muß ein Leben lang von fremder Tür zu fremder Türe
irrn?

Im Sonnenaufgang stirbt mein Stern. Ein See
von blauer Seele gibt sich einem Berg verkrümmten Dunkels hin.
Ich weine selbstgefälliges Mitleid. Ängste mich nach einem
Sinn,
der leuchtend leitet durch den endlos aufgetürmten Wald
von Schnee.

Ich halte meine Hände unbewußt wie zum Gebet
für einen fremden Mann, für eine fremde Frau.
Ich zwinge mich zur Lust ... zum Ernst ... und ich verblasse grau
ein wesenloser Schatten, der von seinem lang schon toten
Herrn in wesenloser Zwietracht geht ...

Denn Liebe wird Verleumdung. Zweikampf prallt aus
Glück.
Kein Leichtsinn singt Verlorenes zurück.
Dies starb: Frommsein, voll Heiterkeit, in allem ohne
Sünde wider dich und mich.
Jeder fühlt bei jedem Schritt im Herzen der einen unvergeßlichen Sekunde Messerstich.

[1945]

Immanuel leidet in der großen Stadt

In die große Stadt mochte Gott nicht mit mir gehen:
er hat mich bis an die Grenze gebracht; am Kreuz mit dem
    goldbeschriebenen Stein,
das ihm mein Vater auf unserm Felde weihte, blieb er
    plötzlich stehen,
gab mir noch ein Lied seiner Augen zum Geleite, schwand
    ins Geriesel der Silberpappel und ließ mich
    allein. — — —

Aber hier ist immer ein Flackern auf Tennisplätzen,
kommt immer abends aus Gartenbühnen der Stimmen
    Sturz;
Hunde (ach mein sehr geliebter Wolf daheim!) nicht mehr
    als einer Tapete Fetzen
unbeachtet vorbeigeweht, und jedes Bild und Zeichen so
    herzzerreißend kurz!

Willst du dich einem hingeben, steigt vom andern
schon der Schein herauf und leuchtet und blitzt — und zer-
    stiebt . . .
Tausend Gesichter hat meine Stube, immer entblößt sich
    eine neue Scham, und ich muß ewig wan-
    dern,
o warum verließ mich Gott, der die Dinge deutlich machte,
    daß er jede Geste mit ihrer eignen Güte
    nahm und festhält und unverlierbar liebt!

[1946]

Letzter Notschrei

Alle Dinge tun
meinem Kopfe weh:
Klappern am Buffet
und des Ventilators Lärm-Taifun.
Wie die Zeitung schmal
ist und allzu klein:
wär' so gern allein
hinter einer Larve im Lokal!
Essender Geschmatz,
Winke, mir geschickt,
wie ein Spitzel blickt,
zielen feindlich feig nach meinem Platz.
Des Klavieres Klang
und der Kellner dreist
lauernd und ein feist
böser Bürger — ach wie bin ich krank!
Gänge sind Gefahr,
Dolche stehn versteckt,
und nach Giften schmeckt
alles, und entsetzlich welkt mein Haar!
Meine Stube schreit
wie ein sterbend Kind.
Alle Dinge sind
Mörder! Und die Heimat liegt so weit!
Alles ist verspielt —
was verweil' ich noch? —
Daß die Mutter doch
meinen armen Kopf in ihrem lieben Schoße hielt!

[1947]

Keiner Seele darf ich Antwort geben
(Dem lieben, guten Fritz Grieger)

Ihr im Sommer leeren Dächer, Dielen,
Höfe, und ihr weißen Villen, deren
schöne Fraun und Herrn an fernen Seen
mit der Lässigkeit des Freiseins gehen;
Bühnenhäuser, ausgebrannt wie Gruben;
und ihr grün verstummten Vorstadtstuben,
wo jetzt Stieglitze Verstecken spielen;
Schulen, die in Ferien verwildern,
Staub auf Bänken, Tafeln, Kaiserbildern,
o wie lehnt ihr arm in eurer Leere,
jede stöhnt: „Wie ich Getrieb entbehre!
Wo sind meiner flinken Schwärme Füllen,
daß sie mich in lauter Wärme hüllen,
daß sie mich mit ihrem immer wachen
Atemwind zu einer Harfe machen?"
Ach, den Glocken auf den Korridoren
ist die strenge Stimme wie erfroren,
und die Geige hat Gefühl und Jung-Sein
und die Uhr ihr Augenlicht verloren,
und der Treppen frühes Auf-dem-Sprung-sein
hängt wie umgebracht und ungeboren!

O wie fühl ich eure arme Leere
tief im Herzen mit und dieser bangen
langen Weile laue Sonntags-Schwere!

Und der Barren und die Kletterstangen
und der lustige Rundlauf sind Gespenster
wie die Furcht der lautlos starren Fenster,
die zuvor wie Morgenwälder sangen,
wenn das Lineal verstohlen Takt schlug

[1948]

und das Pfeifen auf dem Federkasten
einen Träumer zur beglänzten Schlacht trug ...

Wie vergeh ich im erzwungnen Fasten
der Buffets und ungedeckten Tische,
wo die hellen Frauen rastend saßen
und mit schmalen Gesten tastend aßen,
und im Garten sterben eure Fische,
denen Fremde gutzutun vergaßen!

Wie vergeh ich mit den leeren Stühlen
der Parkette und der Logen-Lücken,
und im Staub, wie eingestürzte Brücken,
Trümmern so geblieben von Kulissen
und Maschinen jäh gehemmt wie Mühlen,
deren Rad mit Eins auf Halt gerissen!

Wie vergeh ich mit den Sofakissen
und den Vasen und dem Aschenbecher
hinter den geschloßnen Jalousien —
wann wird wieder heimlich an gewissen
Sonntagnachmittagen Schal und Fächer
bei euch sein und jemand auf euch knien,
wann Beschwörung immer schwüler, wilder
und verwirrter Zärtlichkeit Geraun
rinnen über Spiegel, Buch und Bilder
und euch wieder in das Leben baun?

Wie vergeh ich grau in eurem Graun!

Aber ihr seid nur für kurze Zeit
leichthin weggelegt und fast vergessen,
nur für Wochen sachte eingeschneit,
ihr habt Pflicht und Werk besessen,

[1949]

und es wird euch immer wieder werden,
wenn mit weichen Wiederkehr-Geberden
sich Willkommenkränze wehend winden
und die ausgeruhten, muntern Füße
euren Fliesen flinke Tänze finden,
und die alten guten Morgengrüße
und die alten guten Schluß-Choräle
wieder Glied an Glied zur Kette binden.

Wie beneid' ich eure lauten Säle!

Denn ich bin ein ganzes banges Leben
hilflos leergelassen und verschüttet,
keiner Seele darf ich Antwort geben,
keinem Lied im gleichen Echo schweben,
keine müde Schwester betten, keiner
Dürstenden den Krug zum Munde heben;
niemand, wär' er noch so wüst zerrüttet,
der vor meinem Haus um Obdach bittet,
niemand, der mich „lieben Lehrer" nennt!
Ungenützt verkümmern meine Gaben,
weder Sommer darf, noch Herbst ich haben,
und wie junges, grünes Gras verbrennt,
geh' ich ungeerntet aus als einer,
der die eignen Kinder nicht erkennt.

[1950]

Mein Herz ist leergebrannt — — —

Mein Herz ist leergebrannt. — Den Herbstwind treibt
trostlose Sehnsucht durch die welken Wege. —
Jetzt weiß ich, daß mir auch kein Dunkel bleibt,
wohin zu ewigem Schlaf mein Haupt ich lege.

Ich höre meinen Gott nicht mehr: er hebt
aus seinem Wald kein Wort zu mir hernieder.
Mein Herz ist leergebrannt. Der Herbstwind gräbt
mit hohlen Händen in sein Grab sich wieder.

Wozu wird mir noch Tag an Tag getan?
Was glotzt der Nächte gläserne Pagode?
Mein Herz ist leergebrannt. Und Charons Kahn
trägt mich durch welkes Laub zu wachem Tode.

[1951]

Der Mutter

I

Die Mutter schilt mich ohne Grund — ich wehre mich —
wir zanken —
wie kannst du wissen, was ich heimlich für und für gelitten
und immer wieder durchgelitten hab'... ich möchte um
Verzeihung bitten
für jeden Schlag, den du mir gabst, und dir für jede Härte
danken!
Weißt du denn, wie das ist, wenn in einsamer Nacht
ich wach sein muß und irgendein Tier vor mir flieht,
wenn man im Spiegel sich selbst wie entzaubert sieht
in roher Nacktheit, maskenlos ungeschlacht?
Ich möchte dir so gern, so gern! stets etwas Schönes
schenken,
und hab' doch immer Angst vor deinem hilflos herben
Staunen:
Du hieltest es erbittert, oh! für eine von meinen erbar-
mungslosen Launen
und weintest heimlich — aber ich muß „Martyrblume!
Schwester!" denken...

Und — Gott ist krumm! — ich muß dich immer wieder
kränken!

[1952]

II

Mein Leben ist aus deinem Glück und Gram
ein Kreuz von süßem und von bittrem Holze;
Entbehrung noch, der Fleck auf meinem Stolze,
sei gut, weil sie aus deinem Kelche kam.
Der Gang im Schnee; in Büchern wie in kalten,
verlassnen Korridoren stumm zu stehn;
oder wenn um die Stirne die Gestalten
des eignen Schöpfersturms gespenstisch wehn:
holt sich von dir Bestätigung und Stimme
und weint und lacht sich reif an deiner Brust,
denn dein war alles, eh es mir bewußt
und wichtig ward: der Fluß, in dem ich schwimme,
umflüsterte dein Haar. Ich rann wie Sand
ganz weiß aus deiner spielgewölbten Hand,
und wie ich selber mich im Spiel versinne,
fließt Ernst und Lust in deine Hand zurück,
und alles wird, was immer ich beginne,
zu deinem Grame und zu deinem Glück.

[1953]

Lob des Mondes
(Der Bresthaften Trostgesang)
(In ehrfürchtiger Zuneigung Else Lasker-Schüler gewidmet)

Mitternacht ladet zu Gast die Gelähmten,
hat für die Blinden Früchte und Wein;
die sich des Leids vor der Sonne schämten,
hüllt sie behutsam in Mondenschein.

Fiebernde kühlt die Milch ihrer Sterne,
Stotternde singen mit ihrem Wind,
aus dem Geröll der verfallnen Zisterne
hebt die Verlorne ihr aussätzig Kind.

Bucklige, die sich mit Eifersucht grämten,
finden den Sesam, Götter zu sein —
Die sich des Leids vor der Sonne schämten,
gehn durch den Mond in den Himmel hinein.

Und der Taube, im Rauschen der Sterne,
lächelt, weil Hymnen im Herzen ihm sind.
Aus dem Geröll der verfallnen Zisterne
hebt die Verlorne ihr aussätzig Kind.

Daß aus den blutenden Wachtfeuer-Bächen
eine Hand seine Wunden berührt.
Stummgeborene glühn von Gesprächen,
in das Pathos der Wolken entführt.

Flüchtige Schwalbe die Hand des Gelähmten,
Blick des Blinden im spiegelnden Wein:
die sich des Leids vor der Sonne schämten,
gehn durch den Mond in den Himmel hinein.

[1954]

Bettler, wo kehrtest du ein

Bettler, wo kehrtest du ein, mit dem ich einst sprach,
der seines Lebens Pein wie Brot mit mir brach?

Deine Stimme fiel hart, wund, wie ein Stein ins Gras,
ich fühlte mich schuldig und schenkte dir was.

Du logst mich an, aber dein Blick bat: Ich kann ja nicht
                                                  anders, verzeih!
Und dein ins Joch gezwängtes Rückgrat sprach dich von
                                                  allem frei.

Dann schrittest du weiter, das Haupt verklärt von Weh
                                                  und Hohn;
über dir sangen die Vögel im Laub: Das ist mein lieber
                                                  Sohn!

Manchmal bange mit trostlosen Träumen allein
ruf ich dich lange: Bettler du, liebe Lüge, wo kehrtest du ein?

[1955]

Verirrt in dieser Fremdheit Not

Was hab' ich noch mit euch zu tun:
mit dir, du Frau, mit dir, du Mann;
der ich mich selbst nicht trösten kann,
vergrämt und grau
muß fremd in fremdem Bette ruhn.

Wie bang ich dann verloren bin
in fremdem Zug zu fremder Zeit
und ohne Sinn getragen hin
von jeder Heimat weit, so weit —
kein Haus hält still, kein Waldrand will
den Weg zurück Gefährte sein,
und Sterne stehn auf Bergen stumm —
ich aber muß, vor Angst ganz klein,
in einen fremden Raum hinein;
der wächst wie Dornen rings herum.

Und bin mit keinem Ding vereint,
so schlaflos fremd in fremdem Bette
und noch den eignen Füßen feind,
und warte, daß mich Gott errette ...

Die Wagen rollen immerzu
hin durch mein Herz, die ganze Nacht,
auf falschem Gleis zu falscher Ruh,
und bang am Wagenfenster wacht,
der sich verirrte — Bruder du
im gleichen Bann,
daß nichts, daß nichts ihn trösten kann,
verängstet fremd in fremdem Bett
und schlummerlos als wie geschnürt
auf das verhaßte Henkers-Brett,

[1956]

von dem kein Flügel ihn entführt —
Groß Tore drohn. Spitz schielt ein Licht
mit bösem Auge unerlöst.
Der Morgen wie ein Grab aufbricht,
in das ein fremder Tod mich stößt.

[1957]

Türme in der großen Stadt

Wir wollen uns immer die Hände reichen
über Patina-Grün und Lichter-Flug,
doch unsrer ehernen Zungen Zeichen
(Wo ist die Stille, die einst uns trug?)
haben sich nie vereint,
immer war irgendein Feind
zwischen uns: Räderspeichen,
Autohupen, Reklamen, ein Stadtbahnzug!

Wir starren, verdorrte Bäume, in Schwüle
(Manchmal schwebt uns ein Luftschiff nah...)
dürstend nach der Sterne Kühle
und der Wolken Gloria.
Rauch erdrosselt weh
unser: Kyrie!
und wie Henkerstühle
stehn Plätze; Drähte sind wie Mördernetze da.

Über uns kommen Nachtmanöver, Kanonen,
wir möchten ausschlagen wie auf dem Wall
junge Pferde, aber wir müssen uns schonen
und stehen immer wie im Stall.
Goldner Kreuze Last
liegt auf uns verhaßt.
Wo unsre Brüder wohnen,
wissen wir nicht. In Scherben zerschellt unsrer einsamen
                                                Stimmen Schall...

Unsre Leiber sinken verloren, erbleichen
bei Patina-Grün und Lichter-Flug.
Wir liegen wie einbalsamierte Leichen,

[1958]

ewiger Krieg tausend Wunden uns schlug.
Sind nie vereint,
immer trennt uns ein Feind,
daß wir uns nie erreichen —
Wo ist die Stille, die einst uns trug ... und ertrug?

[1959]

Ein Abend ist vertan — ein Tag zerschlagen — —

Ich muß mich wieder in dies Glashaus bannen,
an das kein Echo und kein Lockruf pocht,
wo Träume, trostlos wie erfrorne Tannen,
sich ducken um ein bald verdämmernd Docht.

Ein Abend ist vertan ... ein Tag zerschlagen ...
vernichtet Liebe viel und wie erstickt
in Gittern, wo der Nachtigallen Schlagen
verstummt und unstet die Gazelle blickt.

Und draußen ist vielleicht der Witwer Wald,
der neben meinem Lied am Morgen lief,
den weiten Weg zu seinem Grab gegangen.

Und draußen kniet vielleicht in Knechtsgestalt
der Strahlende, den meine Sehnsucht rief,
sich hin, den Todesstreich jetzt zu empfangen.

[1960]

Wenn ich wieder durch die Fremde irre...
(Einem sehr geliebten Dichter)

Und gewiß, wenn Kleinmut mich zersplittert,
nur ein Wort von dir mir Wimpel wird,
wenn der Trambahnzug auf Brücken zittert,
daß ich mich an Fremde wie verirrt
schmiege und erwarte hilflos Zeichen
einer Freundschaft, die nicht kommen kann,
blüht aus Gesten, die den deinen gleichen,
alle Labsal unsrer Liebe dann.

Häuserschatten schweben schonungsvoller,
wenn in Dämmerung mich mein Schicksal fängt,
allerwegen in des Irrwahns toller
Glücksjagd meine Not zu deiner drängt.
Wenn ich, aus mir selbst geworfen, stürme,
überholt mich deines Himmels Chor,
und aus diesen fremden hohen Türmen
reißt mich eine Flut zu dir empor.

[1961]

Werd' ich noch einmal Bruder entgürteter Geister?
(Der unerschütterlichen Geradheit und aufrechten Bereitschaft
Franz Pfemferts dankbarst zugedacht)

Werd' ich mich noch einmal durch alles Bittre durchbeißen,
nahe den Alpen der Tat fliegen durch Gluten von Glück,
gütig durch Gärten gehn und Blutenden Heiland heißen,
Neid aus den Augen nehmen und vom zitternden Nacken
Gebück?

Werd' ich noch einmal mein Ringen ins Reine reißen,
Rad eurer Rede sein und vom Starren der Steine ein
Stück,
stummen Dunkels ein Busch und eine Welle vom Weißen,
und die Tücke der Not zwingen in Tränen zurück?

Werd' ich noch einmal über das Morden Meister
von Mund zu Mund in aller Gedächtnisse Bund,
wird mein Belastetes lächelnd wieder sich lehnen

an ein Geländer von goldener Güte, die rund
göttlich Umarmung ufert um wunder-wahrmachende Geister? —
Oder bleib ich auf fremder Spur kreisend ein sinnloses
Sehnen ...

[1962]

Zum Herzen meines Vaters
(das, Opfer des Weltkrieges, am 20. 12. 1916,
jäh brach)

Vater, bleibe über deinem Sohne
und erlöse mich in deinem Schlaf,
eh ich alt an deiner Arbeit frohne,
fruchtlos bin wie du, vom gleichen Hohne
durch die Welt getrieben, der dich traf.

Vater, segne meinen Weg ins Weite,
daß er deine Knechtschaft segnen kann!
Gib mir durch die Lande das Geleite,
daß ich Sanftmut säend dir zur Seite
sühne, was in deinem Gram begann.

Vater, fahre fort mit mir zu reden
von der Rache, die du dir verschwiegst,
daß du endlich jauchzend über jeden
Gegner deiner schamverschwiegnen Fehden
in dem offnen Feld der Güte siegst.

Vater, laß mein Werk sich furchtlos breiten
über jeden Bruder unsrer Brust:
Vater, wenn wir sanften Sinnes schreiten
in dem großen Reigen der Befreiten,
hat dein Sterben seinen Stern gewußt!

Vater, sieh: dann schlichtet sich in schöne
Friedlichkeit dein mühevoller Pfad...
Frühlingswind im Wald verklärter Töne,
Vater, wache über deine Söhne
und erlöse dich in unsrer Tat!

[1963]

„Wir gehen im Rosengarten, da sind Lilien und Blumen genug; wir wollen unserer Schwester einen Kranz machen, so wird sie sich vor uns freuen."

Jakob Böhme,
De triplici vita hominis.

[1964]

Was ihr verschenkt, wird euer Reichtum werden

Keine Finsternis, kein Schlummer euch ganz verschlingt:
einer Geliebten Verstummen die weißen Sterne euch bringt.

Schüttelt die Kissen und schöpft in den Morgenkrug
aus dem himmlischen Bronn kühles Licht euch genug.

Geht mit Zauberworten weiche Wand sanft entlang,
pflückt die blauen Monde aus dem Maskenschrank.

In ihrem Schweigen wird der Vogel Herzeleid
heimatlich wie im Gezweige grüner Müdigkeit.

Was den Tag euch taub macht, was euren Abend bestiehlt,
segnet euch, wenn unterm Laubbach Gottes ihr Psalmen
spielt.

[1965]

Schweigen mit dir

Schweigen mit dir: das ist ein schönes Schwingen
von Engelsfittichen und Gottes Kleid
und süß, unsagbar sanftes Geigenllingen
verweht von Ewigkeit zu Ewigkeit.

Schweigen mit dir: das ist verschwistert Schweifen
auf weißen Wegen und geliebtem Pfad
und Fühlen, wie sich Blut zu Blute reifen
und ranken will aus segensreicher Saat.

Schweigen mit dir: das ist der Schwalben Schwirren
um abendliche Türme sonnensatt
und Wonnig-Wissen, wenn wir uns verirren,
uns blüht gemeinsam doch die Ruhestatt.

Schweigen mit dir: das ist aus Schwachsein Schwellen
zu immer größrer Fülle, Form und Frucht,
ist Wärme von Kaminen, Hut in hellen,
verstohlnen Stuben, Bad in blauer Bucht.

Schweigen mit dir: so sicher singt das Sehnen
von Seele sich zu Seele wunderbar —
ich weiß mein Haupt in deinem Schoße lehnen
und deine Hände streicheln hold mein Haar!

[1966]

Verse von Ausreise und Wiederkehr

Wie eines armen Schächers Nacken
vor dem verfluchten Beil des Henkers friert,
das schrecklich nah und immer näher rückt,
daß er in schlaflos schlimme Nächte stiert
und hört im Traum, schrill, seine Knochen knacken,
und geht durch den Gefängnishof verzerrt, gebückt:
so ängstet mich die Stunde, da ich von dir scheiden muß
und ganz allein durch fremde Straßen streifen soll
ins Schreckhaft-Leere nach deinen Händen greifen soll,
und recht verlassen Sehnsucht leiden muß — — —

Du mußt mir deine Sterne schicken
und deine Gedanken mir zu Gerten geben,
die mein zages, verzärteltes Zögern züchtigen,
du mußt mich mit Träumen von dir zu tüchtigen
Taten tauglich machen und mit deinen Blicken,
die mir kommen, wenn meine Augen sich zum Himmel heben,
trösten, daß die Freude auf meine Wiederkehr
und auf das neue Glück mit dir mich nicht verzweifeln läßt,
wenn ich in fremder Kammer tränenübernäßt
nachts zum bestirnten Firmamente bete —
(denn ich bin allzu sehr
verschüchtert, wenn ich feindliche Triften betrete.)

Dann aber macht mich deine Liebe entschlossen
und hält mein Herz hoch und meinen Mut! — — —

Und plötzlich ist die bange Zeit verflossen,
und ich bin wieder bei dir,
und du wiegst den heimgekehrten Odysseus auf deinem
                                                           Blut.

[1967]

Blumenlied

Noch sind die Blumen von dir
frisch wie am Tag,
da deine Hand abschieds-zitternd in meiner Hand lag,
und dein Herz tat sich auf wie ein Brevier!

Der Zug stand fahrtbereit,
aus manchem Fenster fiel ein gleichgültiger Blick —
Meine Augen sagten zu dir: „Erschrick
nicht vor unserer Einsamkeit!"

Dann zerriß uns das Signal wie ein Schlag —
Nachts: du schläfst einsam, ich wache einsam am Tisch —
und deine Blumen sind frisch
wie am Abschiedstag.

[1968]

Mein Gethsemane

Dies ist mein schwerstes Kreuz und schwerer noch als
    Armut, Krankheit, Dunkelsein zu
    tragen:
wenn plötzlich, eben als mein Herz noch voller Übermut
    und Zärtlichkeiten sang,
aus meinem Munde oder meinen Augen Geißeln gehn,
    die unser Innigstes zerschlagen,
und lassen unsern Abend leerer noch als trunkner Jähzorn
    oder ungelenker Zank.

Aber ich weiß doch nicht und werde es mein Leben lang
    nicht wissen,
woher die Tränen kamen und worin ich schuldig war,
und ist auch meine Ruhe zur Nacht von Tränen ver=
    schwommen, von Reue zerrissen,
und mein Gehirn wie unfruchtbare Erde und verdorrtes
    Laub mein Haar,
in dem Stürme, vor denen ich hilflos bin, Stürme ohne
    Sinn und Ursprung wühlen,
und bleibt nur Hoffen, daß du mir verzeihst, wie Sonne
    im April
über Entsagung als der heilige Geist, der alle Fieber kühlen
und alle Wunden heilen und sich an jede Lende legen will —

Spür' ich doch stets, und bis zum Tod nach Jahren noch,
wie jetzt in dieser Schuld, die ich nicht weiß, ganze Saaten
    von Glücklichsein versanken,
wie ich mit einemmal verlassen und belastet mit unsicht=
    barem Joch
nichts hab', als die Geduld mehr, es zu leiden ohne feig
    aufsässige Gedanken,

[1969]

es hinzunehmen wie alles, was aus deiner Nähe sich zu
 mir herniederneigt,
als mir zu Recht bestimmt, und selbst wenn Unrecht mir
 geschähe, so zu schweigen und ohne
 Wanken
mich zu erfüllen, daß ich auf die eigne Zagheit zeigen kann,
 wie Jesus in Gethsemane auf seine
 ohne Schuld zitternden Hände zeigt.

[1970]

Abendliches Leni-Lied

Wir wandeln wieder lässig über Land,
ich und mein Hund. Die ersten Blätter bleichen.
Der Abendwind kommt kühl wie deine Hand
und will die Striemen aus der Stirn mir streichen.

Und plötzlich rührt es mich, zu meinem Hund
verinnigt Zärtliches von dir zu sagen,
wie eine Blumenurne wird mein Mund
von Liebesgöttern an dein Herz getragen.

Der Mond steigt langsam aus dem Wolkenwald,
an Sternen tastet sich die Nacht, die blinde,
stöhnend herauf. Ich bete, daß ich bald
mein Lied auf deinen Lippen wiederfinde.

[1971]

Du meiner Beete stille Gärtnerin

Wo deine Füße wandeln, blüht Vergißmeinnicht,
du meiner Beete stille Gärtnerin.

Du öffnest deine Hand und wirfst die weißen Wellen
wippender Sätze über meinen Geist.

— Gedanken gehn in Waffen ... Glied an Glied ...

Im Mond sind Mühlen, winterlich verwaist,
so braun wie ausgebrannt, umzäunt von Nervenlicht.

— Schläfst du? Träumst du von mir? Entstellen
dein Atmen Ängste? Fühlst du, wie ich bei dir bin?

Stumm singt die Nacht ihr namenloses Lied.

[1972]

Dialog an den Drei-Steinen

Der Mann:
Ich weiß den Winter noch, mit den erstarrten
hungernden Händen durch den Schnee im Traum
empor sich grabend, und in einem Garten
uns zwei erwachend, hier, am blauen Saum
unendlich aufgetaner Farbigkeit —
und schon die Tage zählend, die zum Turm
mit neuen Opferflammen himmelweit
aufzüngelten im ewigen Korpensturm —
wie Maulwurf stoßend aufwärts nach dem Licht,
was ewige Lampe der Erinnerung strahlt,
schon Frühling, der das göttliche Gedicht
der bunten Matten um die Bauden malt . . .
so träumte ich —

Die Frau:
        Und nun es wahr geworden
und Regenbogen überm Weg uns ist,
fühl' ich nur dies: wie fern du von mir bist!
Oft lauerst du, als möchtest du mich morden
um irgendeiner unbewußten Schuld
und nicht gewollter alter Sünde willen;
dann rührt dich nicht die Demut, die Geduld,
zu der sich meines Blutes Stürme stillen . . .

Der Mann:
Verzeih! . . ich weiß, du mußt viel Nachsicht haben:
es quälten dort mich, in der Niederung,
zuviele Schatten, die sich kleiner gaben,
als ihnen gut war, und Zergliederung
der eignen Schwäche stets aufwühlend wie
Selbstmord hat mich so sehr betäubt, erblindet,

[1973]

daß meine Freude keinen Pfad mehr findet,
auf dem sie fußfrei schreitet —

Die Frau:

Du, ich schrie,
als ich dein Antlitz sah, dort an der Bahn,
so überwältigt von geheimem Wahn,
vom Zwiespalt war es als wie eines Henkers
Gesicht! — ich schrie trostlos in mich hinein
und betete nur dieses: tot zu sein
vor deinem Tod! —

Der Mann:

Ich bin vor dir sehr klein!
Ich wollte mit der Fülle des Beschenkers,
des Früchtereichenden, des Spendenden,
mit goldnen Festen, niemals endenden,
dir nahn — ich wollte diese hohen Tage
zu einem Reigen reiner Lust dir machen,
verheimlichen, wie ich mich selbst zernage
im Leid, und wollte lachen, über Trümmern lachen! —

Die Frau:

Du — dieser Ton zerschneidet mir die Sinne!
Glaubst du noch immer: opfern hieße lieben?

Der Mann:

Jetzt werd' ich erst mit Mörderreue inne,
wie sehr mein Mut vor dir zurückgeblieben
und zahm geworden ist; ich war ein Hund,
den nur sein Hunger auf die Fährte hetzte,
ich jagte, jagte mir die Füße wund —

[1974]

Die Frau (innig):

Du bist der Erste und du bist der Letzte;
du hast mich nie getäuscht; oft war es schwer,
dir gut zu sein — was wäre denn die Güte,
wenn sie uns mühelos im Gärtchen blühte —
ohne dich wäre mein Erleben leer!

Der Mann:

— Deute mir dies: ich wandle auf den Höhen,
die ich ersehnte wie ein Hungerbrot,
wandle mit dir allein, und spüre Not
und Nichtigkeit, und ist mir nun, als flöhen
mich alle Engel dieser grünen Gründe
und aller ihrer Felsen In-Sich-Ruhn
und ihrer Teiche Paradies, als stünde
auf heiligem Boden ich mit staubigen Schuhn
unwürdig, anzubeten!

Die Frau:
    Was ist Sünde?
Wir tun ja doch nur, was wir müssen tun!
Und du hast immer so an dir gelitten,
daß tausendfach dir längst vergeben ist.

Der Mann:

Vielleicht war meine Einsamkeit nur List,
das zu erschleichen, was sich die erstritten,
die Freundschaft über sich ergehen ließen
und nicht verzweifelten, wenn Liebe schlug ...

Die Frau:

... und die im ersten Bilde Helden hießen,
im letzten: töricht vor dem kleinsten Trug.

[1975]

Der Mann:
Du reifst und reifst mit dieser Berge Reifen,
ich schrumpfe immer widriger zum Zwerg.

Die Frau:
Denk' an dein Werk, an nichts als an dein Werk,
so wirst du dich als Siegenden begreifen!

Der Mann:
Ich schäme mich der Unrast, die mich knechtet:
nicht eine Stunde leb' ich meinem Stern!
Ich setzte meinen Sklaven mir zum Herrn
und hab' mich selbst aus Eigennutz entrechtet.
Wie schäm' ich mich vor dieser Dinge Größe,
wie wünschte ich, ein Baum, ein Fels zu sein:
Zwecklosigkeit des Gottes ist im Stein,
im Zweige mehr als in der Menschenblöße,
die immer nach dem Mantel jagen muß
und immer, in ein kleinlich Ziel gezäunt,
zum Finstern Feind sagt und zum Frohen Freund!

Die Frau:
Du quälst dich so ... ich weiß nicht ... dieser Kuß
auf deine wehzerquälte Stirn, das Letzte,
was ich zu geben habe ... ich bin arm ...
ein Obdach nur ... ich weiß wie dich der Schwarm
der bösen Ängste durch das Dickicht hetzte ...
o hetzte er dich doch an meine Brust!
ich will dich hüten und ich will dich halten,
und wenn du wieder einsam wandern mußt,
will ich zu Haus sein und die Hände falten,
für dich zu beten, will gern einsam bleiben
und nur mit deiner Einsamkeit vermählt!

Der Mann:
Ich habe dich so namenlos gequält...

Die Frau:
Wie du dich selbst gequält hast!

Der Mann:
Sieh, es treiben
die Nebel durch den schmalen Klippenspalt...
die Wälder singen... Orgelfugen rauschen...

Die Frau:
Es rauscht mein Blut! — Hier will ich stehn und lauschen,
ob unserm Weh kein Echo widerhallt...
Gott, sei uns gut!

Der Mann:
Versuche nicht die Tiefen,
wenn du mit mir bist, denn an mir ist Fluch,
seit Kain!

Die Frau (mutig):
Wie meine Mütter einst dich riefen,
rufe ich dich: laß jenen durch ein Buch,
durch eine schemenhafte Pflicht... um kleiner
Hingebung willen nicht zuschanden werden!
Gott, sei uns gut! — — oder du hast auf Erden
nicht einen Spiegel mehr!...

Der Mann (mit ihr knieend):
Gott! mach' uns reiner
als Morgenröte über Gipfelwiesen!
Laß deine Liebe sich mit ihrer Liebe
verschwistern! — Gott! Ich Zwerg vor ewig Riesen!...
Und daß mir nur ein Traum von ihren bliebe!

[1977]

Die Frau:
Nimm ihm die Demut, nimm ihm alles Bange
und mach' ihn so mit meinem Leben reich! — —
Ich sterbe gern...

Der Mann:
Wir sterben Wang' an Wange...

Stimme aus den Wolken:
Und werdet Ihm mit Stein und Sternen gleich.

Aus der Nachfolge Jakob Böhmes
(Mit brüderlichen Grüßen zu Franz Jung)

„Gestellet für uns selbsten zum In-
gedenk und Aufrichtung in dieser
verwirreten, elenden und trübseli-
gen Zeit..."

      Jakob Böhme
      De triplici vita hominis.

[1979]

In fremder Straßen fremde Nacht verschlagen

In fremder Straßen fremde Nacht verschlagen
erzittre ich mit dem verirrten Kinde,
das fremde Menschen auf die Festtribüne tragen,
und der Trompeter bläst, daß es die Mutter finde.

Die Grillen zirpten und die Sterne sangen,
und Gott ging neben mir und war so gut,
und lächelnd spielt' ich mit den goldnen Spangen
an seinem Hut.

Und fremde Schatten silberten sich seiden
aus einem großen fremden Mond,
mein Herz sprang brennend durch die dunklen Weiden
und sang: O kommt!

Kommt wieder Lampen meiner Stadt und Hallen
und hebt mein Haupt
in weiße Kissen, die sich wallend ballen,
und Lieder, die von Gottes Abschied fallen
in einen Traum, der an ihn glaubt.

[1980]

Dieser Welt entgrüntes Witwentum

Witwe wurde ich der Wunder weiland,
welche Gottes Bräutigam verhieß,
und ich warf mich vom verzückten Heiland,
der die Kindlein zu sich kommen ließ.

Was entlief ich, ehe der Empfängnis
überschwenglich Rauschen mich befiel,
zirkelte Mariens Herbstbedrängnis
in ein fruchtlos spottend Frühlingsspiel?

Und verfrühte, was mir frommen konnte:
wachen Abend, den der Sommer segnet;
goldnen Mittag, den September sonnte — —

Und von nichts als Eitelkeit umflossen,
bin ich allzu herb in mir verschlossen,
daß mein Herz vergißt, wem es begegnet.

[1981]

Auch der Zweifler bleibt in Gottes Sphäre

Heile Hunger, Giftqual und Begierde
und verschütte jede Leidenschaft,
jeden Zank, der nicht zu Gottes Zierde
seine Schiedlichkeit zusammenrafft!

Aber was, noch mit sich selber streitend,
seine Fackel nach den Wolken wirft,
Schild und Schild zur Sonnenbrücke breitend,
über die der Fuß gen Eden schlürft:

sei geschürt zum ungeheuren Brande,
der in einer Flamme sich verzehrt
über Feindes-Lande, Freundes-Lande!

Und die Stadt, die sich vor Gott verstockt,
weil sie ihn noch gütiger begehrt,
gilt ihm mehr, als die ihn lächelnd lockt.

Herr, kannst du nicht die Dinge strafen

Herr, kannst du nicht die Dinge strafen,
sie widerstreben deinem Sohn:
der Kissen Eigensinn läßt ihn nicht schlafen
und in Verzweiflung treibt das Telephon.

Die Lampe macht sich launenhaft zum Feinde,
mit dem ein ungewisser Krieg beginnt,
und eine ganze drohende Gemeinde
hat Hinterhälte, wo sie Aufruhr sinnt.

Die Dunkelheit ist stumm im Bunde
mit jeder Ecke, jeder Wand,
es höhnt die Uhr mit falscher Stunde
und Rundes rinnt aus meiner Hand.

Und viel ist störrisch in Verstecken,
die Riegel geben mir nicht nach —
Herr, soll mich noch ein Stein beflecken,
ein hohles Holz mit solcher Schmach?

Oder: sind dir die Dinge näher
und mehr dein Sohn, als ich es bin,
und stelltest du sie mir als Späher
um meine Leidenschaften hin?

Damit sie mich vor dir erproben
und Spiegel meiner Schwachheit sind —
wie wird mein Bitten, wird mein Toben
an ihnen ein vertaner Wind!

Daß ich an ihnen Demut lerne
und die Geduld, die bei dir thront,

damit ein Hauch von deinem Sterne
mit mir im gleichen Raume wohnt.

Damit ich ohne Überheben
behüte, was mir Nachbar bleibt,
und weiß: der Dinge Dämmern und mein Leben
sind deiner Einsamkeit gleich einverleibt.

Ich nahm den sehr verhaßten Pfad — —

Ich nahm den sehr verhaßten Pfad, wo zwischen
modernden Teichen dich ein Hohlweg fängt;
wo Dunst von Unrat und verwesten Fischen
als Wolke über deinem Atem hängt;
wo immer Nacht ist; wo sich die Gedanken
wie Kröten ducken in das düstre Moor
und deine Wünsche sich mit widrig kranken,
geifernden Gliedern klammern an das Rohr.
Dort suchte ich das Letzte zu erschleichen,
ob es mir irgend noch beschieden sei,
in deiner frechsten Fratze zu erbleichen,
Mißton zu spein aus deinem Eulenschrei.
Ich suche dich in deiner letzten Öde,
in deiner Scham, in der dich keiner liebt,
ich aber suche noch die glücklos blöde
Grimasse, die dein Angesicht verschiebt,
und ich will lieben deine scheelste Schande,
der ich in deinem Stolz nicht leuchten darf,
und den sein Schicksal aus dem Morgenlande
erträumter Heimat als Enterbten warf.
Leicht ist es, dich im lichten Laub zu finden, —
ich will dich, wo du heillos häßlich bist,
feindselig und entstellt, mit gierig blinden,
tappenden Gesten abgefeimter List
Nachstellungen ersinnst und Hinterhälte
und nicht das eigne Königtum mehr kennst,
wo eine künstlich hingehaltne Kälte
die Flamme leugnet, drin du qualvoll brennst.
Ich suche dich in deinem schlimmsten Flecken,
dort, wo du wertlos und voll Ekel sinkst,
will ich für meine Demut dich entdecken,

[1985]

daß du mit mir aus einem Scherben trinkst,
die schale Fäulnis trinkst, und doch derselben
lechzenden Durstbegierde einverleibt
dein Mund und meiner, und in schmutzig gelben
Lehmfurchen meine Spur an deiner bleibt;
mit dir ein Schade sein und ein Gebrechen,
die letzte Gnade, die ich mir erbat,
mit dir die lästerlichsten Zoten sprechen,
mit dir der Helfer widerlichster Tat:
doch irgendwie in deine Schlucht zu schlüpfen
und teilzuhaben, sei es, wo zuletzt
du dich verlierst, mich innig zu verknüpfen
dem Netz, in das der gleiche Haß uns hetzt,
ist Gnade vor der einsam blauen Lichtung,
wo Reinheit Rache wird am fernen Mond,
und noch mit dir Verrat und Selbstvernichtung
ist mehr als Ewigkeit, die einsam thront.

[1986]

Veracht' ich mich, um Gott mehr zu gefallen?

Veracht' ich mich, um Gott mehr zu gefallen?
Mach' ich ein Fest aus abgeschriebnen Federn?
Wein' ich mich sacht in Schlaf... und werden Zedern
entrücken mich in endlos grüne Hallen?

Fühl' ich, wie du mich trägst? Schöpft aus der Quelle
die Hand, die mich behütete, ein Leben,
das nie vergeht? Und kehrt nicht zaghaft eben
der Zweifler in das Dunkel der Kapelle?

Soll meinen Schlummer fremder Atem kräuseln,
der Irrtum dessen, dem ich mich entäußre
und dienen will, wenn mich Erkenntnis stäupt?

Du tust mich in dein Rechnen, und betäubt
erduld' ich es, und, ob mein Stolz sich sträubt,
ist nur mein Herz noch Uhrwerk im Gehäuse.

[1987]

Himmelfahrt

Brand in Inbrunst himmlischer Essenz
brach aus seines Hingangs Heiligkeiten,
Strahl des ersten Blütenlichts im Lenz
und der Schatten schräg an seinem Schreiten.

Und das Feuer unter seines Fußes
hingewölbter Schwinge ward Figur,
und der Mondschein des Mariengrußes
spiegelte die Perlen auf der Schnur.

Da er zögert im Triumph der Zeichen,
lockt verfänglich Satans letzte Lust:
sich dem Gärtner Gottes zu vergleichen.

Und er strauchelt fast ... und bleibt gebückt ...
bis sein Gang, sein Lächeln, seiner Brust
tiefe Melodie ihn weit entrückt.

[1988]

Des Erlösers letzter Sieg

Seine stillen Augen sind Kristalle,
die des Tages dunkles Kreuz bewahren
aufgehängt in seinen hellen Haaren
schaukelt klingend unsers Abends Halle ...

Aber als ein Sturm mit den Gestirnen
unsanft spielt, birst seines wolkenbleichen
Angesichtes Schild und züngelt Zeichen,
die bedrohn, und Wunder, welche zürnen.

Aus der Brust, die plötzlich aufgebrochen
rot Vulkan ist, sprengt das Herz Verbluten
unter den entbrannten Dornenruten
seiner schmerzhaft steilgebäumten Knochen.

Doch zwei Hände bleiben, die erblindet
auf dem grünen Hirtenstabe rasten,
daß zur Nacht, die zärtlich sie betasten,
alles wieder seinen Frieden findet.

[1989]

ULRIKE

Eine Erzählung

von

CARL STERNHEIM

Kurt Wolff Verlag, Leipzig
1918

Bücherei „Der jüngste Tag" Band 50

Druck der Spamerschen Buchdruckerei, Leipzig
Copyright Kurt Wolff Verlag, Leipzig, 1917

ULRIKE

Ulrikes beflaggtes Elternhaus, Schloß Miltitz, stand unter Föhren in einem Blachfeld der Uckermark. Trat von der Anfahrt und geharkten Wegen man zur Seite, sank der Fuß durch Sand auf Grund. Manchmal stak eine Stange, saß wo ein Rabe im Park; sonst war Acker. Latten fehlten Bänken, Rabatten das Mittelstück. Am Haus des ersten Stockes viertem Fenster eine Scheibe.

Von Blei schien meist der Himmel. Blaue Fahnen klafften kaum hinein, häufig aber strich Regen schräg und mengte aus Erde klebriges Gelb, durch das ein Wagen sich vors Haustor wälzte.

In das trat Paschke, der Diener, stracks und gab allem, was ankam, den Arm. Die Kinder warf er wie Bälle zum Flur, wo Graf Bolz, der Vater, mit dröhnendem Willkomm empfing. Aller Mahlzeit Beginn und Schluß hieß Gebet. Brot, Schwein und Kartoffel lagen inmitten. Das und die Familie war protestantisch. Preuße der liebe Gott.

Evangelisch war Magd, Knecht und Vieh und alles sehr in den Herrn gekehrt. Über der Gemüter fader Landschaft lag in Kindern und Gesinde des Hausherrn Zufriedenheit als Licht, wie Sturm und Gewitter sein Unwille. Auf seine Person war alles Begreifen gedrillt, der Hosen Sitz, des Bartes Schmiß früh allemal Symbol.

Ulrike von Bolz sah in des Vaters Blick und war mit Ruck ein Bündel Angst. In Gewohnheiten und Erfordernisse tauchte sie, ohne den Sinn zu wissen. Wuchs als Teil eines Ganzen, das Bolz hieß und Rang vor der Umwelt hatte. In der es Bolzburg, Bolzmühle, Bolzweg gab, und bürgerliche Bolze durch alle Dörfer balgten. Hier lebte aus dem Geschlecht ein Sproß, ohne sich weitläufig zurechtfinden zu sollen. Denn überall ging durch Mensch und Landschaft seine Blutspur, und am besten lief wie der windende Hund er der Nase nach.

So machte an Ulrike sich alles selbst. Zum Knie wuchs der Rock, zur Wade, zum Schuh. Haar floß in längerem Blond, Brust sprang zu Kugeln vor, und es rundeten sich mählich die

Beine. Sie reichte dem Obst in die Äste und mußte, es zu pflücken, nicht mehr klettern. Sechzehn Jahr war sie alt und wußte nicht, wie sie's geworden.

Pastor Brand blieb tabakbestäubt, kalt feiertags die Kirche, im Saal des Harmoniums F im Diskant verstimmt. Und immer noch schwang der Graf, war er mißlaunt, die Hand der Tochter um die Löffel. Nur überm Knie hatte sie ihm letzthin nicht gelegen und seine Faust nicht auf sich gefühlt. Doch konnte das stündlich wiederkommen.

Im Stall führte sie der Kühe Melkung. Morgens um fünf, schlief sie noch halb, sprang das Litermaß ihr ins Bewußtsein. Wie oft würde sich's heut unter den Eutern füllen? Würde trocken die Spreu, Rübe verdaulich und warm, mehlig und schmackhaft die Kleie sein? Ob Hände, Schleuder und Buttermaschine die Mägde gespült haben möchten, und durch Klee und Luzerne die Tiere nicht im Pansen gebläht wären, daß, ehe der Vater vom Gräßlichen wußte, mit dem Trokar sie das Schlimmste verhüten müßte.

[1995]

Auch die Hühner waren ihr anvertraut. Sie machten kaum Pein. Mit Futter und Frohsinn hielt sie sie bei Laune, daß emsig sie legten. Keins hatte letzthin den Pips oder wäre sonst zu heilen gewesen.

Liebe und Ehrfurcht, die für Pflege das Vieh ihr bot, bewegten in Ulrike ein Gegengewicht zur Unterwerfung unter Vaters Willen und der kränkelnden Mutter Nörgelsucht. Von den Brüdern, denen sie im Weg war, setzte es Püffe zwischen die Schenkel. Zog sie abends Kleider aus und legte sie auf den Stuhl am Bett, war sie blau davon. Später wurden in Silber und Grün mit Litzen, Schnüren und Tressen die beiden Husar und Ulan. Fleißiger sparte man zu Haus, daß Dietrich und Horst im Regiment sein konnten.

Im Herbst blies in Lebens Blaß mit Jagden schmetternder Auftakt. Tagsüber flimmte das Korn in den Kimmen, knallte Pulver im Hag, und kleine Leichname lagen abends, in Parade gestreckt, an der Terrasse. Geröckte Förster hielten Fackeln, und Gäste kamen groß daher.

Ulrike aber zog ein weißes Kleid an, das zwischen Strumpf und Hose Knie sehen ließ und strich mit gekniffenem Lächeln unter Männern, die nach Schweiß rochen und sie auf den Schoß holten.

Nachts war Türenschlagen. Das weibliche Gesinde, sonst mit den Hühnern im Bett, huschte durch die Flure und hatte in Mundwinkeln Feuchtigkeit. An ihres Stübchens Gegenwänden hörte Ulrike der Fremdenzimmer Betten seufzen und fürchtete sich melancholisch.

Als sie Pelzmantel und Federhut bekommen hatte, fuhr mit den Eltern sie nach Berlin. Vor der Abfahrt war der Pastor dagewesen, hatte wie ein Menetekel geflammt und sie bis ins Blut erschüttert. Nein, ihr würde die Fahrt nichts anhaben! Die gleiche Ulrike wollte ihrem Seelsorger wieder zufliegen, und ihres Busens fromme Himmel sollten nicht wechseln. Sie war getrost und hatte mit Tränen den Kopf geschüttelt. Auch wußte sie gar nicht, was Brand wirklich meinte.

In Berlin war alles elektrisch. Schon am Bahnhof hing Kuppel an Kuppel vom Plafond wie in Miltitz der wächserne Mond. Man flog durch Straßen, Treppen im Hotel hoch, indem man kurbelte und Knöpfe drückte. Auch in den Zimmern ging alles auf Druck und Zug; aber wie jedermann mit Blitz entsprach, mußte der eigene Geist sich tummeln. Schnell sollte zu Aufträgen man ausholen, wo aller Auge wartete.

Durch üppige Mahlzeiten triefte der Leib vor Saft und wuchs zu Außerordentlichem. Ihre Glieder sah Ulrike flitzen. Schon wenn mit Schwung das Bein sie morgens aus dem Bett warf, Wäsche, Kleid, Frisur · im Sturm vollendete, mußte sie ihrer Flinkheit staunen. Hier, wo Bilder an Wänden des Daseins Reize priesen und mit Liebesszenen und Schwelgereien den Augenblick zum Verweilen luden, erfüllte sich in Wirklichkeit der Sinn der in Miltitz in Holzbrand prangenden Weisheiten unaufhörlich: Was du tun willst, tu bald. Und: Doppelt gibt, wer schnell gibt.

Von früh bis spät war sie purpurne Eile. Herz und Backen brannten in Angst, Wichtiges zu versäumen. Auch die Eltern, die nörgelnde Mutter selbst, holten mit Schritten aus, und mit gespreizten Beinen sprang Ulrike an ihren Armen. Nach links, rechts klopfte der Zopf, flogen die schlürfenden Augen. Nie gesehenen Ausdruck der Gesichter, überraschende Haltung der Figuren, der Linien, Kreuzungen und Schnürungen gab es überall, Geräusche festzustellen und bei Gerüchen zu schaudern oder lustigem Kitzel zu wehren.

An Soldaten, die im Helmbusch mit paukendem Klamauk stampften, sah das Mädchen Mannes Strammheit ein, und daß in Miltitz die Knechte lümmelten. An den Frauen, die beim Regen Röcke hoben, stellte sie einer freien Wade heftigen Reiz anders fest als bei Mägden, die arbeitend Beine ganz entblößten. Selbst eines Pferdes Stallen auf der Straße wirkte bei stürmender Wagen allgemeiner Hast als schallende Sensation.

Panoptikum und zoologischer Garten schlossen in Ulrike die Vorstellung des brodelnden Topfs, in den sie geworfen war. Doch ließ auf einmal Spannung nach, in sich brach sie zusammen und war nur matt und schlapp. Im Dom der Gottesdienst, bei dem ein feister Geistlicher, das Ordensband auf dem Talar, zur Andacht rief, konnte ihre Sehnsucht nach Miltitz' Kühen und Hühnern, dem Himmel von Blei und Pastor Brands schlechtduftendem Rock nicht mehr beschwichtigen.

Doch bis sie nach Haus kam, blieb noch zu erleben: Eine Aufführung des Wilhelm Tell, in der Rudenz die Federn prachtvoll vom Haupt schaukelten, man vom Parkett aus Trude Stauffachers Strumpfbänder sah, und in der nach Tells Schuß der Apfel auf seines Knaben Scheitel geduldig liegenblieb. Das war in dieser Stadt, die in eilenden Treibriemen kreischte, das erstemal, daß eine Nummer versagte. Tiefen Eindruck machte das Ereignis auf Ulrike, und sie ließ in ihrem überanstrengten Bemühen nach.

Das Schadenfeuer in des Hotels Nähe packte sie nicht ganz, weil ein anderes, das man im Kino gezeigt, plastischer gebrannt hatte. Insbesondere konnte auf der Leinwand ein von Dämpfen Betäubter mittels sinnreicher Anstalten noch durchs Fenster ins Freie gebracht werden, während in der Wirklichkeit Schreie hinter Rauchgardinen schlimmen Ausgang verrieten.

Doch war endlich für den nächsten Morgen der Aufbruch angesagt. Am Abend gab im kleinen Saal der Graf den Freunden noch das Abschiedsessen, und Ulrike mußte dabei sein. Die Herren, eines Sinns und einer aus gleichen Quellen bechernden Fröhlichkeit prosteten mit roten Antlitzen zu weißen Haaren. In vorgerückter Stunde trat unter die Zecher groß, wuchtig, mit gutgemachtem Glatzkopf ein Mann. Auf seiner Brust am Frack hing ein Stern.

Augenblicklich hatten wippende Stimmen sich befestigt, Köpfe sich zurechtgerückt; Ulrikes Nachbar aber dem Nebenmann zugeraunt: Spät kommt er, doch er kommt, der Jude.

Dem flog des Mädchens mächtige Spannung zu. Nicht der Weltstadt fehlender Glaube und Miltitz' unverlierbare Liebe zu Gott zeigten ihr den Abgrund zwischen der Heimat und der neuen Umgebung schneidend, aber wie dort zu Blum, dem Pferdehändler, Berge gesellschaftlichen Abstands der Vater türmte, und hier alter Preußenfamilien Abkömmlinge vor diesem Fremdblütigen sich zusammennahmen, bewies Ulrike, Berlin könne ihre Welt nicht sein, und unberührt und geprüft, sei sie sich selbst zurückgegeben.

Noch manches hatte auf der Rückfahrt der Vater von diesem Mann gesagt, den wie ein Dutzend seiner Glaubensgenossen man bei wichtigen Sitzungen nicht mehr missen konnte. Bedeutend hatte die Mutter genickt, und es ward Ulrike durch der Frau gepreßte Zustimmung dieser Männer Kraft gewisser als durch des Vaters Beweise. Es besaß also der wie ein Araber gemachte Mann Eigenschaften aus seines Blutes Wucht, die Führer wie den Vater zwangen, ihn trotz unverhehlten Abscheus an ihrer Seite bei Geschäften zu dulden, deren Sinn Ulrike dunkel war, von denen sie aber spürte, ihretwegen spielte sich alles nach außen gerichtete Leben ihres Volkes ab.

Doch zog vor dieser Erkenntnis sich das Herz noch mehr zusammen, und als an der Station man in den Wagen sprang, schwur mit Schwung das Mädchen, tiefer in sich und Gefühle fliehen zu wollen, die keiner Elektrizität und brausender Eile, aber auch Berlins nicht und keiner Juden bedurften.

Brand war seines Zöglings froh. Statt erzogener Neigung für den Erlöser entspannte der jungen Brust sich so warme Hingabe, daß ein Blühen über Miltitz wuchs, wohin Ulrike kam. Nicht mehr nur Pflicht war ihr Erscheinen, sondern mit dem Notwendigen gab sie den Armen noch ihrer Güte Licht, kleidete die Kleinen und küßte sie, Kraft vergießend, auf die kümmerlichen Backen; drückte Ströme guter Hoffnung mit dem Geldstück den Wöchnerinnen in die Hand. Über ihre Tiere hinaus schuf unter Menschen sie helle Gesichter und blieb ihnen Versicherung, Gott meine es gut mit ihnen.

Nur zwei-, dreimal im Jahr bei festlichen Anlässen schien sie noch eine Bolz, und der Spruch über der Haustür:

Doch im Herzen starr der Glaube:
Wer den lieben Gott läßt walten,
Und rassiger Trotz und Treue zum Thron
Haben sich wunderbar erhalten.

> Wo ein Turm in sandige Wüste ragt
> Am Tor das alte Wappenschild —
> Zwischen Elbe und Oder liegt das Land,
> Wo Luther und Hohenzollern gilt.

dünkte, als sie erwachsen war, sie beschränkt. In ungehemmterem Sinn war Ulrike Christin.

Eifrig glaubte sie, auf gleicher Freuden und Leiden brüderlicher Gemeinschaft mit aller Umwelt beharren zu müssen. Eigenes Glück dürfe von den übrigen sie nicht trennen, Vorrechte kein Leben erleichtern. Wolle sie sich auszeichnen, möge an des Menschenstroms Spitze sie der trotzenden Wogen Gewalt brechen. So war aus ihr die Brücke zu allem Menschlichen geschlagen, Himmel und Landschaft nur noch Staffage allgemein kreatürlichen Gedeihens.

Schlichte Tracht, bescheidener Hunger und Wunschlosigkeit machten sie zur angenehmsten Hausgenossin, und Vater Bolz hatte Beifall zu ihrem Wandel längst in die Anrede gelegt, mit der er sie grüßte: Jungfrau Märtyrerin; in der er anfangs das letzte Wort betonte. Doch als Ulrike älter und der zwanzigste Geburtstag ein

Weilchen gefeiert war, glitt in des Vaters Mund der Ton deutlicher auf das erste Wort. Und mit den Jahren so entschieden, daß endlich das Mädchen den Sinn zu fragen begann. Stellte vor aller Welt und mehrmals am Tag man ihren ledigen Stand ausdrücklich fest, war er eine Eigenschaft, die allmählich zu denken aufgab; und so wurde Ulrike dahin geführt, die Möglichkeit zu überlegen, das Elternhaus und ihr ausgefülltes Sein einst mit einem neuen vertauschen zu müssen, von dem jede Vorstellung fehlte.

Denn sie sah die bessere Kraft nicht, die aus einem Mann sie mehr beglücken sollte, als die aus des eigenen Lebens Wurzeln sie täglich überraschte. War himmlischer Rundlauf aus ihr zur Welt und in sie zurück nicht offenbar, und wo gab's in diesem Strömen ein Halt, Ursache, es nach vorwärts, rückwärts oder irgendwohin zu verbreitern? Las aus allem Blick, zu jeder Tat sie nicht Bejahung?

Wo war der irdische Mann, in dessen sichtlich größere Gewalt sie ihren Drang hätte senken sollen, daß steiler der Strahl der Liebe sprang und ihres Daseins Sinn sich gründlicher erfüllte? Keiner, den sie gekreuzt, hatte an Demutswillen mit ihr gewetteifert, und war sein Tun und Predigen tausendmal gesegnet, auch Pastor Brand nicht.

Aber Kandidat Kittels Barmherzigkeit wuchs ganz aus Ulrikes feurigem Anstoß. Lau war, als er gekommen, seine seelsorgerische Lust gewesen, und brach seine Nächstenliebe nun wie Fall zu Tal, empfing von ihren Gnaden er die treibende Kraft.

Auf dem Friedhof die Kapelle bauten sie nach gemeinsamem Plan und wählten den bläulichen Stein, die Gläser gedämpft ihrer gegenseitigen milden Neigung füreinander gemäß. Ton, der aus des Jünglings Brust mit evangelischen Schwingen zu dem Mädchen fuhr, blieb unverändert fern und zart.

So wünschte Ulrike Leben nicht geändert. Wie war in dieser Welt jede Wegstation ihr fröhliche Ankunft, gesegneter Aufbruch aller Abschied. Viele Schicksale füllten sie, und mannigfach war schon erdiente Erfahrung in ihr, die begann, in die jungen Züge zu schreiben. Sie hoffte, es müsse der Vater begreifen, an so entschlossener Führung sei nicht zu deuten. Geworfen sei ihr Los, und was zu hoffen blieb, sei, durch höhere Ereignisse möchte das Maß des durch sie zu lindernden Elends gesteigert werden. Das war auch ihrer Gebete Sinn.

Der sich erfüllte, als die europäischen Kriege kamen. Nach des Rauschs und der Panik Tagen fand, aus friedlichem Wirken geschleudert, sie sich in kaltem Gemäuer, wo auf Stroh verstümmelte Rumpfe lagen, die von ihr begossen, gewickelt und entleert sein wollten, und deren stinkenden Abfall sie den Gossen zukehrte, bis die sich mit teigigem Schlamm verstopften. Zu der Front Gebrüll drang Fluch, Gestöhn und letzter Seufzer so gewaltig zu ihr, daß Einzelnes sie nicht mehr unterschied und ohne Besinnen nur faulige Jauche der Blutströme und des massenhaft Amputierten in gurgelnde Kanäle goß. Erst nach Wochen stockte der pestende Auswurf und begannen Gesichter durch Krach und Qualm in ihre von Schreck gesperrten Augen zu blinzeln. Nun schickte sie sich, Fälle und Namen zu merken, an und schied von allen übrigen die Männer ohne Arme und Beine, die ihrem Beistand auf Gnade und Ungnade verfallen waren und gehörte ihnen ganz. Bestrich lindernd Stümpfe und durchgerissenes mürbes Fleisch, flog mit Gefäßen so hurtig herbei, daß Wind der Schürze Segel blähte. Dazu schoß aus brennenden Lichtern sie ihrer Hast verheißende Blicke voraus. Mit Schwung hob sie Kissen und ließ Decken wie Watte flattern, daß zage Häute von ihnen keinen Druck mehr spürten. Der Ärzte Strenge fiel durch ihrer Mienen Sieb wie Trost an der Duldenden Ohr, und zu Leid und Qual schwang Gelassenheit und frisches Zutraun allmählich durch den Saal. Blume erschien erst einzeln, dann in bunten Reihen vor den Fenstern, ein Bild hing plötzlich da, und Tücher blühten frisch und weich.

Hatte sie abends letzte Bedürfnisse überall gestillt, und fiel ein Auge nach dem anderen zu, gab sie menschlichen Lächelns, sanfter Bewegung

Reiz den Müden mit in den Schlaf. Ohne Nahrung, in verschwitzter Wäsche stürzte sie in die Matratze und trank aus verwunschener Ruhe Kraft für den neuen Tag.

Innig schlossen in liebeshungrige Herzen sie die Männer. Mit kupierten Leibern waren sie doch galant und gaben sich in den Kissen mit gewolltem Schick. Mußte ein Peinliches sein, sagten sie gleich Pardon und erröteten wie Knaben. Das Ungehörige war vor dem Engel ihnen gräßlich, und noch lange nachher wußten sie vor Scham nicht aus noch ein. Von ihres Lebens besten Dingen sprachen sie und suchten aus der Erinnerung schon fleißig nach feinen Worten, ehe die Pflegerin sie riefen. Deren Bitte war mehr Befehl als des Vorgesetzten Weisung und, den Widerspenstigsten zu zähmen, genügte des Kameraden Ruf: So wills Ulrike aus der Uckermark!

Nahmen die meisten aber ihre Güte wie geschuldeten Ausgleich finsteren Schicksals, gab es andere, die in Schwärmerei fielen und an ein Himmlisches mit ihr glaubten. Die hatten morgens Blicke wie ins Trockene schnappende Karpfen, bis die Schwester Glück des besonderen Hinsehens ihnen schenkte. Bald vermochten wie auf Rollen sie den Körper in die gewollte Lage zu schieben, dem angeschwärmten Mädchen Last zu sparen und lachten übers ganze Gesicht, fand das sie in der neuen Stellung, deren Zustandekommen es sich nicht deuten konnte.

Einer von den Soldaten, August Bäslack, war nur noch Rumpf mit einem Arm. Niemand wußte, zu welchem Ende Gott das Paket noch verwahrte. Er selbst aber, nachdem er tagelang in Morästen gefault, schien auf Stroh unter Dach und Fach sich wohl zu befinden. Kam Ulrike, riß er Mund und Nase auf und starrte sie an, als sei sie Theater. Erst sprach er nicht, schlang nur Speise und Trank ein. Tränen flossen ihm in den Teller, die nicht Leid, sondern Entspannung waren. Unter dem Leintuch trommelte oft Sturm der Leib; oder Schweiß brach in Bächen aus, und wie ein Kessel dampfte der Mann.

Allmählich aber dichteten sich Fugen, und der Musketier ward ein Saalinsasse wie die anderen. Nun blieb auch bei ihm Ulrike und zog in Gesprächen das Schicksalhafte aus ihm. Ein Unhold war vor dem Krieg er gewesen, in Gefängnissen häufiger Gast, der nur zugesehen hatte, wie unter seelischen Erregungen, die er nicht missen wollte, jeder Tag mit Diebsabenteuern und Schlimmerem für ihn verlief. Putzige Grundsätze hatte er, behauptete, aller Menschen Absicht ginge auf Raub aus, und seine Art sei nur die einfältigste und schäbigste von allen. Doch reiche zu höherer sein Verstand nicht hin. Ulrikes sittliche Einwände hörte er höflich dann mit Ermüdung an; meinte, sie seien auch darum überflüssig, weil der alte Beruf für ihn ohne Beine und Arm nicht tauge.

Als das Mädchen sah, hier fiel zum erstenmal ihr Wort auf Stein, flammte Bekehrungseifer auf. Häufiger stand sie an Bäslacks Bett und öffnete ihrer Gründe Schleusen weit. Während sie den Liegenden mit Bibeltexten überschwemmte, brannte das gute Herz bis zu den Backen und erleuchtete den Verstockten. Doch wies der sich auch als kein schlichter Gauner, sondern verteidigte begeistert sein feindliches Verhältnis zur Menschheit, das mit Moralbegriffen er nicht zu

messen doch natürlich fand, und das er politisch
nannte. Wie sie denn Christentum den Greueln
verbinde, mit denen gerade ein Erdteil kreise?
Ob es nicht peinlicher sei, in des Erlösers Namen
unter besiegten Völkern brennen und sengen zu
müssen als nach eigenem oder der Obrigkeit
Willen? Er wenigstens spüre Genugtuung, bei
solchen Anlässen nicht jedesmal erst seelische
Turnkunststücke vor seinem robusten Gewissen
wie die Kameraden machen zu müssen, sondern
das Befohlene und anscheinend Notwendige mit
Humor und wirklichem Genuß ausführen zu
dürfen. Schema rede sie und betäube sich mit
Gang und Gäbem. In folgende Dinge etwa solle
sie sich hineindenken: Und nach knappen Fakten,
die er verbürgen wollte, malte er kaustisch die ge-
schaute menschliche Demenz.

Er lüge, schrie Ulrike ihn an, lüge infam und
für solche Geschichten wolle sie ihn zur Verantwortung ziehen. Doch knickte Bäslacks Geschiel
ihre Entrüstung und entformte sie zu Zweifel
und Angst. Immerhin hatte am anderen Morgen
sie Haltung genug, mit Überzeugung wieder bei

ihm zu sein; und aus ihres Glaubens Kraft bliesen zwei Menschen sich fiebrig an, bis des Mannes Gewalt aller geschändeten Kadaver Gesamtheit vor sie hintürmte und ihr seelisches Gleichgewicht stürzte, daß als Pfeil ihr aufrecht im Herzen ein Finsteres stand. Da hatte Ulrike Ringe um die Augen, und über den Kiefern lagen Schatten in des Fleisches Teichen. Hielt sie sich äußerlich vor Bäslack steif, sah sie, er kannte ihren Bruch und werde sie nicht aus den Fängen lassen.

Zu den übrigen floh sie und suchte aus ihrem Glauben Mut. Alle Soldaten im Saal haßten Bäslack, der sie wie betrogene Betrüger maß und Zähne zeigte, sangen unter Ulrikes blonder Führung sie:
Rußland, o Rußland,
Wie wird es dir ergehen,
Wenn du die deutschen Soldaten wirst sehen?
Deutsche Feldsoldaten
Schießen alle gut
Wehe dir, wehe dir, Rußlands Blut!
oder übers ganze Gesicht lachte, folgte laut das gemeinsame Nachtgebet.

[2013]

Übrigens neigte jäh sein Zustand zur Krise, und eines Morgens stand der Tod so nah bei ihm, daß vom Sterbenden selbst er nicht mehr mißkannt sein konnte. Da schlug Bäslack Ulrike den Blick wie mit dem Hammer ins Herz, daß platt an ihm sie festsaß und goß mit heimlich obszönen Bewegungen ihr eine Flut unflätiger, alle menschlichen Ideale schändender Worte ins Ohr, wozu er selig, fast verklärt, wie zu lösender Beichte lächelte.

Als befleckt Ulrike eine Gebärde des Abscheus machte, ließ er sie, die Decke lüpfend, seines zertrümmerten Leibes Grauen noch einmal schauen, warf mit letztem Schwung ihr das Gesäß entgegen und verschied.

Nach einjähriger Arbeit an der Front ließ Ulrike sich in die Etappen holen. Auf ihrer Station fand sie Kittels Schreiben, der als Feldgeistlicher das Eiserne Kreuz erworben hatte. Sein Brief war Begeisterungsschrei. Mannschaft, untere und obere Führung — alles prachtvoll. Schlacht und Sieg folgten sich wie in Bilderbüchern. Der Soldat rief Halleluja wie Hurra und fiel angemessen schlicht. Zum Schluß schrieb Kittel, wie oft ein Zwang ihn fasse, selbst die Waffe zu nehmen und mit den Stürmern in des Qualms geballteste Wolke sich zu werfen. Einmal habe er nicht widerstehen können: Als bei einem Angriff des Bataillons sämtliche Offiziere gefallen waren, habe den erstbesten Degen er geschwungen, und unter seiner und des Stabsarztes Führung sei frisch die Attacke bis in die feindlichen Gräben geschwenkt worden. Gewiß, sie spüre voll und ganz, welch unvergleichliche Zeit ihnen mitzuerleben vergönnt sei, drücke als ihr ewiger Bruder in Christo, Kittel, er ihr die Hand.

Ulrike sah ihr Leben in Schläuchen sickern, die nicht mehr dicht waren. Kittels Brief stimmte zu Bäslacks Bekenntnissen wie der Jugend hübsches Einerlei zum heutigen Chaos. Doch merkte sie plötzlich Krieg und Krüppel unmittelbarer und jetzige Zustände den Menschen der Epoche gemäßer als alles, was im Frieden gewesen, und das ihr nun wie von einem ironischen Konditor verzuckert schien.

Gelang es mit Standesgenossen noch, deren Sprache zu sprechen, fand sie sich bald in zwei Wesen gesprengt, von denen eins den alten Text geduldig sprach, ein anderes jedes Wort von den Lippen fing und in ihm allemal einen fatalen Gegensinn feststellte. Erschreckend fand Ulrike das Gespenst, belustigte sich aber mit ihm über die andere Ulrike aus der Uckermark, wie die Soldaten sagten.

Durch Erschütterungen entrundet, tat im Lazarett sie mechanisch ihre Pflicht. War mit gähnendem Maul nun Pflegerin wie die anderen, schlürfte durch Bettreihen und schien den Kranken wie Trank und Arzneien bitter.

Doch ekelte sie Unlust zur Arbeit. Kühe und Hühner hätte sie wieder füttern, mit Leuten vom Land deren Notdurft bereden mögen, um nicht bei jeder Handreichung wachsenden Widerstand beugen zu müssen. Das Härteste war, des Zerfalls Ursachen zu nennen und aufzuklären, erlaubte sie sich nicht. Als sie die Verwandlung erkannt, hatte sie sogleich jenen unwiderstehlichen Geist in sich gespürt, der auch im Elternhaus manch Überkommenes belächelte, mit Stolz und

Absicht aber weiterschleppte, als hingen Geltung und Leben davon ab.

So ging wie geköpft sie durch die tolle Zeit. Und als in Reden und Schriften der Unsinn kraß wurde, groteske Ereignisse lärmender prasselten, rettete vor Not sie sich in äußere Zerstreuung. Fand vor europäischer Nacht Licht bei exotischen Kinobildern. Jede freie Stunde, die auf Grund bevorzugter Geburt sie sich jetzt unbedenklich verschaffte, saß sie in der besetzten Hauptstadt Lichtspielsälen, in derem gepflegtesten Krankenhaus sie seit kurzem wirkte. Aus dem Film rollten Geschöpfe in Situationen, die zwar kaum noch wahrscheinlich waren, aber Kanäle zu ihr vertrauten Empfindungen offenließen. Wilde gab's im Busch, zur Rache gekämmte Indianer auf dem Kriegspfad, Schakale in der Jagden Rausch; doch immer konnte der Beschauer an der Kreaturen Gewalttätigkeit begreifend teilnehmen. Es blieb gewissermaßen der Gott sichtbar. Nicht Christus gerade, doch Jehovah, Mohammed oder ein Fetisch, der die Dinge in höherem Sinn lenkte. Im Mord war

Vergeltung, Hunger im Raub, vor Urteil Verbrechen. Es klang die im Orchester gemachte Musik aus den Ereignissen mit. Von feurigen Wassern solcher Abenteuer gewaschen, vermochte Ulrike den täglichen Dienst gefaßter zu verrichten.

Aber mit der Ereignisse Folge schlug Sucht nach eines Herzens Umgang endlich zügellos aus ihr. Von Bekanntschaft sprang zu Bekanntschaft sie nach dem erlösenden Zeichen, mißachtete Schnurrbärte und Monokel und ersehnte vor Essen und Trinken ein einziges Wort, wie sie Bäslack in Katarakten vom Maul geflossen waren. Ihn sah sie innerlich wieder, seiner Blicke klirrenden Fluch, die blanken Verdammungen. Und wie in Rotguß erschien die mit dem letzten Atemzug ihr präsentierte Plastik wieder. Durch Gassen lief sie, stöberte im Gesindel nach kühnen Visagen, drängte in des Mobs Zusammenrottungen und fand auch da zu Brei gewälzte Phrasen, denen noch die Druckerschwärze vom Morgen nachstank. Ein Menschengewühl, über das man Kübel Kleister gestürzt hatte.

Am Ort, wo mit Bekannten sie aß, saß ein Landsmann, der durch sein Äußeres auffiel. Da er mit Herren an ihrem Tisch sprach, hörte sie manches von ihm: ein Maler, Hilfsarbeiter im Gouvernement und Jude. Man sprach halber Zurückhaltung zu ihm, nicht gerade wie Vater Bolz einst zum Pferdehändler Blum, doch weiter noch von der feindlichen Hochachtung entfernt, die am festlichen Abend in Berlin jenem Besternten gegenüber Ulrike einst bei den Ihrigen bemerkt hatte.

Als unterspült und Hemmungslosigkeiten preisgegeben, sie durch die Welt den Blick nach Hilfe schickte, blieb er manchmal bei jenem Mann, der wie aus Quarz die Kinnlade, gestielte Augen trug und auf der Bank wie in sie hineingetrieben saß. Mächtige Schlucke und Bissen tilgte er und schwang aus stählernen Gewinden. Oft auch entzischte ihm Feuer wie aus Gasgebläsen, das Ulrike versengte.

War ihre adelige Struktur auch bis zum Grund gelockert, hielt Vorurteil sie doch reichlich ab, diesen Menschen als aus ihrer Welt zu sehen

Tauchte seine Vorstellung auf, wuchs vom Hals zum Fuß ihr eine Gänsehaut. Wie einen Orang-Utan nahm sie ihn, aber nicht, ohne daß wie vor solchem Tier sie allmählich Schauer kühner Gewalt und urfremd elementarer Art bewehten. Ihr Leben, das sich eben gegen eine Welt gesträubt hatte, suchte sich nur vor dem Nachdenken über die männliche Bestie, die die Freunde Posinsky riefen, zu bewahren, und zum erstenmal fand sie sich eine richtige Bolz, vor einem Lebendigen absichtlich mit geblähten Nüstern stelzend.

Eines Tages in Regengüssen bot er einen Schirm an; sie trat zu ihm, und gleich pfiff er ein so besonderes Lied, daß mit allen Sinnen sie horchte. Merkte sie auch, er führte über Straßen und Plätze sie kreuz und quer, mochte sie ihn nicht hindern und betrat an seinem Arm schließlich eine Wirtschaft.

Ellbogen auf den Tisch gestemmt, hieb er dort so erbarmungslos in das Gerüst der Welt, daß einzelne Zusammenbrüche sie nicht mehr merkte, nur sah, wie mit besessener Kraft und besserem Wissen er zuschlug. Als tränke sie Punsch und sei irgendwie wieder köstlich warm, hatte sie ein Gefühl. Und als er gegangen war, hielt aus seinen Worten eine Wolke sie noch schwebend.

Da waren ihres Urteils mit Mühe verriegelten Schleusen geöffnet. Begriffe in des Gedächtnisses Schacht wechselten Farbe, und in ihrer Erkenntnis war vor Taifun jüngster Tag. Mit schärfstem Mikroskop in der seelischen Brille stand sie vor der Schöpfung und erbrach ihrer Erziehung frommen Betrug auf einmal.

Nun sehnte mit Posinsky sie das Wiedersehen herbei, daß seine guten Gründe ihr das Entdeckte stützten. Doch war das zweitemal er ein anderer. Gut gelaunt und sanft, wies das Zeitgenössische er überhaupt von sich und begann von Dingen ganz außerhalb heutiger Vorstellungen zu sprechen. In Afrika war er gewesen und erzählte von Negervölkern. Auf des Kaffeehaustisches Platte zauberte er Tropenlandschaft und, im Sturz des Lichts, ein scharlachenes Paradies. Von dieser Einfachen Trieben sprach er so dringlich, daß Luft um ihn vor Vergnügen sich rötete, und Hitzschauer durch Ulrikes Wäsche liefen. Europas

Veitstanz ließ er hinter sich und buchstabierte ihr begeistert einen schwarzen Kanon.

Bei späteren Zusammenkünften fuhr er damit fort, und in des Cafés Winkel riß er sie und sich vollständig aus Wirklichkeit. Um rotes Sofa blühte der Brotbaum, kieselten durch Urwälder Stromschnellen, und schwitzte der schwarze Kontinent seine ganze leckere Fruchtbarkeit. Unter Bambus und Bananen, Früchten und Orchideen verschwenderischer Natur sahen in blauen Winden sie ebenholzenen Rassen beim Schaffen zu. Wie Balubas, Hussahs und Watussis rinderweidend, auf der Jagd oder webend, töpfernd und stickend den schlichten Tag hinbrachten, der seit Karthagos Zeiten dauerte. Das war Posinskys Trumpf, des Negers klassische Beständigkeit in jahrtausendelanger Reibung mit den Weißen zu zeigen. Aus ihrem Blut allen Lockungen der Zivilisation trotzend, erhielten sie sich der Götter zauberisch parfümiertes Eiland, um das ein Wall von Eis, dörrender Glut, Wüste und zu dichten Wäldern gekeilt, sie vor eiliger Beweglichkeit schützte. Aber diese Wilden wies er ihr ohne

Philosophie mit handfesten Begriffen, ohne Kunst bildnerisch, fromm ohne Dogmen. Wie ihre Handlungen, aus Trieb unmittelbar aufspringend, die Welt nicht zu Entwicklungen vorwärtsstoßen, sondern das Glück am Feuer bewahren wollten, sie sich erobernd nicht ausgebreitet und versprengt, sondern kraftstrotzend am immer gleichen Platz ihre eigenen Weiber mit seßhaft gewilltem Samen gefüllt hatten.

Aus Ulrikes Brust schoß groß und dunkel eine Blume, die sie mit Lebenssaft begoß, und als deren Schöpfer sie Posinsky ohne sein Wissen liebte, wie man das sich Offenbarende verehrt. Holz- und Elfenbeinskulpturen der Sudanneger besaß er und wollte sie ihr bei sich zeigen. Sie folgte dorthin und bestaunte die kubischen Hölzer; durchblätterte seine afrikanischen Skizzen, in denen er die feurig edle Gestikulation ihr anmerkte. Sie, aus uraltem Stamm, sagte er, habe oft eine Neigung des Kopfes oder der Beine Drehung, die ihn an schwarze Weiber mahnte.

Bald darauf zeichnet er sie vor seinem Tisch. Plötzlich wischt er Kragen und Krawatte fort;

[2023]

man sieht, wie ihn Begeisterung packt. Aufrecht stellt er sie, und mit Rucken zieht Zeug und Wäsche er ihr von den Hüften, daß in Bluse und Schuhen sie nackt vor ihm ist. Dann fegt mit Faustschlägen aus dem Pinsel er des Schenkels Kontur auf den Malgrund.

Modell und Geliebte war sie ihm, wie er sie wollte. Aus allem Sonst. war sie in ihn und auf eine Spirale gerollt, aus der er sie schnellte und sich ducken ließ. Bald stand sie hoch auf Podien, und er renkte ihre Maße in seines Bilds Erfordernisse, daß das Getast unter seinen Griffen bäumte und Gesait zu spitzen Tönen aufschrie oder in Geheul verseufzte. Pedal war sie, von ihm getreten und englische Stimme, durch ihn gelockt. Doch in raumloser, zeitloser Fülle gebar sie sich fortwährend Himmlisches.

Aus gekappten Rändern lief sie ganz in ihn aus und war nur noch Teig, an dem er aß und satt wurde. Da er sie afrikanisch wollte, schickte sie sich an, Trope, schwarzer Beischlaf, halbtierische Schwellung und Geruch von Negerbeize zu sein. Alles Wirkliche war so von ihr gespült, daß Geschosse, die oft genug in die Stadt fielen, ihr von draußen schreckliche Gegenwart nicht mehr vermitteln konnten.

Aber auch Vergangenes ward apokryph. Kam es ihr selten in den Sinn, glaubte sie an Traum und Sage. Das arme Mädchen, das das alles erlebte, mußte einer fremden Rasse angehören, deren Aufnehmer welk und verblüht waren. Manchmal summte Ulrike eine Strophe, die ihr exotisch klang, wegen der Worte, an Schnüre gereiht:

>Gouvernante, Stundenplan,
>Knix, Pflicht, Ordnung, lieber Gott!
>Taufe, Impfung, danke schön,
>Polizei und Magistrat.

und tanzte dazu, indem sie den Bauch kugelig und immer runder rollte.

Mit Posinsky lebte sie auf einem Flur, und ihre Stuben liefen ineinander. Vorhänge hielt sie geschlossen und ging, ihres Dienstes ledig, kaum noch zur Straße. Tag war Vorbereitung für ihn, kam er nach Haus und wollte verschnaufen.

Im großen Wohnzimmer hatte an Pfählen sie den Kral aufgemacht, unter dem auf einer Löwenhaut sie die grellgeschürzten Lenden, fleischige Beine spreizte und einfachste Vorstellungen hatte. Quelle war sie, in die, sich zu nässen, er tauchen sollte, und hielt sich rein und von anderem Verlangen ungetrunken. Kaum gab dem Licht sie mehr nach, das durch Gardinenschlitze nach ihr leckte, sondern war ohne ihn aus aller Wahrnehmung in einen lächelnden Halbschlaf geschält und hörte das Murmeln ferner Meerbusen.

Trat er aber ein, und es klirrten des Himmels Soffitten, entschränkte sich das ausgeruhte Weib, renkte Gelenke an Ketten hervor, und motorisches Pochen klopfte aus allen Gliedern schon den Boden. Dann war Kilimandscharo, keine Zeit und heißer Wind im Halbdunkel, eine polierte Magd und ein saftiger Häuptling. Fast nur ein starker behaarter Affe und die berauschte Äffin.

Von Entwicklungen tropfte Ulrike sich frei und

schabte Ursprüngliches, in Geschlechtern verschüttet, aus sich heraus, bis sie blank und ihr dichtestes Ich war. Jahrtausende hatte sie rückwärts eingeholt und wünschte das späte Paradies nicht herrlicher.

Lächelnd ließ von Posinsky sie sich noch die Häute bemalen und tätowieren; zu tiefem Schwarz das Haar färben. Lippen und Zitzen spitzte sie selbst mit Zinnoberrot.

Ganz im Glück hatte sie nur noch Gehorsam. Peitsche kam von selbst, nach der sie schwank und fröhlich tanzte.

Der Mann aber fühlte sich auch behaglich und verbrauchte zu seinem Einkommen eifrig Ulrikes Rente. Seiner geschmeichelten Eitelkeit gelangen sogar beträchtliche Bilder.

Oft kam er sich erhaben vor, schleifte vor ihm das berückte Fleisch, das eigentlich eine deutsche Gräfin war. Manchmal war er auch traurig darüber, und wußte nicht warum. Immerhin schien er schließlich nicht unglücklich, als Ulrike einen Knaben entband und in der Geburt mit verzückten Grimassen starb.

Da das Kind mit aufgekippten Lippen ihm widerlich schien, gab er es an ein Findelhaus, nicht ohne vorher auf der wichtigsten Leinwand seine Umrisse der unter Palmen schlafenden Ulrike in den Schoß gemalt zu haben.

Das Bild heißt „Nevermore" und hängt in öffentlicher Sammlung.

NACHWORT

Kampf der Metapher!

Das Verdienst beanspruche ich, in einer Komödienreihe, dann in Erzählungen ein bis 1914 wesentlich durch praktische Erfolge und große Bankguthaben hervorragendes Bürgertum als seiner eigenen, gehätschelten Ideologie inkommensurabel gezeigt zu haben.

Ich entfachte zu keiner Erziehung; im Gegenteil warnte ich vor einer Verbesserung göttlicher Welt durch den Bürger und machte ihm Mut zu seinen sogenannten Lastern, mit denen er Erfolge errang, und riet ihm, meiner Verantwortung bewußt, Begriffe, die einseitig nach sittlichem Verdienst messen, als unerheblich und lebensschwächend endlich auch aus seiner Terminologie zu entfernen.

Es sei unwürdig und lohne nicht, das Ziel, eigener Natur zu leben, metaphorisch ängstlich zu umschreiben. Es gehe damit, bei selbstisch gerichtetem Urtrieb, kostbare Kraft verloren.

Auch müsse er fürchten, es käme ihm sonst noch der Proletarier zuvor, der mit Metaphysik und allem Eidos kräftig tabula rasa zu machen sich anschicke, nachdem der Adel schon seit Menschenaltern vernünftig und politisch lebe.

Mein Unternehmen ist nicht ohne Nachfolge geblieben. In manches Dichters Schriften beginnt sich ähnliche Absicht auszudrücken, ohne daß der Verfasser Aufhebens von seines geistigen Mutes Herkunft machte. Mit dem eigenen Namen deckt er vielmehr, was Jahre vorher gültiger durch mich festgelegt wurde.

Thea Sternheim aber, meine Frau, fügte in ihrer Erzählung „Anna" Eigenes zu meinem einmal gewonnenen Standpunkt und hat durch einen Erfolg, den ihr anonymes Werk mit meinen Novellen eines gleichen Bandes beim Publikum und der Kritik fand, eine zwar demütige doch bedeutende Wirkung.

Die Nackten

Eine Dichtung
von
Alfred Wolfenstein

Kurt Wolff Verlag · Leipzig

Bücherei „Der jüngste Tag" Band 51
Gedruckt bei Dietsch & Brückner, Weimar

Inmitten eines leeren Platzes

Ein jugendlicher Mann

Von Dunkel brennt mir das Gesicht,
Voll Betten stehn die Straßen, Schweigen schimpft:
                              Nach Haus!
Verschwinde, unzufriedener Mund, du mit dem Licht
Im Aug, vor luftiger Seele flackernd, störe nicht —
Hier ist es aus!

Ich aber, wenn die Stadt auch steht,
Jage die leere Zeit —
Hier meiner Lungen wache Flügel, weit
Gespannte Lider, noch von Stirn überweht.

Mein Schicksal, das mit knappem Hohn
Den Tag an mir vorüber führte, dämmernd Gift
In Hunger rührte
Und jetzt mit nächtlicher Keulenschwärze trifft:
Ah, glaubt mein hageres Schicksal, ich verzweifle schon?

Zwar blickte ich mich schon zu lang
Nach Fremden um —
Verwandt mit mir, Gesicht und Gang —
Doch nicht Genuß! wie unberührtes Kloster lag

Mein Gaumen stumm, als ich besprang
Ich Tier mit eines Gottes züngelndem Geist den Tag.

Denn euretwegen dacht ich euch
Gewillt und groß,
— Entsetzlich, wenn entzückter Schoß
Auf ödes Fleisch, auf kalter Lippen Lustgekeuch,
Er bis zu seinem Haupt entblößt
Auf steinernen Lärm und Bett entmenschter Arbeit stößt!

Andröhnte euer Morgenleib mit Rad und Knien,
Entlang den Häuserstrahlen kamen Augen schnell:
Der Straßen Spitze, in der Vorstadt nebelndem Grün,
Begann von Menschen neu zu glühn,
Zusammenschoß mit immer dickeren Keilen hell
Die Stadt, um rund des Platzes Tore aufzusperrn —
Die Strahlen schufen hier den Stern.

Doch als ein winzig Irrlicht über vielem Schlamm,
Knattern mit kaltem Blitz
Erschien er mir: Gewellt, gehöhlt, gebuckelt schwamm
Von Wagen auf und ab der Damm,
In Mäulern, Klingeln, Glocken, toll am toten Sitz,
In Häusern, Domen, Warenhäusern zu und auf,
In Zwergen, Riesen, starr im Lauf:
Das Licht erfror —
Das Sehen versank in brausendem Ohr.

Was ist uns Stadt?
Darf sie betäubend Herrin sein?
O packten wir sie — hielten das Haupt mit Macht
                                                hinein:
Sei Spiegel uns und Mittel, des Bewußtseins Bad!
Ihr aber drückt das vorgeschobene Kieferkinn,
Geschäftiges Knie, euer ganz verkäufliches Magazin
In ihren Stein,
Alltäglich prägt der Stahlschrank eure Hand sich ein,
In jede Sache wird gezeugt was Sache braucht,
Halblebend platzt ein Menschending aus ihrem Bauch,
Kriecht Zahlenbuch, thront Börsenschicksal, Wolken kratzt
Ein Menschendüngerhaus,
Maschine euer Held
Hat eure Faust
Und Fingerspitzen nimmt das Geld,
Und also macht ihr sie zu euch, die Stadt — die Welt!

Ihr wollt es? wollt euch nicht mehr sehn?
Der Welt, dem Ungewissen,
Soll nichts gegenüberstehn?
Der Tat Gewißheit, spiegelndes Gewissen
Verklebt von Massen,
Vom regungslos arbeitenden Sumpf,
Durchsichtigkeit stumpf,
Daß Gesicht verholzt
Und Phantasie im immergrünen Tische,
Daß Seele Sand wird und Mensch sinkt ein

Und nur um seinen Staub vermehrt
Steigt rings nur Land:
Ist das euer Wille,
Leidlos abgekartet —
Oder eines Unglücks
Bewußtlose Wüste,
Die schmerzlich auf des Denkenden Zurückkunft wartet?

Zu fest am Körper fühle ich nun meinen Arm,
Der euch zu halten wünschte, nicht bloß ich zu sein,
Und fest nur, daß er helfen könnte.
Da steht um mich des Dunkels Karussell, und ich
Den Schaum der Worte kauend, unbeschäftigt Pferd,
Nicht müde, denn ich tat nichts, denn ich drehte nicht
Die Lampen, Wagen, Tiere, Kinder dieser Stadt:
Doch aus dem bunten Kasten, der inmitten sitzt,
Zäh orgelnd wallt — frech pfeifend steigt — aus
                                          meiner Stirn
Musik des Tages — — eines andern Tages Traum —:

Da schwankt die Wand der Häuser, wie ein Motor bebt,
Dach flattert, Zimmer fahren an, und schneller noch
Rollt euer Bett den Fenstern zu und schwebt hinaus:
Es weht aus allen Vorhängen der Schlafesstadt —
Hierher — — In langen Mondesstrahlen schwenkt zum
                                          Platz,
Der purpurrot am Tage strahlte, kissenweiß
Geheimnisvoll durchsichtig eurer Wünsche Schar —

8

Fällt milchig her — und auf dem Pflaster liegts vor mir
Wie vieler Engel bittend flache Hände bleich.
Denn ihr erträumtet: einer führt hinweg von hier —
Und rief euch gut — und fremd — und gut: ich mache
Ich mache reich —   [reich!

Doch was erblaßt ihr — fliehet — — und statt eurer
                                                  schon
Tritt plötzlich aus dem nahen Prachtbau, reich verziert
Mit Gold und Kürassieren, niedrer Kuppelstirn,
Ein andrer Chor, von würdigem Bart und Gehrock
                                                  schwarz —
Sie ähneln euch und sinds nicht — stampfen brüllend
                                                  an —

Chor der Parteien

Wir haben von dir gehört,
Du kannst reich machen.

Chor der Partei der Stehenden

Zwar wir besitzen schon viel,
Der ganze Grund und Boden
Ist uns vererbt und heilig,
Drum glauben wir an Familie
Und pflanzen steif uns fort.
Wer sonst noch leben will,
Von Erde abgeschnitten,

Muß unser gehorsamer Knecht sein.
Wir wurzeln, wurzeln ständig
So treu und scharf und fromm,
Doch treffen wir in der Erde,
Auf der Erde, über der Erde
Noch andre Menschen an:
Dann knalln wir — — denn wir können
Auch sehr aus uns herausgehn
Für unseres Vaters Land —
Sie weg von unsern Grenzen
Und noch viel weiter weg.
Wir schaffen außen Ordnung
Und innen nichts als Ordnung,
Drum wähle man unsere Partei.
Wohl duldet Eiche nicht Sträucher,
Erst in gemeßner Entfernung
Fängt allemal das Gras an:
Doch jeder steht am Platze,
Immer an seinem Platze,
Ewig alles am selben Platze,
Gott will Abhängigkeit.

Chor der Partei der Schreitenden

Zwar wir sind weit gekommen
Aus eigenen bürgerlichen Kräften,
Die Erde ist beweglich,
Da sollten wir nicht drehn?

Wohl sieht man deren Lauf nicht,
Das kann uns nicht beirren,
Die Wissenschaft beruhigt.
So ist es auch mit Gott.
Der Mensch ist affenartig
Geschwind in Gang und Intelligenz,
Doch sei's mit Maß, mit Maßen.
Er hat unzählige Rechte,
Wird ziemlich frei geboren,
Er gehet an der Kirche
Vorüber ins Kontor.
Er pafft aus seinen Schloten
Und pfeift durch Räderzähne,
Den Himmel klärt er auf,
Die Erde wird verraucht:
Da schützen wiederum Häuser
(Denn Zivilisation beschmutzt nur,
Ums wieder auszugleichen)
In immer besseren Zimmern
Stets fortschreitende Menschen,
In immer glatteren Kleidern
Stets amtlichere Bürger,
Drin geht hochaufgerichtet
Die reinste Vernunft dahin.
Alles geht und es geht alles,
Unser leichtes Programm besteht nicht
Wie Vorredner auf Scholle:
Wir machen alles zu Geld.

Geld rollt. Und heckt idyllisch,
Gleicht Brandung aus, Geld ölet.
Geld ist. Geld ist kein Schwindel,
So ausgedehnt und faßlich —:
Wir brauchen das Abstrakte
Bloß anzufassen: siehe,
Da werden schon Ideen
Für sichere Zwecke brauchbar,
Der Geist ein fester Körper
Und Zeit wird Geld.

Chor der Partei der Rennenden

Zwar wir, wir sind die Starken
Und reißen der ganzen Geschichte
Zusammenhang auseinander!
Und vereinigen doch jeden Vorzug
Dieser feinen Parteien
Und sprechen noch viel schneller
Und sind nur scheinbar Pack.
Was eigentümliche Klassen
Frech lange zusammenpackten,
Wir packens wieder aus.
Das kommt! das kommt von selber,
Denn unser kalter Keller
Wächst groß wie Warenhäuser,
Steigt unsichtbar aufs Dach —
Bis plötzlich auf ein Zeichen

Das ganze reiche Gebäude
Zerfällt —— in unsern Schoß.
So kommts mit Riesenschritten,
Indem wir einfach rennen
An unsere Riesenarbeit,
Wir mästen euch für uns.
Es trappelt morgens Erde
Vom Regen unsrer Beine
— Und manchmal schweigts an manchen
Stellen — kleiner Vorschreck!
Zum ganzen Fressen fehlte
Bisher die Einigkeit.
Man sieht, eure Welt ist unsre,
Ein wenig breit geschlagen,
Ihr pfleget sie zu rund.
Auch unsre schnelleren Füße
Werden so langsam wie ihr,
Wenn unser Gewicht sich steigert —
Wir, nicht besessen wie manche,
Die nicht besitzen wollen,
Wir sehen nur die Geister,
Die Genossen sind,
Wir werden steif wie Raupen,
Wenn Fremdes uns berührt —
Kurz, wünschen sicheren Boden
Unter unseren Füßen
Und über unseren Köpfen
Sicheres Geld und Heu.

Wir müssen nicht mehr stehlen,
Wir sind nur unsere Knechte,
Nicht zweifeln, träumen, denken,
Die Zukunft macht der Staat.

Chor aller Parteien

Zwar ist das wie gesagt —
Doch können wir immer noch mehr gebrauchen.
Wir haben von dir gehört,
Du willst reich machen.

Der Mann

Mich schmerzen meine Ohren, meine Augen auch,
Wie wenn man hinter Kulissen einige Leute sieht
Als Menge Volk, das da mit Absicht etwas brummt,
Und sei es Welt und sei es Geld es klingt da gleich.
— Wohin, die mich verstanden, seid ihr, Träumende —?
Die schoben sich wie fremde falsche Kleider dick
Auf eure Blöße, drängten zwischen euch und mich —

Da leuchten plötzlich wieder mit entwolktem Mond
Die Häuser milchig gläsern auf —: Und Schatten drehn
Sich zitternd gleich Spiralen aus den Winkeln drin,
Durch ihre blassen Glieder scheinen Mauern durch,
Wo Wasser wie die einzige Nahrung niedertropft,
Sie werfen ihrer Seele Schein einander zu,

Unzählige Armen, ein durchspiegelt Krankenhaus,
Ihr Schmerz nur, als ein starrer Knochen, läßt sich sehn.
Durch andre wieder schimmert reiche Seidenwand,
Die ruhlos über Teppich wandern hin und her.
Am Pflaster, hoch im Himmel oder ganzen Haus
Durchkrümmen bittre Würmer die geweißte Stadt,
Es zeichnen sich die vielen Arme flehend ab,
An jener dicken Kuppel zart vorbeigestreckt,
Vorbei an diesen — auf zur aufgewölbten Nacht —
O welche Menge — überall —

Chor der Armen

Der Lichtraum sank. Ein Loch gähnt ihm nach,
Wir atemlos starrn —
Es stecken darin steife Gesichter
Wie Zähne scharf, ein wuchtiges Maul,
Das dick mit erstickend bequemem Gesetz
Und Verordnung polstert den Abgrund.
Doch wissen wir lang, es beißt wie ein Tier,
Gehorchen wir nicht und sehen es fremd
An, so fremd wie wir sind.
Und schleudern ihm stumm ins schallende Haus
Auf Tribünen voll Speichel des Tagesprogramms,
Auf Zungen, wo klappernd ein Schild klebt: Ich
Spreche für Hunderttausend — schleudern
Ins Auge, das ausweicht zum Fenster hinaus,
In den Aufbau der Bravos und klingelnden Lärm

Die Fackel des Blicks,
Der fragt: Vertrittst du den Menschen?
Ich nackt, ganz nackt, arm und nackt,
Ich reich und doch arm und nackt,
Ich stählern das Haar von Hunger gesträubt,
Ich den Spalt in der Stirn, die vom Lichtanprall sprang,
Ich durchgraben die Schläfe von Qual im Glück,
Vom ruhlosen Gedanken, der schöpft und strömt,
Ich Tänzer im Nichts, in Traum und Buch,
Ich, Milch in der Brust, die küßte den Schmerz,
Ich von williger Liebe schmal und verblüht,
Ich knochiger Rest des verschenkten Golds,
Ich Mauer für Händler, ich Wiese dem Tier,
Ich schwarz vom Kampf mit Nacht und Gewalt,
Vom nie mich durchdringenden Kerker.
Und seht auch mich, mit Maschinen zerfleischt,
Den Blick unversehrt,
Mich taub von Fabrik, das Ohr voll Gesang,
Mich gekreuzigt von Mann zu Mann, mit fernem Schoß,
Mich jung genagelt ans lange Büro
Mit fernem Gesicht,
Mich alt, doch im Untergang euch brennend nah,
Mich, die Füße ins Loch der Holzbank gezwängt
Doch lehrerlos federnd zum Himmel.
Und ich bin schwach und schlage mein Herz,
Es arbeite noch für dich, und ich,
Den Flüstern erschreckt, lasse den Tod
Wie Dampfhammer mir in die Ohren schrein,

Ich gegen das Maul, das Geister bespuckt,
Werfe mich Schüchternen rasend, und ich
Durchbohre mein Glück mit Schicksal.
Ich spreche und stehe in Einsamkeit
So wahr wie vor andern, und ich bin schön
Um ein Tier zu erfreun, ich sterbe im Fest,
Ich blühe im Schlamm, ich nicke entzückt,
Wenn Gebärde das Dunkel des Innern erschließt,
Ich enthülle mein Haupt den Häuptern.
Wir Nackten und Armen, so fühlen wir nicht
Sachen, nur Kampf, der daran sich fühlt!
Gewißheit des Menschen, ragend erkämpft
An der schwankenden Erde der Sachen.
Umrandete Welt umfängt grenzenlos
Ein Mensch und außer sich, reich an sich,
An riesigem Schmuck
Der Armut und Kraft,
Gewillt und willig dem Schicksal.
So brennt er in Blitzen des kurzen Besitz
Als Sonne, allein rings und ist rings alles
Und ist nackter Mensch, der über sie auf
Sich schwingt und bewältigt die Welten.

Der Mann

Ein Wald von guten Geistern dicht umflüstert mich
Wie ein Vertrauens wertes zugehöriges Tier —
O ihr Vergessenen, Fremden, Unvertretenen,
Und unsichtbar wie Lüfte über Ländern hin,

Für alle Welten stimmend, doch in eurem Volke
Überzählig, im Gesetze nie genannt,
Weil ihr bei jeder Wahl ja schutzlos übrig bleibt —:
So blickt an diesem Hause — nicht an mir vorbei!
Dort bröckeln schon die schwärzlichen Gestalten ab
Und ducken sich, vom heiligen Worte Mensch gekreuzt,
Verschwindend —. Aber purpurrot von Ungeduld,
Wild und bescheiden aufgerichtet: bleibe ich!
Und zügle mich und sage: Wohl seid ihr allein
Die wahre Welt, o ihr ins Herz Entzückenden,
Und Seligkeit, die, um zu sein, nicht sterben muß,
Und seid ja auch die Irdischen wie Himmlischen
Und duldet, auch zyklopisches Geschick zu sein,
In dem ein helles Auge mitten aus der Stirn,
Ein Wille, flammt und opfert seines Stoffes Scheu.
Zu lieben auf der Möglichkeiten Leibern wird
Mit ewig jungem Samen euer Geist nicht matt —
Ihr seid so neu
Und auch des Ganzen niemals satt:

Und daß ihr doch so starr untätig seid!
Ihr Wundersamen — so allein?
Ihr streckt die Menschenarme weit
Hinauf aus eurer Wohnungen gekreuzten Reihn,
So marmorn parallel euch meidend zur Unendlichkeit?

Wohl rühret ihr einander mit den Herzen an,
Doch dies ist nicht genug,

Verwebt auch eurer Schicksalshäupter Licht und Flug!
Und laßt es nun die Erde fühlen, daß ihr mehr
Als jene seid, kein Volk sich euch vergleichen kann.
Und gegen jedes riesenhohle Kuppelhaus
(Darin ihr so gut fehlt, ihr füllt das Offne aus)
Zusammenziehet euren Bann! gegen des Scheins
Vertreter, o Partei der Sterne,
Ihr müßt euch ja nur zeigen, denn ihr seid schon eins,
Müßt nur den inwendigen Glanz aufwenden
Und euren Blick, der erst am Firmament
Sich traf, ins ungewölbte Leben senden,
Tief in euch greifen, wo es brennt
Von Wirklichkeit,
Und opfern aus den eigenen guten Sternen
Dem Kampf! euer Denken
Dem Kampf ums himmlisch Menschliche!
Die willenlose Erde
Mit eurer Schicksalswilligkeit durchtränken,
Ausstoßen eurer leise singenden Sphären Schrei,
Damit euer Ewiges unsterblich sei,
Und daß auch dieser wuchtigen Welt
Wucht gegenüberrückt,
Der Schwebenden gesammelte Schwere sich eindrückt
Und Hülle und Besitztum von ihr fällt.

Denn euch allein
Ist es gegeben, Schein
Von allem abzuheben, — ich auch fühlte

In eurem Sang letztes Kleid
Niederstürzen von meinem Gesicht,
Die fremden Zutaten, die seit der Kindheit
Mich bedeckten mit Schutt der Zeit,
Daß die eigenen Säulen mir
Immer schwerer sich öffneten,
— Gruben sich auf!
Und dieser Lügen täglicher Schmutz,
Die letzte der Hüllen ist nun nieder,
Die Fäuste, die mich lähmend packten,
Die steinerne Bemäntelung auch des Elternhauses,
Denn ich begriff euch ganz. O nur
Dies unterscheidet mich von euch, ihr Nackten:
Daß ich es sage!
Und glaube, dieser Wunsch sei nicht wider den Sinn,
Den innig ich zu wünschen wage:
Verwirklicht euch!
Laßt euch — euch nicht verloren gehn,
Setzt eure Schönheit ein in die Gewalten,
Die Erde macht mit eurem Sehen sehn!

Und ihr Entblößten, auch des Führers bloß,
Die aufgesprungene Frühlinge durchfliedern,
Und die mit aller Seel und Kraft
Vor mir stehn, mit allen weißen Gliedern
Eures Schicksals, namenlos besonnt,
Und eingefaßt nur geisterhaft
Vom ewig unfaßbaren Horizont,

Euer Schoß ein Meer, zum Himmel ohne Deich —:
Ihr seid reich,
Und darum kann ich euch reich machen,
Lenken in ein Land,
Das blühend liegt über der Sündflut Sachen.
Ihr — sichtbar — sichtbar,
Und sehet selbst euch grenzenlos erhellt,
Ihr laßt zwischen euch und Schöpfung nichts mehr klaffen.
Denn euer Leiden, euer Jubeln, ganz geschwellt,
Euer ganz Überwältigtsein: ist schon die Welt —
Und ihr sollt ihre Wirklichkeit
Nur noch erschaffen!
Weil ihr nicht Gott sondern Menschen seid.

Es dämmert, blinkt,
Wind wirft der Stoß der Sonne auf,
Der Boden summt, die Erde beginnt sich zu drehn,
Der Morgen steigt aus tiefem Ton.
Doch eure Häuser, mit des Mondes fliehendem Licht,
Schließen mir erstarrend wieder ihr Gesicht,
In blinden Stein entschwindet ihr — ummauert schon —
Und ich will gehen
Und euch im Tage wiedersehen —
Und glauben:
Daß in eines neuen Reiches Tag,
In hallendem Haus,
Von Weltenfenstern hell wie freier Himmel,
Wir plötzlich gleich Gewählten stehen —

Weil unser Kampf, der fest hinaus
Ins Sichtbare aus unserer Seele springt
Und nun sein Feld entfaltet als die Fahne
Gelingt — und in dem großen Haus
Die Rede immer leiser klingt,
Doch donnert Tat und nie genug getane
Liebe, nie genug geliebter Geist,
Der jedes nun geschriebene Gesetz durchdringt,
Das immer neuen Jubelsturmes angenommen
Stets Freiheit heißt.
An die gebeugten Rücken Flügel heftend winkt
Der Geist sie ewig-täglich aus der langen Blendung
Hinweg und in das nackte Licht hinan —:
Und mit dem strahlenden Gesicht
Des Schicksals und des Menschen
Vertritt ihn dann
Das gute Volk, noch unerfüllter Sendung.

OSKAR BAUM
ZWEI ERZÄHLUNGEN

LEIPZIG
KURT WOLFF VERLAG

BÜCHEREI DER JÜNGSTE TAG BAND 52
GEDRUCKT BEI DIETSCH & BRÜCKNER · WEIMAR

[2052]

DER GELIEBTE

Der schweigsame kleine Pope schritt mit der Laterne voraus und bezeichnete dem »Herrn Unteroffizier«, der ihm offenbar durch seine Kenntnis des Russischen eine furchtsame, tiefe Ergebenheit abnötigte, die Häuser, deren Bewohner geflüchtet oder die schon von den Russen nach Leinen- und sonstigem Verbandzeug durchsucht waren, aber Richner hatte ihn im Verdacht, daß er so vielleicht nur seine besondern Schützlinge vor ihm bewahren wollte. In den Sälen der Schule und des Gemeindeamts drunten lagen die Blutenden von Stunde zu Stunde immer dichter beieinander auf ihrem Stroh.

In eines dieser Häuser nun, aus dem er Geräusche zu hören glaubte — es war eines der letzten vereinzelten Gehöfte am Waldrand jenseits des Flusses — drang er trotzdem ein, fand jedoch wirklich alle Räume zerstört und verlassen und wollte schon wieder fortgehen, als er am Ende eines Ganges vor einer verschlossenen Tür ein junges Mädchen auf einem Reisekorb sitzen sah, regungslos mit gesenktem Kopf, als ob sie schliefe. Er trat mit dem Licht vor sie hin. Sie hatte offene Augen, blickte sinnend auf ein Stückchen Boden vor sich. Sie merkte immer noch nicht, daß jemand gekommen war, obgleich beide sie anriefen und miteinander laut von ihr sprachen.

Der Pope schien aufrichtig verwundert und geradezu beunruhigt über ihre Anwesenheit, fragte sie, warum sie denn nicht mit den Ihren geflüchtet sei und sich seither hier versteckt halte, daß kein Mensch im Dorf unten eine Ahnung habe, sie sei da? Er redete nachsichtig sanft wie zu einem kranken Kinde, nannte sie bei ihrem Vornamen, warb geduldig auf alle mögliche Weise um ein Lebenszeichen und hob ihr zuletzt das Kinn, als ihr teilnahmsloses stumm gesenktes Gesicht nicht mehr zu ertragen war.

Sie sah ihn mit großen erstaunten Augen an, als erwache sie und erkannte ihn wohl nicht gleich. Dann glitt ein Zittern über ihr Gesicht, sie lächelte verlegen und fragte in ziemlich natürlichem höflichem Ton, was die Herren hier wünschten?

Richner wollte die Dinge aufzählen, die er brauchte, aber der Pope machte ihm ein Zeichen, daß das hier zwecklos sei, ging gar nicht auf ihre Frage ein, sondern redete ihr zu, doch nicht hier allein zu bleiben, lieber mit ihm zu guten Freunden zu gehen.

Das Mädchen lächelte nur müde und gequält und sah stumm an ihm vorbei auf den Deutschen. Sie hatte ein wenig schrägliegende dunkle Augen unter sehr langen Wimpern. Das abgezehrte, von Leiden vergeistigte Gesicht saß seltsam auf dem bäurisch breiten untersetzten Körper. Die hellen Haarmassen auf dem Kopf schienen noch reicher dadurch, daß sie, nur unordentlich und flüchtig aufgesteckt, über Ohren und Hals hinabfielen.

Mit wachsender rätselhaft angstvoller Spannung durchforschte ihr Blick Richners Mienen. Jetzt trat sie auf ihn zu: »Ein fremder guter Mensch!« sagte sie nachdenklich und schüttelte langsam den Kopf, »ein solches Gesicht kann nicht lügen!«

Der Pope faßte sie bei den Händen und wollte sie mit sanfter Gewalt fortführen. Aber ein Zucken wie Ekel lief ihr durch den Leib und sie schüttelte das Männchen zornig ab. »Wie lange bleiben Sie noch hier?« fragte sie Richner.

»So noch ein bis zwei Wochen vielleicht,« sagte er, verwirrt von der sonderbaren Frage, »bis die Kleinigkeiten da geheilt sind,« er deutete auf die verbundenen Stellen.

»Nun, zwei Wochen sind auch etwas,« sie nickte einigermaßen befriedigt, »nicht wahr, Sie helfen gern, wo es nötig ist? Und wenn's überdies ein unglückliches Mädchen betrifft? Es ist etwas sehr Wichtiges, von dem ich rede.« Sie senkte die Stimme. »Werden Sie kommen, sich danach zu erkundigen? Aber allein!«

Der Pope winkte Richner voll Unruhe, gar nicht zu antworten, machte ihm eifrig Zeichen, zuckte die Achseln und ging zur Ausgangstür voraus.

»Ich bin nicht verrückt,« flüsterte das Mädchen Richner zu, »kommen Sie nur!«

Als sie dann draußen den Weg fortsetzten, erzählte der Pope, daß das Mädchen noch vor gar nicht langer Zeit fröhlich und gesund und viel schöner als jetzt gewesen sei. Ihr Bräutigam war im Frühjahr verschwunden, wahrscheinlich desertiert. Er hatte sich verabschiedet, um zu seinem Regiment abzugehen und seither fehlte von ihm jede Spur. Sie aber wollte es nicht glauben und wartete immerfort auf Nachricht von ihm. Ihre Angst, ihre Sorge und Unruhe saß ihr wie ein immer tiefer eindringender Fremdkörper in Seele und Leib. Die unabsehbare Trennung, die stete Ungewißheit und namenlose Verlassenheit war zu viel für sie und die Natur richtete eine Mauer gegen das Unerträgliche auf: ihr Geist verwirrte sich.

Als Richner am nächsten Morgen, nicht ganz zufällig, an dem Hause vorbeikam, sah er das Mädchen hinten im Garten lässig bei irgendwelchen Erdarbeiten. Er trat an den Zaun und sah ihr zu.

Da hob sie den Kopf und erkannte ihn augenscheinlich, richtete sich auf, stützte sich auf den Spaten und betrachtete ihn. »Herr,« sagte sie, »Sie sehen meinem Bräutigam ähnlich!«

Er fuhr zusammen, ein Schauer überlief ihn bei diesem unsäglich innigen zutraulichen Ton, der von einem schwer zurückgedrängten Schmerz unsicher schwankte.

Der Pope hatte ihm gestern erzählt, daß ihr eine Zeitlang bei jedem eine Ähnlichkeit mit ihrem Bräutigam aufgefallen war. Sie hatte ihn wohl immer vor Augen, sah ihn überall um sich her und sein Bild verdeckte ihr jede Gestalt und jedes Gesicht.

Sie trat zu ihm an den Zaun: »Wollen Sie nicht zu mir hereinkommen?« fragte sie schüchtern, »ich habe es hier so einsam!«

Er blickte unschlüssig, prüfend in ihr ernstes blasses Gesicht, ganz verwirrt von der erwartungsvollen Spannung darin.

»Ach ja, nicht wahr, Sie kommen?« Sie faßte ihn beim Arm und sah ihm, indem sie ein wenig den Kopf neigte, von unten herauf in die Augen, »Sie werden bei mir bleiben, ja? bis — bis — Es ist so unheimlich hier im Hause allein! Gewissermaßen allein oder eigentlich viel schlimmer als das! Und weithin überall nur leere Häuser! Ich war schon so am Rande. Ich wußte nicht, daß ich auf jemanden wartete; erst als ich Sie sah, fiel es mir ein. Und Sie werden auch etwas für mich tun, nicht wahr? Mir helfen, wenn ich Sie sehr bitte. Werden Sie, werden Sie?« Das ängstlich gespannte Kinderflehen in ihren Augen hatte etwas unsäglich Hilfloses, Verzweifeltes.

Die Tränen stiegen ihm auf. »Ja, ja, natürlich!« sagte er eilig, »gern!«

Sie nickte gerührt und streichelte seinen Arm. »Alles?« fragte sie leise und zaghaft, »und wenn es das Schwerste auf der Welt wäre?«

»Alles,« erwiderte er ernst und eine Welle überströmender inniger Hingabe hob ihn hoch, er wäre in dem Augenblick wirklich alles für dies fremde Geschöpf zu tun imstande gewesen.

Sie stand eine Weile und atmete tief. Dann winkte sie ihm entschlossen, ihr zu folgen und ging eilig quer über den Garten dem Hause zu.

Er sah nach der Gartentür aus. Ja, sie war ganz nahe, aber geschlossen. Das Mädchen wandte ungeduldig den Kopf nach ihm. Da kletterte er denn, wiewohl es mit dem wunden Bein einigermaßen beschwerlich war, über den Zaun. Vor dem Hause hielt sie an und wartete auf ihn.

Er stand nun vor ihr.

»Ich weiß ja nicht, ob es nützen wird,« sagte sie mutlos und sann mit halbgeschlossenen Augen vor sich hin, »aber tun muß man es doch! Man muß doch!« Eine Verzweiflung zuckte in ihrem weißen Gesicht, die nicht niederzuzwingen war. Ihr Mund, ihre Nasenflügel, ihre Augenlider zuckten.

»Worin soll ich Ihnen helfen?« fragte er nach einer geraumen Weile, um sie an seine Anwesenheit zu erinnern.

Sie sah auf: »Ich werde es Ihnen zuerst erzählen,« und sie wies auf die Bank neben der Tür, ohne sich selbst zu setzen. »Wissen Sie, ich hätte ja einfach jemanden aus dem Dorf unten rufen können. Der Pope hätte mir's auch getan. Aber ich muß einen Fremden dazu haben. Ich weiß nicht, ob Sie das verstehen werden. Ich würde es nicht ertragen, wenn es ein Freund oder überhaupt ein Bekannter von früher wäre. Nicht, daß ich fürchtete, sie könnten mich steinigen. Oder doch ja, ein wenig fürchte ich mich schon auch!« Sie lauschte nach dem Hause hin. Nichts rührte sich dort. »Er ist nicht fort,« begann sie geheimnisvoll, »nein, er war überhaupt nicht fort. Ach, Sie wissen ja noch gar nicht, daß ich verlobt war, doch? Nun, ich ließ ihn nicht. Der Krieg dauerte damals schon so lange. Er wurde irgendwo in der Ferne ausgekämpft. Niemand dachte, daß er uns hier angehen könnte. Er begann erst für mich, als mein Bräutigam einberufen wurde. Am letzten Abend nun war er bei uns bis spät in der Nacht. Und ich goß wieder und wieder sein Glas voll. Ich hätte es auch ohne Absicht getan. Er war so traurig! Ja, ja, das kann er nicht leugnen. Und ich, ach, was war ich an diesem Abend! Niemand freilich sah mir an, wie wahnsinnig ich war. Alle weinten sie mehr als ich. Nach dem Abschied dann, als er fortging, ging ich mit ihm vor die Tür hinaus, die Treppe hinab, auf die Gasse. Niemand wunderte sich, daß ich mich von ihm nicht trennen konnte. Er aber wußte nicht, wo er ging und fast nicht, wer mit ihm sprach. Er lachte und sang und mein Vorhaben war leichter auszuführen, als ich gedacht hatte. Ich führte ihn hinunter in unsern Kohlenkeller,« sie dämpfte ihre Stimme und faßte heftig seinen Arm. Spitz bohrten sich die umklammernden Finger ein, »nicht in den andern, wo alle unsere Vorräte lagen und jeden Augenblick jemand hineinkam! Das war wohl überlegt. Ich band ihm Hände und Füße, das können Sie mir glauben. Band auch ein dickes Tuch um seinen Mund. Ein unabsichtlicher Schrei oder Ausruf in der Überraschung des Erwachens, dachte ich, wenn gerade zufällig jemand am Keller vorbeikäme. Und die Vorsicht erwies sich weit notwendiger, als ich dachte, aber aus einem Grunde, den ich wahrhaftig nicht hatte voraussehen können. Ich dachte nur, wenn wir es vorher beraten und beschließen würden, würde er es nicht wagen. Deshalb hatte ich ihn dazu zwingen wollen. Doch er war mit dem Mittel zur Rettung unzufrieden, denken Sie nur! Als er am Morgen seinen Rausch ausgeschlafen hatte, begann ein richtiger Kampf zwischen uns. — Ich war früher als alle anderen im Hause aufgestanden. Nicht aus Vorsicht und Ängstlichkeit. Ich hatte die ganze Nacht nicht schlafen können vor Glück, vor Freude über den Einfall und die gelungene Ausführung. Behutsam schlich ich durchs schlafende Haus. Mir war so selig zumute, als schliche ich zu einem verbotenen Stelldichein. Wie dankbar würde er mir sein für diese Eingebung der Liebe, dachte ich. Wie zu unverhofftem neuem Leben erwacht, mußte er sich doch fühlen! Statt in den Krieg zu müssen, im Arm der Geliebten zu bleiben, in ihrem Hause, von ihr gepflegt! Und ich malte mir aus, wie ich ihm das Leben drunten in dem engen dumpfen Raum erleichtern und verschönern wollte, ohne selbst die Eltern einzuweihen, da es ja allzu gefährlich war. Aber er, — als ich ihn zärtlich mit Küssen weckte, als er erfuhr, was ich vorhatte, — er wurde tobsüchtig vor Zorn über meine Zumutung. Sofort solle ich ihn freilassen, damit er noch den Zug erreiche. Ich flehte schmeichelnd und kosend, ohne auf seine Worte zu hören, er möchte, wenn schon nicht anders, so aus Güte und Mitleid für mich dableiben, da es doch ging. Er wäre einfach verschollen. Kein Mensch würde ihn hier suchen. Ich kniete vor ihm und bat ihn weinend mit gerungenen Händen. Er aber stieß mich von sich und herrschte mich wütend an, ich solle mich schämen, in solcher ernsten Sache eine so lächerliche Komödie zu machen. Ich verstünde von diesen Angelegenheiten nichts. Was würden die Leute im Dorf und was seine Kameraden bei der Kompanie von ihm sagen? — An solche Dinge dachte er, wo es sich um sein Leben handelte! Wahrhaftig, die Männer wissen nicht, was das Leben ist! — Und als er nachher, da ich ihn um keinen Preis losbinden wollte, mit aller Kraft um Hilfe zu brüllen begann, da packte mich die Wut über seine Dummheit und die Verzweiflung, daß er nun doch fort sollte und ich stopfte ihm ein Tuch in den Mund und band es fest. Da mochte er beißen und sich werfen, soviel er wollte. Ich werde ihn eben zu seinem Glück zwingen, wenn er so dumm ist, dachte ich. Er wird mir schon einmal Dank wissen. Aber schrecklich war es, wie er so hilflos war und ganz in meiner Gewalt, er, vor dem ich immer demütig gezittert hatte.« Grauen verzerrte ihr Gesicht und verdunkelte ihre Augen voll Tränen, »hatte ich denn nicht recht? Gehörte er nicht auch mir? Durfte er überhaupt noch allein über sich bestimmen? Nun, — Sie verstehen jetzt, warum ich nicht fliehen wollte. Ich war ja glücklich, als sie alle fort waren. Es wurde mir nicht leicht, meinen Gefangenen mit allem Notwendigen zu versehen, ohne daß jemand etwas ahnte. Aber ich war schlau. Es gelang mir sogar, unauffällig, einen Teil der Kohle hinaufzuschaffen. Ich kochte ihm seine Lieblingsspeisen, brachte ihm täglich frische Tannenzweige und Blumen, weil die Luft unten so dick und häßlich war, aber ihn freute nichts von alledem. Eine Zeitlang berührte er die Speisen nicht und wollte verhungern. Zu schreien oder sonstwie aus dem Loch heraus zu wollen, wagte er nicht mehr. Er wollte nicht als Deserteur erschossen werden. Mich haßte er. Ja! Er drehte mir den Rücken, wenn ich eintrat, er stieß nach mir, wenn ich ihm nahe kam. Wenn ich mich schmeichelnd an ihn schmiegte, von süßen Hoffnungen sprach, vom baldigen Kriegsende und den schönen Tagen unserer Zukunft, da lachte er nur so eigentümlich, daß es einem kalt den Rücken hinablief oder er wurde wild und schlug mich.

Manchmal weinte er, wenn ich kam. ‚Ach, wie schön auf Wiesen in freier Luft zu schlafen,' sagte er, ‚zwischen den Kameraden durch Wälder marschieren oder über Felder hinstürmen!'

Er war nicht krank, gar nicht! Nur ein wenig schwach natürlich. Ewig in dem Loch voll Kohlenstaub zu sein bei dem elenden Licht des Öllämpchens! Wer konnte aber auch wissen, daß der Krieg so lange dauern würde?

Ich sehnte mich nach ihm, so wie er ehedem gewesen, nach einem guten Wort, nach seinem sanften Streicheln. Aber er war stumpf und leblos geworden wie ausgedörrt und wurde immer stumpfer und lebloser.

Das ging so Monate.

Als die deutschen Granaten um uns hier in die Häuser schlugen, kam ich lachend und weinend vor Freude zu ihm hinunter, tanzte und sprang: Jetzt, jetzt war die schreckliche Gefangenschaft für ihn zu Ende, jetzt konnte er heraus und die Rettung war besiegelt. ‚Siehst du, siehst du, wo wärst du jetzt, wenn ich dich gelassen hätte?' Und ich umschlang ihn jauchzend und wollte mit ihm umhertanzen, soweit es der Raum zuließ. Da aber kam das Entsetzliche!« Ein Zittern lief über ihren Körper und sie neigte sich vor, als sähe sie das, was sie erzählte: »Er schleuderte mich von sich, bis zur Tür flog ich. ,Wie kannst du dich freuen, wenn die Feinde kommen? Du Ehrlose, Hirnlose, du Tier aus dem Stall!' Der Schaum stand ihm vor dem Mund. Mit geschwungenen Fäusten stürzte er auf mich los. Ich war zuerst wie gelähmt vor Angst und Schrecken und Verblüffung. Dann floh ich, warf hinter mir die Tür zu und versperrte sie. Ich überlegte nicht warum, aber nicht aus Furcht meinetwegen, wahrhaftig! Droben rast der Kampf, dachte ich, er weiß jetzt nicht, was er tut und rennt in die Kugeln. Mußte ich nicht so denken? Wo, wo ist meine Schuld?« Sie schlug die Hände vors Gesicht, geballte Fäuste bohrte sie in die Wangen. Keuchend, schwer schleppte die Brust ihren Atem. »Vor der geschlossenen Tür,« fuhr sie nach einer langen Pause sehr leise fort, »auf den Stufen kniete ich atemlos, als wenn ich wer weiß wie gelaufen wäre, und lauschte. Ich weiß nicht, ob er mit dem Kopf gegen die Mauer rannte oder ob er in der Raserei so unglücklich zu Boden stürzte. Es war nicht zu unterscheiden! Ich war sogleich drin, als ich ihn hinschlagen hörte. Ich untersuchte ihn und dachte: Gottlob, es ist ihm nichts geschehen. Es floß kein Tropfen Blut, es war keine Wunde.« Sie richtete sich mit matter Willenskraft langsam auf: »Also kommen Sie!« Und sie wandte sich ins Haus.

Er sah sie forschend an: »Wohin denn?«

»Wollen Sie mir nicht helfen?« fragte sie verwundert, »Sie haben mir's doch versprochen!« Und sie ging voraus.

»Was habe ich versprochen?« dachte er beunruhigt.

Sie führte ihn durch einen langen Gang, nahm eine kleine Laterne, die dort in einer Ecke hing und stieg eine schmale gewundene Treppe hinab. Auf den untersten Stufen blieb sie stehen und wandte sich um: »Ich bekomme ihn allein nicht herauf!« flüsterte sie, »er ist schwer!« Sie stellte die Laterne nieder und suchte in der Tasche. Dann steckte sie den Schlüssel ins Schloß, er knackte zweimal. Die niedrige alte Kellertür fiel schwer gegen die Mauer. Ein unerträglicher Geruch, der schon auf der Treppe zu merken gewesen war, schlug ihnen entgegen. Sie hob die Laterne hoch. Der Lichtkreis erreichte eine breite Mannsgestalt, die aufrecht an der Wand lehnte. Es war keine Leiche.

»So ist er seither,« flüsterte sie.

Ein ganz von Bart überwachsenes Gesicht mit gläsernem Tierblick neigte sich vor, schwer gelallte Laute bewegten den Mund und hagere Hände mit sehr langen Fingernägeln griffen nach dem Licht.

»Also warum fassen Sie nicht zu?« flehte sie gequält, »ich werde Ihnen dann schon helfen!«

Richner streckte mechanisch die Hand nach der Schulter des Mannes aus.

Mit einem tiefen grollenden Knurren aus geschlossenem Mund zog der Mann Arme und Beine an sich und preßte den Leib trotzig gegen die Wand.

Mochte es nun der Geruch in dem Raum sein, das langgezogene wie von fernher drohende Hundeknurren oder die Berührung der Fingerspitzen mit dem haarigen Hals, der so kühl und feucht wie die Mauer war, – über Richner schlug ein übermächtiges Grauen zusammen. Er sprang hinaus. Ein gellendes Gelächter folgte ihm die Treppe hinauf.

Er stand auf der Straße. Etwas saß ihm im Rücken und peitschte ihn wie Kinder im Dunkel, hinunter zwischen bewohnte Häuser zu kommen, unter Menschen!

Auf den Wiesen lag die Mittagssonne und sie spiegelte sich im Fluß, als er über die schwankende Brücke floh.

Wie? Hätten nicht vielleicht alle Frauen so gehandelt, wenn sie den Einfall gehabt hätten? – Und er sah alle Männer der Welt in die lichtlosen Kellerkäfige ihrer Häuser ohnmächtig eingesperrt, statt auf der verzweifelten Suche nach dem notwendigen Weg zum Glück ⟨in der Raserei des Zornes über das vergebliche Umirren⟩ miteinander um die Macht und Ehre ihres Volkes zu ringen.

Hinter der Brücke blieb er stehen und sah zurück. Er unterschied noch das helle Holzgitter des vorspringenden Gartenzauns.

Es widerstrebte ihm, damit jetzt zum Popen zu gehen, aber was hätte er anderes tun sollen?

UNWAHRSCHEINLICHES GERÜCHT VOM ENDE EINES VOLKSMANNS

Ein blauer Sommertag lag über dem stillen Dorf. In den Feldern draußen klangen die Sicheln und Sensen und rauschten in den Halmen zu den Reden der Weiber. Von einigen ganz nahen hörte man es bis auf den Platz vor der Kirche. Der Pfarrer las heute die Messe fast nur für den Küster und war vielleicht darum so merklich bald fertig.

In den Dorfstraßen schliefen die Hunde, die Sonne brannte in die leeren Höfe und niemand hörte einem kleinen Kinde zu, das eingesperrt im Stübchen hinter dem Fenster in seinem Korbe lag. Es kaute am Unterleib eines ehemaligen Kautschuksoldaten und lachte und spuckte und strampelte und freute sich über Gott weiß was.

Da raste rasselnd, brauste, donnerte, schoß ein Auto die unaufhörliche Landstraße von der Bahnstation herunter, dampfte hohe weiße graue Wolken um sich, hinter sich langhin bis an den Himmel. Der hagere rotbärtige Mann drin beugte sich fast gleichzeitig nach rechts und links hinaus und seine Augen drangen auf die Häuser, die Zäune, die Meilensteine, die Bäume zu beiden Seiten ein.

Der Chauffeur mußte schon einiges gewohnt sein, denn er blieb sitzen, wandte den Kopf nicht, lächelte kaum, als in dem Augenblick, da er eben erst zu halten beabsichtigte, sein Herr schon aus dem Wagen und gegen die Tür des Wirtshauses sprang, die er, hoffentlich nur, weil sie gerade zufällig angelehnt war, mit den Füßen aufstieß. Ein markerschütternder Schrei war sein: »Wirt!« Es hallte in dem leeren Hause: »Wirt!«

Er war nicht zu Hause und auch die Wirtin nicht, selbst die Kinder waren draußen auf den Feldern. Nur ein alter Großvater schlurfte endlich zittrig in seinen zerlumpten Schlafschuhen aus dem dämmrigen Hintergrund des schmalen tiefen Gangs heran.

»Ja, was soll denn das heißen?« fuhr der Herr los, »niemand an der Bahn, niemand hier! Was ist das für eine Ortsgruppe?«

»Bier?« fragte der Alte zaghaft, »Wein? — Aber mein Sohn hat leider die Kellerschlüssel mit, — er ist so ängstlich! — «

Wie die plötzlich in die wahrgenommene Welt durchgebrochene ewige mechanische Herzensangst der toten Materie pulste, hämmerte unerschöpflich gleichmäßig hilflos verzweifelt die gefesselte Kraft des stehenden Motors draußen hinter ihnen auf der Straße.

»Ja, wo ist denn der Ausschuß, das Komitee, der Vertrauensmann oder nur ein Ersatzobmannstellvertreter? Nächste Woche ist doch die Wahl!« Der Herr keuchte, tobte verzweifelt, fast weinend. Er drang auf den Alten ein: seine Augen, seine Hände, seine Zähne funkelten.

Der Greis sah ihn ängstlich forschend an, sehr gern bereit, zu erschrecken und zu bereuen, schuldbewußt schon, weil er noch nicht herausbekommen hatte, warum und in welcher Art es von ihm erwartet wurde.

»Siebenunddreißig Dörfer, fünf Marktflecken, drei Städte gehören zu meinem Wahlkreis! Glaubt man hier, ich habe siebenunddreißig Wochen, fünf Monate, drei Jahre zur Verfügung? Sie, Mann, hören Sie! Was denkt man hier? Was stellt man sich denn hier vor?«

Wie sollte der Greis, der sich gewiß auch in seiner Jugend nie näher mit Politik befaßt hatte, ahnen, daß es sich dem Herrn unmöglich um das Gewicht der Wählerschaft in diesem Örtchen handeln konnte und etwas Tieferes auf dem Grunde dieser Erregung war? Wie sollte er ahnen, daß der Herr im Vorbeifahren beim Anblick des selig strampelnden Kleinen in seinem Korbe hinter dem Fenster fern zu Hause sein einsames krankes Kind nach ihm wimmern hörte und gehetzt und getrieben vor dem wahnsinnigen Wunsche floh, schwächer zu sein, nicht so durchdrungen von dem richtigen Notwendigen, oder kalte eiserne Maschine zu werden ohne Leben für sich, ohne Gefühl in den Gliedern, empfindungslose Hülse des leuchtenden Wissens vom Notwendigen ohne Wahl, abgeschnellt seinen einen Weg abzuschnurren. — — Wie sollte der Greis das ahnen? — Aber mit jenem rätselhaften Feingefühl, wie es manche, auch ungebildete Menschen deutlich vor andern auszeichnet, spürte er genau, daß er von dem Schreiben der Frau an den Gemeindevorsteher, — oder war es ein Telegramm? — durch das heute morgen im letzten Augenblick die schon anberaumte Versammlung abgesagt worden, besser vielleicht nichts erwähne.

»Die Ernte!« wagte er versuchsweise schüchtern für jeden Fall, »wenn so lange Regenwetter war, und dann die Sonne schön herauskommt.« —

»Ernte! Welche politische Reife!« Der Herr lachte erbittert, »begreift ihr denn nicht, daß alles Ernten, alles Säen, alles Haben und Verdienen euch nichts nützen kann, wenn die falschen Grundsätze euch regieren, zur Macht kommen!«

Er blickte dabei die Wände entlang nach allen Seiten, bohrend bis in die Schatten der Winkel, als ob er durch die Decke, durch den Boden sehen könnte, wenn er nur allen Willen in die Augen brachte. Er glaubte, er müßte es doch dem Hause von außen ansehen, wenn man drin auf ihn wartete. Er suchte in den Augen, in den Mienen des Alten, aber er fragte nicht! Nicht einmal, ob Fremdenzimmer im Hause seien. — Wie qualvoll, daß es so geheim bleiben mußte! Wenn er wenigstens sich hätte erkundigen dürfen, ob nicht jemand durch den Ort gekommen war und nach ihm gefragt hatte! Aber sie hatten ja nicht nach ihm gefragt. Diese Menschen waren viel zu gefühllos, gewissenhaft und beherrscht!

Da wies das Greislein mit einer plötzlichen Erleuchtung freudig nach den weit offenen Türen des Wirtssaals an der Seite und drin auf die sehr nahe zusammengeschobenen Tische, die langen dichten Stuhlreihen und das wirklich bereitstehende, einladend hohe Podium, vielleicht für die Musikanten des nächsten Tanzabends vorbereitet, vielleicht von einer gestrigen Versammlung des Gegenkandidaten stehengeblieben. »Ich brauche sie nur zusammenzurufen!« rief er glückstrahlend, »sie werden alle gleich da sein.«

»Rufen!« fuhr der Herr gereizt auf, »er wird sie rufen! Wie sich das Bild der Welt im Kopfe so eines einfachen Mannes malt! Nachmittags habe ich in Klarbach, dann in Alt=Gustiz, spät abends noch in Oberreizendorf, morgen in Kieseck zu reden! Und jetzt will er sie — rufen! Oh, wenn man doch Redner und Hörer, Führer und Geführter, Gott und Welt zugleich sein könnte! Aber so allein, allein mit seiner Pflicht! Und alle Opfer, alle Hingabe, restlose Bereitschaft ungenommen, ungehört, ohne Sinn, wie ungetan verloren . . .«

Der Alte aber hörte nicht auf ihn, drückte sich demütig, geduckt, voll Vorsicht in der Tür an ihm vorbei und klopfte mit seinem Stock hastig die Straße hinab. Es schien, als versuche er, ob es mit kleineren Schritten vielleicht schneller vorwärts ginge, so sehr war alles an ihm Eifer und Bewegung. »Sie werden schon kommen!«

Der Herr sah ihm verzweifelt nach, griff sich mit den Fäusten in die Haare. Wenn nur einer von diesen Menschen hier ahnte, was auf dem Spiele stand: die Zukunft des Staates! Sie wußten ja gar nicht, was das war! Glück und Freiheit aller, vielleicht die erlösende große Einsicht, die Gerechtigkeit von oben, vom Sitz der Macht! — Da schlich, kroch, schob sich der schlurfende Greis, nun war er schließlich doch um die Ecke verschwunden. Er kam ja niemals auch nur zum ersten Feld! Und während auf irgendeiner Station, auf der nächsten vielleicht, jetzt eben die Jahrzehnte herbeigesehnte Gelegenheit für Beglückung und Befreiung des Volkes einstieg und weiterfuhr, weiter und weiter vor ihm her, vielleicht nicht mehr zu erreichen, — mußte er hier stehen und warten. —

»Ja, aber warum wartete er? Warum setzte er sich nicht auch ein und fuhr davon? Warum kam ihm dieser Gedanke gar nicht? War das die Schuld? Daß Worte in ihm drängten, Dinge, die er den Leuten zu sagen hatte, gerade diesen Leuten, die stumpf und taub waren gegen die Notwendigkeit, daß jeder einzelne mit seinem Willen den Staat belebe! — Daß es wenige waren? Ach, wenn das Wort in ein richtiges Ohr fiel, konnte es oft wichtiger sein als ein Meetinggewimmel, und wann konnte man wissen, wo dieser eine war und wo er nicht war? —

Nur wer die menschliche Natur nicht kennt oder die Vorgänge in seinem Innern nicht nachfühlen will, kann sich wundern, daß der Mann bis ins Innerste vor Ungeduld wund und zitternd schon als er die ersten Landleute von fern kommen sah, verschwitzte Gesichter, Rechen und Sensen über der Schulter, ein paar Weiber und Kinder hinter ihnen, sogleich ins Haus eilte und in den Saal, zur Tribüne emporzusteigen.

Da hob sich hinter ihm draußen aus dem Auto, aus den Falten des zurückgeschlagenen Dachs vielleicht, aus einem Geheimfach, Geheimverschlag der Rückenlehne ein erregter blasser Damenkopf mit ganz unzerdrückter Frisur, — aus solch kleinem Raum! — eine elegante lichtblaue Seidenbluse, wie aus dem Boden emporwachsend ein ganz kurzer lichtgrauer Seidenrock und hohe lichtgraue Tuchschuhe, sie schwebte, reckte sich wie auf einem dritten Trittbrett hinter dem Auto stehend, beugte sich weit vor und blickte ihm nach: wie er dahinschritt! Er, der Berühmte, Gefeierte, der nie solchem verlorenen Nest die Ehre antat. Stundenweit strömten die Leute aus dem Umkreis herbei, wenn irgendwo seine Rede angekündigt war. Und hier hatte er sich selbst angeboten zu kommen und sie fanden es nicht selbstverständlich, am Sonntag! — Und dennoch stieg er nicht ein und fuhr fort: nein, wartete, um zu ihnen zu reden. Also nicht der Premier mußte es sein, nicht große Entscheidungen braucht's, jedes Wirtshaus voll Bauernohren war ihm wichtiger als Weib und Kind! Noch sah er nicht ein, überfiel ihn nicht die Klarheit, daß sie aus Liebe, aus Güte, aus mehr Weitblick und tieferem Erkennen des Lebens seine Bemühungen um Glück und Freiheit aller haßte und verdammte. Nicht aus Eifersucht, obwohl sie ihn der Familie völlig entzogen, auch nicht, weil er sein großes Geschäft, die Zukunft seiner Kinder dem schläfrigen Direktor und dem gar nicht zuverlässigen Kompagnon überließ, nein, nur weil er selbst dabei zugrunde ging, seinen Kräften viel zu viel zumutete und sich aufrieb. Darüber, daß sie die Bemühungen Ambitionen nannte, dachte er, würde sie nicht hinausgehen. Als sie ihm beim Abschied nachrief: »Auf der Walstatt sehen wir uns wieder!« hatte er herzlich über den Scherz gelacht, so kannte er sie. — Ein anderer, jeder andere hätte diese Agitationsreise, wenn sie so furchtbar gern mit wollte, auch noch ein drittesmal aufgeschoben, als ihr Kleid immer noch nicht fertig war. Nun gut, das konnte ihm unmännlich scheinen. Das war ungeschickt von ihr gewählt. Aber als man ihm, — gleich auf die erste Station, — nachtelegraphierte, daß es eben als er fort war, geliefert worden und sie in derselben Stunde verschwunden sei, niemand wisse wohin, — hätte da nicht ein anderer sich darüber Gedanken gemacht, ob sie nicht an der geringen Zeit, die er nur zu warten gebraucht hätte, messen mußte, wie viel sie ihm war? Und man berichtete ihm, daß gleich nach ihrem Verschwinden das Kind, das liebe süße Würmchen schwer erkrankt sei und sich das Mädchen keinen Rat wisse. Aber er hörte diese Meldungen vielleicht gar nicht, weil man ihm gleichzeitig telegraphierte, daß der Ministerpräsident ihn gesucht habe, kaum er vom Hause fort war, um mit ihm etwas äußerst Wichtiges, Unaufschiebbares geheim, wohl unter vier Augen zu verhandeln. Der Ministerpräsident mit ihm! Ja, das zündete, das hatte sie gut gewählt. Das ließ ihn nicht los. Augenblicklich wollte er da natürlich die Reise unterbrechen, aber als seine Nachricht den Minister nicht mehr erreichte, weil der ihm sogleich nachgefahren war, — so große Eile hatte es, — da dachte er nicht mehr daran umzukehren. Immer dringender telegraphierte das Mädchen: daß der Zustand des Kindes sich verschlimmere, wo denn die Frau sei? Es sei so selten ein Arzt zur Stelle in dieser schrecklichen Zeit. Die Verantwortung sei ihr zu schwer. Sie war viel zu gewissenhaft. Herzlose vielleicht, die hätten das mit ansehen können, aber sie, sie telegraphierte ihm ihre Kündigung. — Er suchte und jagte den Premier von Ort zu Ort des Wahlkreises, immer erregter, weil er sich mit ihm, der vielleicht vor ihm herjagte, nicht verständigen konnte. Sie durften nicht viel telephonisch oder telegraphisch hin= und her=fragen, es hätte auffallen können. Die Beamten konnten, vom Parteifieber der Wahltage ergriffen, unzuverlässig sein. Und es durfte auch nicht das geringste Gerücht von einer solchen Zusammenkunft in die Öffentlichkeit dringen. Die höchsten Staatsinteressen waren in Gefahr. Vielleicht waren die Gegensätze im Volke durch die Erregung der Tage und die äußern Vorgänge zu unberechenbarer Maßlosigkeit aufgestachelt. Aber hier dieser armselige Wirtssaal vermochte ihn aufzuhalten. Hier wartete er, um zu ein paar Bauern zu reden. Keine Sorge störte, beirrte ihn. Er wußte nicht, daß er ein Heim, eine Familie hatte, sah nicht fern sein Kind einsam sterben, die Frau umherirren, ihr verlorenes Glück suchen. — Mit dem Ernst und der Entschlossenheit eines Mannes, der seine oberste Pflicht kennt, schreitet er dahin, auf dem die ganze schwere Verantwortung des Vertrauens aller ruht und der sich würdig fühlt, weil die Sache ihm heilig ist, nicht Ruhm, nicht Einfluß, nicht einmal Liebe des Volkes ihn lockt, nichts, nichts an ihm ihm selbst gehört, alles allen, der Zukunft, der Nation. — Und er steigt zwischen den leeren Tischen, den eingeschobenen Stuhlreihen zur Tribüne empor, merkt gar nicht, daß der Saal leer ist, — sie hob sich auf die Fußspitzen, um in die Fenster zu sehen, — steht schon oben und beginnt wirklich seine Rede. Wie bei solchem Manne, solchem Erfülltsein vom Feuer der Ideen nicht anders zu erwarten, bemerkte er nicht, daß die Bauern, die er gesehen hatte, und auch alle Nachfolgenden sich nicht hereinzukommen getrauten, als sie ihn drin schon reden hörten, sondern ehrfürchtig draußen vor der Tür stehen blieben und lauschten. Die stille, immer schwülere Mittagsluft wurde durchschnitten von seinen immer leidenschaftlicher herausgeschleuderten Anklagen, Forderungen, Beschwörungen, Beweisen. Die Luft zitterte, die Fenster klirrten, die Bretter der Bühne bebten von der Erregung seiner Füße.

Dem Chauffeur wurde es draußen unheimlich. Dazu, dachte er, das viele Benzin, das jetzt so unerschwinglich teuer ist und manchmal einfach überhaupt nicht zu haben? Und er sah auf die Menge, die sich immer mehr vor dem Hause staute. Langsam kamen sie, sehr langsam, einzeln, in Gruppen, aber unaufhörlich und immer zahlreicher — da sah er zwischen ihnen die Landstraße herunter — oder wuchs sie hinter dem Auto aus dem Boden hervor? — die Frau seines Herrn wirklich und wahrhaftig auf sich zukommen, mitten unter den Landleuten mit ihrer städtischen Kleidung und ihrem städtischen Gang, leicht, vielleicht schwebend, mit einem kleinen, aber darum nur um so wunderbareren Abstand zwischen ihren Füßen und dem Boden und winkte ihm, ihm, dem Chauffeur, unleugbar und in einer Weise, in der man Untergebenen nicht winkt, außer in einer einzigen, bei einer wirklichen Dame unbegreiflichen Absicht.

Einundzwanzig Jahre diente der Mann der Organisation und man kann sich denken, daß er alle diese Zeit über nicht immerwährend gleich jung geblieben war. Aber sie winkte ihm wirklich, deutlich, lebhaft, mit ein wenig verzogenem Mund, jawohl! es gibt Prahlhänse, die sagen würden, mit einem verheißungsvollen Lächeln. Die Frau des Herrn, ein Teil vom ihm! dachte er vielleicht. Es war ungehörig, daß sie ihm winkte, aber wie unerträglich unziemlich wäre es gewesen, wenn er nun auch noch gar nicht gefolgt wäre. Konnte man sich's nur überhaupt vorstellen? War es nicht eine Ehre, daß sie ihm winkte? Welch eine unerhörte Überhebung, Frechheit wäre es gewesen, dies nicht so aufzufassen? In mancher Hinsicht geradezu eine Beleidigung des Herrn! —

So verkehrt empfindet naive Demut manchmal, so wehrlos!

Die Frau deutete auf ein Haus und schwebte mit ihrem schwellenden jungen Körper, den zarten weißen Gliedern, den runden duftenden voraus. Der Chauffeur war unglücklich, peinvoll zerrissen, gedrückt und beklommen, als er ihr folgte.

Die Worte, die der Herr drin im Wirtssaal zu sagen hatte, waren hinausgeglüht und er eilte durch die enge Gasse zwischen den Tischen davon. Ein Schauer ergriff die Menge draußen vor den Fenstern, als in diesem Augenblick über die leeren Tische ein gewaltiger Applaus hinrauschte und von den eingeschobenen Sesselreihen jubelnde Zurufe einer begeisterten Menge ertönten. Er achtete nie darauf, wie die Reihe Gesichter vor ihm zugehört hatte, das Verständnis, der Wille der anderen ihm antworteten. Es mußten doch alle bis ins Innerste von dem durchdrungen werden, was so wahr war? Wenn einzelne so böse oder so unglücklich waren, es nicht zu verstehen, durfte ihn das ja nicht berühren.

Als er nun heiß und strahlend unter die Leute vors Haus trat, wichen, prallten sie ehrerbietig zu beiden Seiten zurück und er nickte ihnen mit Handbewegung und durchleuchtetem Blick Abschied zu, sich mit leichtem elastischen Schwung, wie Fürstlichkeiten nach festlichen Empfängen, ins Auto schwingend und sah erst, als er schon drin war, den einen Fuß noch auf dem Trittbrett, daß der Chauffeur nicht da war. Er sah sich um: Nirgends! Nur die Verlegenheit der Leute, die betretene angstvoll neugierige Spannung, der inständige Wunsch aller Gesichter, er möchte doch nicht hin, gerade hinschauen, wies seinen Augen den Weg. Nur einen Augenblick huschten die zwei Gesichter an dem Fenster ohne Vorhang vorbei, aber seinetwegen hätte der Vorhang nicht zurückgezogen sein müssen. Er sah durch die Mauer, sah die Hände des Chauffeurs mit seiner Frau beschäftigt. Ja natürlich, sie war es! Welche Frau hätte er denn auch sonst sogleich ohne Toilette erkennen können? — Aber wie war er vollkommen Politiker! Als jetzt sein Bewußtsein, Willen, Denken gefroren aussetzten, öffneten sich seine Lippen und sagten, — er hörte es, — mit überzeugender Nachlässigkeit: Der Kerl sei nicht zurückzuerwarten! Er habe ihn nur mit einem Telegramm zur Bahn geschickt und wohl wegen des dummen Benzins habe der kleinliche Mensch nicht das Auto benützt. Ob vielleicht jemand von ihnen oder im Dorf ein Auto lenken könne? Nein? — Er habe unmöglich Zeit zu warten! Die Versammlung in Klarbach. — Er müsse es zu Fuß versuchen. Man solle ihn also sogleich nachschicken, wenn er komme.

Er sprang von seinem Sitz und eilte. Er hatte sich geirrt! Im nächsten Dorf wartete seine Frau auf ihn, konnte er denken, je weiter er war, nur schnell! damit sie nicht zu lange warte! Mitten in der ersten Zuhörerreihe der nächsten Versammlung würde sie sitzen, hinter der Tür des nächsten Wirtssaals mit einem »Baff« hervorspringen, sobald er öffnete, oder hatte sonst eine Überraschung für ihn vor. Sie war doch solch ein Kind, solch ein süßes großes lustiges Kind!

Aber zu diesen Menschen gehörte er nicht. Er dachte: Mein Kind ist tot, die Frau ist tot. — Aber ich habe keine Zeit!

Er lief, er flog. Der Ministerpräsident wartete auf ihn! Er hatte nie gewußt, daß man so schnell laufen konnte. ,Vielleicht handelte es sich um die Altersversorgung der abgeschufteten Überbleibsel armer mißbrauchter Menschmaschinen oder um die Behütung der Kinder vor Hunger, schlechter Luft und Haß und zerstörender Arbeit. — Ich habe unrecht getan und es geschieht mir unrecht. Oder geschieht mir vielleicht recht! Aber ich habe keine Zeit! — Auf jeden entfällt das entsprechende Maß Glück und Unglück, wenn er sich nur natürlich benimmt. Aber sie warten alle, die auf mich vertrauen! Wie sind sie doch mehr als ich, ich einzelner! Der Ministerpräsident wartet auf mich! — '

Er lief, raste, aber gleichmäßig, hetzte nicht! Oh, er hatte sich in der Gewalt, wenn es nottat. Er mußte ja lange ausdauern. Er wollte das Ziel, verschmähte die kluge Mäßigung nicht, wußte, daß sie mehr war als die Tollheit. — ,Vielleicht handelte es sich um eine neue Verteilung des Bodens, um reine, lichte, hohe Wohnun-

gen für jeden, für alle, um die Abschaffung der Gefäng=
nisse, der Kriegsrüstungen. Für jeden sein Häuschen,
sein Gütchen, sein kleines irdisches Glück, auf dem das
ewige Große seiner Seele und seines Geistes gesund
und gerade wachsen konnte. Vielleicht —'

Alles an ihm wurde Fuß. Er hatte nur diese Muskeln.
Er sah nicht, hörte nicht, roch nicht. Sein Atem ging ge=
horsam im Schritt.

Der Chauffeur war aus Pflichteifer so rasch hinter ihm
hergefahren, aus Reue, Treue. Die versäumte Zeit ein=
zubringen, ihn rasch einzuholen, und merkte nichts von
dem Hindernis, das er überrannte. Die Straße war schlecht.
Und als man ihn später zu dem blutigen zerquetschten
Leichnam führte, ihn zu agnoszieren, wollte er lange nicht
glauben, daß er es gewesen sei, der seinen Herrn über=
fahren hatte.

— — — — — — — — — — — — — —

Der blaue Sommernachmittag lag über dem Dorf. In
den Feldern klangen wieder die Sicheln und Sensen und
rauschten in den Halmen zu den Reden der Weiber. Von
einigen ganz nahen hörte man es bis vor das Wirtshaus,
wo ein Teil der Bauern zurückgeblieben war, die einen
in Scheu, die andern in erregtem Lärm das Erlebte be=
sprachen.

In den Dorfstraßen schliefen die Hunde, die Sonne
brannte in die leeren Höfe und das Kind hinter dem
Fenster war von seiner Mutter gesäugt und wieder in
seinem Stübchen eingeschlossen, schlief in seinem Korbe
und lachte im Schlaf und hatte den Finger im Mund.

EUGEN ROTH
DIE DINGE
DIE UNENDLICH
UNS UMKREISEN

LEIPZIG
KURT WOLFF VERLAG

BÜCHEREI DER JÜNGSTE TAG BAND 53
GEDRUCKT BEI DIETSCH & BRÜCKNER · WEIMAR

[2080]

INHALT

DER WEG

Die Fahrt 7
Die Verwehten 8
Heimweg 9
Die Stadt 10
Die Brücke 11
Vorfrühling im Arbeiterviertel 12
Nebliger Abend 13
In diesen Nächten 14
Heimgang im Frühlingsmorgen 15
Stadt ohne Dich 16
Nächtlicher Weg 17

DER KRANZ
Stanzen

Du wirst mich immer rauschender durchtönen 18
Schon sind wir tiefer in uns selbst gemündet 19
Und es ist oft schon ein Hinüberneigen 20
Da ich mich schon wie ein Gewölke ballte 21
Die Demut ließ mich nicht mehr höher ragen 22
Die Dinge, die unendlich uns umkreisen 23

Die Glühenden 24
Frau am Fenster 25
Nächtliche Zwiesprache 26
Abend 27
Die Welle 28

DER BAU
Gotischer Dom

Am Morgen 29
Am Mittag 30
Am Abend 31
Regnerischer Herbsttag 32
Der Turm 33
Romanische Pforte 34
Der steinerne Heilige spricht 35

Das Licht 36
Der Bau 37
Nachtwache 38
Der Anfang 39
Verbrüderung 40

Stimmen der Menschen

Gesang der Jünglinge 41
Gesang der Frauen 42

DIE FAHRT

Tagsüber war Musik an allen Borden
Und muntere Schiffe gaben Dir Geleit.
Der Strom war schwer von rauschenden Akkorden;
Doch ist es seitdem lange still geworden
Und keinen findest Du zur Fahrt bereit.

Sie gehn und scheiden; da ist kein Getreuer.
Der Abend tönt, und einsam gleitest Du,
Die müden Hände hoffnungslos am Steuer,
Vorbei dem letzten Turm und seinem Feuer,
Des Meeres unermessnen Stürmen zu.

DIE VERWEHTEN

Dies sind Tage, die uns langsam töten.
Stunde geht um Stunde und zerbricht,
Und kein neuer Tag bringt neue Sicht,
Keines Morgens Antlitz will sich röten,
Und wir finden uns're Wege nicht.

Keiner Zukunft Winken kann uns trösten,
Unentrinnbar in den Tag gedrängt,
Der mit Schmerz und Freude so behängt,
Daß wir nie uns aus den Schleiern lösten,
Gehen wir, in fremde Spur gezwängt.

Wir beginnen schwer auf uns zu lasten,
Fühlen mitten in der Jahre Flucht
Jedes fallen, jäh, in dumpfer Wucht,
Wie wenn Winde in die Bäume faßten,
Und es stürzte ungereifte Frucht.

Kaum, daß Abende uns so verschönen
Voll von Freundschaft und von Glanz der Frau'n,
Daß wir uns zu reiner Tiefe stau'n,
Daß wir wachsend in die Leere tönen
Und die toten Stunden von uns tau'n.

Wenn wir in dem Meer der Nacht zerfließen,
Wird uns nur ein Traum von Glück zuteil.
Nacht ist Bogensehne nur, um steil
Uns in einen neuen Tag zu schießen
Und wir sind nur Spur und irrer Pfeil.

Nutzlos hingegossen in die Jahre
Ganz entwachsen mütterlichem Schoß
Reißen wir vom letzten Ufer los —
Schütteln Sehnsucht leise aus dem Haare,
Stehen auf der Erde, fremd und groß.

HEIMWEG

O Einsamkeit des abendlichen Nachhausegehens!
Die Scherben des zerbrochenen Tages
Klirren bei jedem Schritt, und Schmerz fällt
Weh aus Dir, wie Laub aus herbstlichen Bäumen.

Freundeswort sehnst Du und zärtliche Liebe der
Frauen,
Weißt, daß viele sind, die Dich trösten wollen,
Aber Du weinst und willst nicht getröstet sein,
Gehst, bis rauschend die Nacht über Dich niederfällt

Und Schmerz und Nacht, ein tönendes Meer,
Weit Dich hinaus in Unendlichkeit wiegen.

DIE STADT

Wind blies die letzten Lichter aus der Stadt;
Doch ist der Nebel weiß vom Mond durch‹
träuft.
Im Straßenwirrsal, das im Dunst verläuft,
Hängen die Häuser, traumzerquält und matt.

Nur meine Straße strömt erhaben breit
Und ist ein Teppich zu dem steinern' Tor:
Das ragt unendlich in die Nacht empor,
Der hohe Bogen ist für mich bereit.

Paläste stehen, wie Besiegte stumm,
Erstarrt in Würde, die sie nicht verließ.
Und nur der Dom, der in den Himmel stieß,
Nahm einen Mantel wie von Demut um.

Kaum daß am Tor sich meine Schritte stau'n.
Mein Gang wird hart, und ehern tret' ich ein:
Und diese große Stadt ist mein, ist mein
Mit Haus und Turm, mit Schätzen, Schlaf und Frau'n.

DIE BRÜCKE

Sie steigt mit frostig eingekrümmtem Rücken
Und mit gestelzten Beinen in den Fluß,
Mißmutig, daß sie sich nur immer bücken
Und dies Gewühl von Leuten tragen muß.

Erst wenn die Nacht mit ihren dunklen Netzen
Die Menschen in die dunklen Häuser fängt,
Daß sie sich nicht mehr durch die Straßen hetzen:
Dann steht die Brücke leicht und froh zersprengt.

Ein einsam Schreitender kommt noch gegangen,
Schaut in den Fluß, oder ein Liebespaar,
Die hält wie eine Mutter sie umfangen
Und wiegt sie auf den Wassern wunderbar,

Daß sie wie Träumende hinüberschreiten.
Die Brücke tönt wie eine Melodie,
Indes die kleinen Wellen schluchzend gleiten
Und leis und zärtlich um ihr wundes Knie.

VORFRÜHLING IM ARBEITERVIERTEL

Frauen
Kommen leise an die Fenster,
Wenn beglänzter
Aus dem Blauen
Weiße Wolkenlämmer schauen.
Fühlen lang verdorrte Sehnsucht tauen,
Lächeln wieder, wie ganz junge Frauen,
Sinken dann verlöschend in das Haus.

Aus der Tiefe des verzweigten Bau's
Strömen Kinder, die sich lärmend stauen.
Mädchen suchen im verwaschenen Gras
Erste Blumen. In die kahlen Bäume
Hängen sie die zarten Frühlingsträume.
Knaben suchen Wolken zu erfassen. —

Sonne ist noch kalt und dünn wie Glas.
Und die grauen
Häuser strecken nach den blassen
Kindern schon die welken Hände aus.

NEBLIGER ABEND

Im Nebel schwimmt die lange Straßenzeile.
Unruhig schwankt ihr Ende, losgerissen —
Nur ein paar Lichter weisen in den Raum.

Dein Blick steigt auf bis zu den letzten steilen
Turmspitzen, die so hoch sind, daß sie kaum
Um unser Tasten in den Tiefen wissen.

Doch, wie die Abendglocken niederklingen,
Kommt Dir in all der Starrheit dunkler Glaube
Der Dich unnennbar süß als Traum durchbebt.

Die Lampe hoch im Dunst scheint Gottes Taube,
Die auf Dein Haupt verheißend niederschwebt
Und tiefste Weihe will ins Knie Dich zwingen.

IN DIESEN NÄCHTEN...

In diesen Nächten wohnt ein Ungeheuer,
Das frißt die Sterne, die wir pflücken wollten,
Schwelt in die Himmel seines Atems Feuer,
Verpestet Luft der süßen Abenteuer,
Die eben uns mit Lust erfüllen sollten.

Aufzischen Lichter und verlöschen jähe,
Und Nebel tropft wie Gift auf jeden Pfad,
Daß keiner mehr des andern Drängen sähe,
Nicht spürte mehr den Hauch der lüstigen Nähe,
Die Stimm' nicht fände, die im Dunkel bat.

Die Menschen gehen fremd durch tiefe Gassen,
Gestürzt in Schluchten weher Einsamkeit;
Sie fühlen ihre Hände ganz verlassen,
Keiner ist nahe, um sie anzufassen,
Und keine Türe ist für sie bereit.

Nur wenige, die sich in heißen Betten
In Lust gepaart, zu engem Schlaf gesellen,
Daß ihrer Leiber Rausch die Nacht zerglühe,
Vermögen vor dem Dunkel sich zu retten.
Sie aber werden feindlich aufstehn und zerschellen
Im stählern Glanz der ersten reinen Frühe.

HEIMGANG IM FRÜHLINGSMORGEN

Wie war vom hundertfachen Gange
Der Weg uns wie im Traum vertraut.
Die Gärten wurden vom Gesange
Der ersten Amseln tönend laut.

Der Morgen stand schon an der Schwelle,
Wir schritten selig bis zum Tor;
Da stieß er brandend seine Helle
In alle Himmel steil empor.

Die Türme fingen an zu blühen,
Licht brauste in der Straßen Schacht,
In alle Wolken stieg ein Glühen,
Aus allen Fenstern fiel die Nacht.

Wir standen, nah wie nie verbündet,
Und mit dem Tag wuchs Dein Gesicht,
In solcher Stunde Glanz gemündet,
Umglitzert und umklirrt von Licht.

Die ganze Stadt begann zu tönen,
Die Straßen wiesen weit hinaus,
Die Bäume wollten sich bekrönen —
Und wie ein Tempel stand Dein Haus.

STADT OHNE DICH

Alle Straßen fallen müd zusammen,
 Seit Dein Leuchten sie nicht mehr zerteilt;
Keine Sonne kann sie mehr entflammen,
Wie sie auch sich in die Schluchten keilt.

Alle Häuser haben tote Blicke,
Seit Dein Glanz sie nicht mehr überschwemmt,
Traurigkeit unendlicher Geschicke
Fällt aus allen Fenstern starr und fremd.

Menschen rinnen zäh durch Einsamkeiten,
Tausendfach im Boden dumpf verklebt;
Keiner, dem sich so die Augen weiten,
Daß er sie verzückt zum Lichte hebt.

Durch die Straßen wehn viel hundert Frauen,
Aber keine, Liebste, ist wie Du.
Abendwolken, die ins Dunkel schauen,
Fallen müd wie meine Augen zu.

NÄCHTLICHER WEG

Von Nebeln ist die Stadt verstopft,
Der Schritt, der sich an Häusern bricht,
Durch regenmüde Straßen klopft.
Aus windbewegten Lampen tropft
Auf unsern Weg ein dünnes Licht.

In breiten Lachen liegt es dort,
Zerrinnt am wässrigen Asphalt,
Wir aber gehen immer fort.
Du bist drei Schritte von mir fort,
In Nacht ertrunkene Gestalt.

Ich ahne, was Dein Mund jetzt spricht.
Vielleicht ein liebes Wort zu mir.
Ich bin wie Stein und hör' es nicht,
Ich bin wie Glas und fühl' es nicht
Und finde keinen Weg zu Dir

Und ist nur dreien Schritte weit.
Ich schreite starr, ich schreite stumm,
Ich weiß durch alle Einsamkeit,
Ich geb' Dir durch die Nacht Geleit
Und weiß doch nicht warum.

Fühlst Du denn nicht, wie tief und bang
Mein Herz nach Deinem Herzen sucht?
Dies ist der letzte, schwerste Gang.
Der Weg ist nur drei Schritte lang:
Doch ohne Ende ist die Flucht...

Du wirst mich immer rauschender durchtönen,
 Bis deinem Sang die letzte Sehnsucht schweigt.
Du wirst die müden Nächte mir verschönen,
Silberner Mond, dem dunklen Teich geneigt.
Du wirst ein Baum mich kahlen Felsen krönen
Voll lichter Wunder, tausendfach verzweigt:
O dunkles Wasser ich und starrer Stein!
Was frommt mir Glanz? Brich ein in mich, brich ein!

Schon sind wir tiefer in uns selbst gemündet,
Voll süßen Staunens schließen wir uns ein.
So unzertrennlich sind wir uns verbündet,
Daß jeder Schale ist und jeder Wein.
Wie sich der bunte Kranz von Tagen rundet,
Als müßte ewig um uns Sonne sein.
Sind wir nicht selber Licht, verzückt gestellt
Mitten ins Dunkel dieser fremden Welt?

Und es ist oft schon ein Hinüberneigen
  Und eine drängend süße Trunkenheit,
Als rührte Wind in fruchtbeschwerten Zweigen
Im tiefen Wissen ihrer reifen Zeit.
Wir fühlen unseres Blutes Säfte steigen
Und wie des Lebens heiße Inbrunst schreit!
O Bäume nur, darin die Winde wehen:
Reif fällt die Frucht, wir bleiben dorrend stehen.

Da ich mich schon wie ein Gewölke ballte,
Hast Du wie Frühlingswind mich sanft zerstreut.
Wie bot ich Deinem Hauch die letzte Falte,
Wie hast Du mich durchdrungen und erneut.
Und seliger Ton wardst Du, der mich durchhallte
Wie fern von Turm zu Türmen ein Geläut.
Befreiter Abend war ich hingegossen
Durch den wie Vögel licht die Träume schossen.

Die Demut ließ mich nicht mehr höher ragen.
Vor soviel Reinheit ward ich zum Gebet.
Die alten Götzen habe ich zerschlagen,
Ich bin Altar, darauf Dein Bildnis steht.
Doch bin ich fast zu bange, Dich zu tragen,
Ein armer Mensch nur, der im Dunkeln geht:
Da fällt ein Strahl von Deinem Angesichte
Und ich bin groß und schreite frei im Lichte.

Die Dinge, die unendlich uns umkreisen,
  Sie scheinen alle plötzlich still zu stehen.
Da ist Musik von Tritten, wunderleisen,
Du winkst mir, wie im Traum, zu dir zu gehen.
Da stehst Du, einen Weg hinauszuweisen
Und Deine Hände leuchten vor Geschehen:
Nun seh ich's auch: Gesprengt das Tor der Zeit
Und lichte Brücken hängen himmelweit.

DIE GLÜHENDEN

Sie sind süß von Sehnsucht überfallen,
Und ein Zittern geht durch ihren Schoß.
Kleider sind wie Zunder: Sie steh'n bloß
In entflammter Nacktheit steil vor allen.

Und sie spüren Lust in allen Worten,
Wind rührt sie wie Hand und Lippe an.
Allem Drängen sind sie aufgetan,
Wie nur leise angelehnte Pforten.

Und sie sind durchwühlt von heißen Küssen,
Hingestürzt in trunk'ner Träume Schacht,
Wie ein Gott sinkt in sie ein die Nacht,
Daß sie sich im Bett verklammern müssen.

FRAU AM FENSTER

Um dein Gesicht
   Ist noch Gefunkel.
Da strömt, des Tages letzte Spende,
Berauscht das Licht.
Doch Deine Hände
Tauchen verlöschend schon ins Dunkel.

Und dies bist Du:
Dies, was mich quält:
Dein lichtes Haupt zu sehen
Die Augen zu
In Glanz gestählt
Nicht Hände, die wie Brücken gehen.

Wer darf Dir nahen?
Die Augen blinden,
Die je Dich sahen.
Den Weg kann keiner finden.
O neige tief zum Schatten dein Gesicht,
Die Hände tauche segnend in das Licht.

NÄCHTLICHE ZWIESPRACHE

Deine Seele gleitet blaß von ferne ...
Hörst Du nicht mein Rufen durch die Sterne?

»Wohl. Ich habe Dich vernommen, Rufer;
Wir Entgleitenden sind ohne Ufer.«

Nacht für Nacht, von weher Glut entzündet,
Rage ich, daß einer in mich mündet.

»Wir sind kühl und Ihr habt heiße Herzen:
Wir sind Wind und löschen Eure Kerzen!«

Mich verzehrend muß ich so verbleichen.
Lösche mich, statt in die Nacht zu weichen!

»Wir verlernten, ruhelos vertrieben,
Meidend Hassen und umschließend Lieben.«

Was man sehnt, will ferne sich entrücken.
Was man hält, vermag nicht zu beglücken.

»Was beglückt, oh, wer vermag's zu halten?
Wer noch sehnt, muß lernen zu erkalten.«

ABEND

Abendliche Seele, von der Last
 Unbarmherzigen Tagewerks entbunden,
Hält unendlich Rast.

Tausend Wege durch das Dunkel weisen,
Tausend Sterne in den Himmeln kreisen

Doch sie hat mit sicheren und leisen
Schritten tiefer in sich selbst gefunden,

Hält den Kranz der unberührten Stunden
Selig lächelnd wie im Traum umfaßt ...

DIE WELLE

Und wir sind nur der krause Kamm der Welle,
Zu unerhörtem Wollen aufgesteilt,
Und tausendfach zerfließend und zerteilt,
Aufdrängend in des Tages blaue Helle,
Bald übereilend und bald übereilt.

Doch wie wir wachsend uns zum Lichte heben,
Fließt schon die dunkle Woge, schwer und breit,
Und überspült uns, rascher Schwall der Zeit,
Dem neue Wasser rauschender entschweben:
Und wir sind Tiefe und Vergangenheit.

GOTISCHER DOM

AM MORGEN

Zerstäubt in Sonne wirft der Dom
Die steinern' Arme aufwärts wie Raketen.
Mit allen Glocken fängt er an zu beten
Und mit der Inbrunst seiner steilen Türme
Greift er hinauf, daß er den Gott bestürme.

Tief unten in den Bau die Menschen treten,
Und wachsen brandend an, ein dunkler Strom.

Die Hallen reißen auf von Orgelchören:
»Gott muß uns hören!«
Gesang von tausend Stimmen schreit.

Und er steigt nieder bis zur steinern' Schwelle,
Und schleudert wie ein Zeichen seine Helle
Hin durch der Fenster bunte Dunkelheit.

Und läuft durch alle, eine heilige Welle,
Und reißt sie stürmend in Unendlichkeit.

AM MITTAG

Nun, da der Gott, den er herabgefleht,
Den er vom Himmel riß in reiner Frühe,
Entfremdet auf der trägen Erde steht
Und müde lächelnd durch die Gassen geht,
Verdrängt von jedem Bürger ohne Mühe:

Weiß nur der Dom um seine Majestät.

Der Stein ist mittagsgrell, als ob er glühe,
Und welk und schal, als eine zähe Wolke
Des Morgens Weihrauch durch den Chor hinweht:

Kühl blieb der Hauch, der durch die Hallen geht.

Und Gott tritt ein, froh, daß er einsam steht
Und daß er sich gerettet vor dem Volke.

AM ABEND

Die Häuser unten sind in Nacht gefallen.
Die Lichter blinken demutbang im Grund:
Da steht der Dom verachtend über allen.

Und überall erwachen alte Geister,
Werkleute, noch nach Feierabendstund',
Gerufen von dem unsichtbaren Meister:
Und zuckend wachsen in das Licht Fialen.
Und jeder Pfeiler strebt und wird zum Pfeil.
Wimperge treiben ihren spitzen Keil
Hinauf! Hinauf! Und jeder Stein steht steil
Dem Gotte zu und seinen letzten Strahlen.
Das Maßwerk blüht empor in tausend Zweigen,
Und tausend Säulen steigen
Ins Licht, das auf des Turmes Stirne steht.

Der aber merkt es, daß ihn Gott verlassen,
Schon fühlt er sich erblinden und erblassen
Und von dem kalten Hauch der Nacht durchweht.
Und seiner Glocken Stimme wird zum Schrei.
Die Menschen drunten wähnen noch, es sei
Gebet.
Er aber brüllt hinaus mit irrem Munde.
Der Himmel schließt, gestirnt und stählern blau.
Da weiß er es, dies ist die schwere Stunde,
Und welk und grau
Erloschen hängt in zähe Nacht der Bau.

REGNERISCHER HERBSTTAG

Er ist so unfroh heute aufzuragen
Und steil zu sein.
Er möchte heute wie die Häuser unten
Durchwärmt von bunten
Heimlichen Lichtern sein,
Und schwach und klein.

So aber muß er, aufgetürmter Stein,
Sich in das müde Grau des Herbstes wagen,
Und ganz allein
Und ohne Trost die tote Stunde tragen.

Das Wasser rinnt und tropft von Stein zu Stein ...
Und von dem steilen Grat der Dächer schießen
Rinnsale in der Wasserspeier Rachen.
Doch seine Türme kann er nicht verschließen,
Der Regen steht in tiefen, stumpfen Lachen ...

Nun wird es Abend. Und kein Sonnenschein.
Nur Nebel, die sich an den Pfeilern spießen ...

DER TURM

Sie haben oft bei ihrem Werk gerastet,
Als sie sich Stock um Stock hinaufgetastet,
Und schon hat ihnen vor der Tat gegraut,
Als sie behutsam Stein auf Stein gelastet.

Sie sahen schwindelnd die Gerüste steigen,
Entwachsend schon der Stadt und Lärm und Laut
Emporgeblüht ins unermeßne Schweigen
Und ganz vom neuen Tage überblaut.

Da ahnten sie, daß Gott in ihnen baut.

Am letzten Tag, sie schwiegen mit dem Hämmern,
Da faßten sie es erst, was sie vollbracht.
Sie sahen Stadt und Land im Dunst verdämmern
Und über ihnen wuchs die Sternennacht;
Sie fühlten näher Gottes Atem wehen
Und waren schon durchwühlt von seinem Sturm.

Und ihnen war's, sie müßten schweigend gehen
Und sich die tausend Stufen abwärts drehen.

Sie blickten scheu empor und sah'n ihn stehen
Wie eine Himmelsleiter hoch: Den Turm.

ROMANISCHE PFORTE

Die Schwelle ist von tausend Füßen abgeschliffen,
Von tausend Händen sind die Pfeiler abge-
griffen,
Demütiger Schacht durch harten Mauerstein.

Als hätten Beter durch ihr harrend Pochen
In tausend Jahren erst den Weg erbrochen
Zu ihres Gottes heiligem Schrein.

DER STEINERNE HEILIGE SPRICHT:

Ich stehe hier, gezwungen in den Stein,
Und kann nur meine starren Hände falten.
Ich möchte wieder sein Verkünder sein.

Die Menschen strömen in die Kirche ein
Und glauben, durch ihr Beten und ihr Singen
Den Wirkenden in ihrem Kreis zu halten.

Doch, wer ihn halten will, muß mit ihm ringen.

Sie aber sitzen stumpf gedrängt und warten,
Und haben Aug' und Ohr vor ihm verstopft,
Bis er mit erznen Fäusten ihre harten
Gelassnen Schalen voller Zorn zerklopft
Und seine Gnade leuchtend sie durchtropft.

Noch aber sind sie nichts als toter Stein
Und können nur die steilen Hände falten.

Dürft ich noch einmal sein Verkünder sein!

DAS LICHT

Wir haben ein Licht in die Mitte gestellt,
Daß uns das Dunkel nicht überfällt.
Wir fassen die Nacht, doch sie faßt uns nicht,
Wir sind verbündet in diesem Licht,
Das uns schwebend über den Tiefen hält,
Dies einsame, singende Kerzenlicht:
Um uns ist Welt.

Wir Armen, wir stehn in der Mitte nicht,
Wir Kreisenden, die kein Leuchter hält.
Wir sehen uns tief in das Angesicht,
Und in jedem Gesicht ist ein Glanz von Licht,
Der in die Herzen der anderen fällt.
Und wenn wir uns wenden hinaus in die Welt,
So wissen wir, hinter uns leuchtet das Licht,
Und fühlen uns in die Mitte gestellt.
Und wir sind Ruhe und sind Gewicht
Und halten, von unserem Lichte erhellt,
In Händen die Welt.

DER BAU

Wir bauen schon an diesem Haus
 Seit tausend, abertausend Tagen,
Und seh'n es wachsen hoch hinaus
Und steigend in die Sterne ragen.
Verloren ging des Meisters Wort,
Und keiner ahnt: Wann wird es enden;
Wir aber bauen immerfort
Mit müdem Sinn und regen Händen.
Wir haben keine Zeit, zu ruh'n,
Als ob wir es vollenden müßten,
Wir uns're harte Arbeit tun
Und sterben hoch in den Gerüsten.
Kaum, daß von Sehnsucht jäh geschwächt,
Wir innehalten mit dem Fronen:
Wann kommt das selige Geschlecht,
Bereit zu ruhen und zu wohnen!?

NACHTWACHE

Wir haben viel ergründet
Und haben viel erdacht,
Wir haben uns verbündet
Und unser Leid verkündet —
Und haben nichts vollbracht.
Wir standen auf der Wacht.
Das Licht war angezündet,
Wir glaubten uns entfacht
Und löschten aus. Geründet
Wuchs neu um uns die Nacht.

Wohl ahnen wir die Nähe
Und brechen dennoch nicht,
Daß Gott uns leuchten sähe
Durch seine Nacht, die zähe,
Mit unserm kleinen Licht.
Wenn manchmal einer spricht,
Entflammt durch eine jähe
Erleuchtung das Gesicht:
Ist's uns als ob's geschähe
Und um uns würde Licht.

Dann sitzen wir mit bleichen
Lippen und atmen schwer.
Und dies ist wie ein Zeichen,
Daß wir die Hand uns reichen
Und sind nicht Fremde mehr.
Sind wie ein großes Heer
Und wissen um die Gleichen,
Und strömen wie ein Meer
Dem alle Ufer weichen
In Gottes Wiederkehr!

DER ANFANG

Brüder, da wir die ersten sind,
Laßt uns beginnen!
Um unsere Stirnen weht ein neuer Wind
Und neues Feuer brennt in unseren Sinnen.

Wir brauchen nicht mehr unsere Hände falten.
Wir dürfen schon die gefüllten Schalen halten.
Fühlt den vieltausend Jahre alten
Dunst vor unserem Schreiten zerrinnen,
Seht, was wir nicht mehr sind!
Wir, die wir gestern noch als ein Kind
Der Alten, der Kalten, Erloschenen galten.

Wir haben tausend Himmel zerspalten,
Wir stehn vor dem Throne der höchsten Gewalten:
Wir sind gekommen, wir sind!

Eh' sich die Himmel zusammenfalten,
Eh' unser Geist verbrennt, eh' unsere Herzen erkalten,
Beginnt! Beginnt!

VERBRÜDERUNG

Bruder, gehst Du auch den Pfad,
Daß er steil uns aufwärts trage
Aus dem Rauschen dieser gleichen Tage,
Bis wir Gott genaht?
Um mich dröhnt die tiefe Stille.
Wir zersprengten in der Dunkelheit:
Hörst Du mich, wenn meine Seele schreit?
Wie ein Weg ist mir Dein Wille,
Wie ein Stab sei Dir, o Bruder, meine Tat,
Bis wir Gott genaht.

Warum, Bruder, muß ich oft nicht weinen,
Wenn Du letzte Qual der Seele weinst?
Weißt Du auch, ob wir dasselbe meinen,
Wenn Du Sehnsucht oder Gnade meinst?
Bruder, sind wir noch so weit?

Zwischen uns ist Welt und Taggeschehen.
Sieh mich an. Und gib mir Deine Hand.
Laß mich nah an Deiner Seite stehen:
Ja, wir sind.
Immer, Bruder, hab' ich dich gekannt.
Hergewandert sind wir durch die sausende
Heiligalte Stille der Jahrtausende.
Tage wehen wie ein Wind.
Ich sehe steil Dein Antlitz aufgewandt:
Sonne stürzt sich jauchzend ins Gestein,
Menschen strömen jubelglänzend ein,
Greifen, Bruder, nach meiner und nach Deiner Hand.
Gott hat seine brausende Stimme nach uns ausgesandt.

STIMMEN DER MENSCHEN
GESANG DER JÜNGLINGE

Wir tragen die Speere   In Händen die Jugend,
Wir gehn durch die Tage,   Die unser noch
　　　　　　　　　　　　　　　　nicht sind,
Mit fremdem Blick.   Die wissenden Augen
Sehen ein Licht,   Das fernher leuchtet.

Wir ahnen die Stunde,   Die kommen muß,
Deren Gewalt uns   Zusammenwirft
In eine große   Verbrüderung.
Wir fühlen nahe   Göttlichen Sturmwind.

Wir wissen den Weg   Und wollen nicht klagen,
Daß wir allein gehn,   Von Welt zerklüftet,
Von tausendfachen   Begierden umstellt.

Noch sind uns Frauen   Last nur und Untergang.
Nicht dürfen wir greifen   Nach Schwesterhänden,
Ehe wir nicht   Unsere Brüder gefunden.

Daß wir nicht Frauen,   Die wartend am Wege stehn,
Unsere Jugend   In den Schoß hinwerfen,
Träumend davongehn,   Schwer von Erinnerung
Und arm wie Bettler   An heiliger Kraft.

Aber schon brennen   Höher die Flammen,
Unsere Speere   Leuchten im Frührot,
Und wir durchbrechen   Machtvoll die Himmel.

Schwestern, Geliebte!   Wir kommen als Sieger,
Euch zu befreien   Und lächelnd zu münden
In Euere Güte   Und Eure Wollust,
Um zu erfüllen   Unser Geschlecht!

GESANG DER FRAUEN

Wir möchten als Kämpfer   Neben Euch schreiten
Unendliche Wege.   Wir möchten aufsteilen
Zu Euerer Freiheit,   Zu Euerer Kraft:
Doch wir entwurzeln   Ohne die Demut.

Wir sehen Euch leiden   Um uns auch, Brüder
Und wissen es dennoch,   Entwachsen dem Schoße
Darf Euer Weg nicht,   Eh er vollendet,
Zurück sich biegen   In unseren Schoß.

Allzuoft fällt uns   Die heiße Lust an,
Daß wir Euch zögen von   Eueren Taten
In unsere Liebe.   Ihr aber schreitet
Weiter und laßt uns   Zerbrochen zurück —.

Wir wollen die Fülle   Reif in uns sammeln
Im tiefen Wissen: Ihr werdet kommen,
Wenn unsere Zeit ist.   Dann sind wir Erfüllung,
Eins mit Euch geworden   Im neuen Geschlecht

IWAN GOLL
DITHYRAMBEN

LEIPZIG
KURT WOLFF VERLAG

BÜCHEREI DER JÜNGSTE TAG BAND 54
GEDRUCKT BEI DIETSCH & BRÜCKNER · WEIMAR

CLAIRE STUDER ZU EIGEN

DER GROSSE FRÜHLING

DIE GÖTTLICHE ORGEL

Wer von euch hörte die hektische Orgel nicht über den Städten?

Straßen sirrten wie abgebrochene Kometenschweife um die rote Erde. Goldene Karussells des Sonntags umflogen die Wochenwelt wie große Ventilatoren.

Aus den Warenhäusern fielen die elektrischen Hesperidenäpfel. Und jeder arme Passant, dem die wächsernen Damen sich gaben, wurde zum Kind, zum Weihnachtskind.

Aber spitz und gotisch stand die Orgel über dem Quadrat der Städte: Orgel des Lebens, Orgel des Sterbens! Alle Stimmen der Menschen schrieen gegen den bleiernen Himmel.

Die Orgel wußte vom ewigen Skandal der Erde.

Sie war voll versoffener Männerstimmen, voll blecherner Klagen hungernder Witwen. Altes Husten klopfte aus Spitälern. Zimbeln schlugen aus Kinderschulen. Und das Frösteln einsamer Propheten gab sie wieder.

Die Orgel orgelte den hektischen Gesang der Erde. Sie strahlte groß und spitz über den aufgehäuften Häusern des Elends.

Ausgehöhlte Hotels zerbröckelten. Fabriken drohten mit ihren keuchenden Schloten. Schlafgemächer stürzten ein zu kalkigem Schnarchen. In den frühen Morgen schlotterten die eisigen Glocken.

Und die Orgel donnerte überall über der Welt!

DER KINODIREKTOR

Für einen Groschen öffnet sich euch das Paradies. Hier ist das einzige Paradies der Welt: Chemnitzerstraße 136. Am Eingang die goldenen Lettern leuchten es laut.

An die Kassa! Die Dame hat echte Brillantringe. Jedem schenkt sie ihr purpurnes Lächeln, dir, verschwitzter Dienstmann, und auch dir, hölzerner Soldat! Jedem will sie blonde Geliebte sein: für einen Groschen!

Die Welt sei euer. Der Portier im roten Frack ist euer Sklave. Kein anderes Gefühl hat der Kaiser, wenn er in sein Schloß tritt.

Hier allein gibt es die glücklichen Menschen. Für einen Groschen, o Brüder, könnt ihr glückliche Menschen sehn.

Da fächeln sich Damen über sonnige Parks hinweg. Straßen, himmlische Spiralen, entheben die Passanten der Erde. Und vor Tribünen fahren in überirdischen Galawagen die Präsidenten ferner Republiken auf.

Ihr Dumpfen, seht: ihr sollt angelisch werden! Hier im Kino seid ihr jenseits der Erde. Gut und Bös des Lebens sind ja nichts als ein Reflex wie Schwarz und Weiß auf dieser Leinwand. Nichts ist! Alles ist!

Ich schenke euch die Schöpfung Gottes: das Paradies, ohne Schlange und Apfel. Fluch dem Skeptischen, der lächelnd an die Leinwand klopft und sagt: Das ist ein weißes Tuch! Fluch diesem Lügner: denn das ist das Leben, das reellste Leben!

Das ist das Leben: wo Urwälder noch und Niagarafälle rauschen. Wo auf heißem Rennplatz ein Jockei sich den Hals bricht. Wo Mörder im Frack zu Engeln werden.

Das ist das Leben: Weinend sitzt ihr bei hungernden Witwen. In unendlichem Mitleid beugt ihr euch über den Bankier, der stehlen mußte, der armselige Mensch!

O Schöpfung Gottes! O paradiesisches Orchester! Die Geigen schluchzen Liebe. Flöten schaukeln wie Libellen über dem Teich des Cellos.

Und ich: seht in mir den letzten Apostel! Seht, wie ich kämpfe und leide und an euch sterbe. Ich muß für einen Groschen meine ganze Seele hergeben.

Ich muß euch den Kosmos herrollen. Ich muß euch alle Leidenschaften aufwühlen. Ich bin der Souffleur Gottes.

Hätte ich einen Groschen, wie selig wär ich! Nur einen Groschen! Kassandra sitzt an der Kassa und wird euch lächeln. Schenkt ihr einen Groschen!

DER STUDENT

Er kam aus den dunklen kleinen Pensionen. Da hatte er den Mittagstisch schon zur tollen Tribüne erhoben.

Aus Bakunin stand er auf. Aus zerkrampften Nächten. Aus den notwendigen Examen. Aus Zweifel und Spott. Aus tiefstem Schrei nach Gott.

Seine Augen zwei schwarze Löcher in die graue Maske des Alltags. Auf seinen Lippen schwebte wie ein Falter sein Herz.

Aber an jenem Tage war er überall, der Freund, der Bruder, der Mensch. Aus allen Pensionen trat so ein Student. In allen Versammlungen sprach so ein Fanatiker.

Er schleuderte den brennenden Spitzbart ums Kinn. Er schlug mit der hageren Faust die Schlangen der Zeit nieder.

Und um ihn die blassen Arbeiter der Vereine. Um ihn die stillen Jüdinnen. Um ihn die aufkeimenden Knaben des nächsten Jahrhunderts.

Hoch wuchsen seine goldenen Säulen am Eingang der Städte. Die Julis wälzten sich in den Mohnäckern naher Revolte. Die Menschenengel schwebten aus den Mansarden herab.

Mütter taumelten mit ihren Söhnen hinterher. Auf Denkmälern stand er und zerballte die Zeit. Im Volk war er und schrie nach Gerechtigkeit.

Überall in der Welt war so ein aufgepeitschter Student. Überall öffneten sich die Schleusen des Himmels.

MEETING DER FÜNFTEN KLASSE

Ihr Mitmenschen! So seid ihr alle gekommen, durch die abendgehöhlten Straßen, durch die Tunnels der Stadt: Ihr Gedrückten, ihr Flüchtigen aus der Zwielichtwohnung, aus haßgefüllter Kaserne und dumpfem Schlafloch! Euch alle, meine Brüder, hat mein weher Ruf durchdrungen! Oh ihr mußtet waten durch das grelle Gold des Boulevards. Ihr wurdet vom gelben Gezisch der Kinos angespieen. Es war so weit, so weit bis auf diesen offenen Abendplatz. Und nun?

Hier steh ich, der ich euch rief. Da steh ich auf hölzerner Estrade und habe nichts in den Händen als den großen Himmel, nichts in den Augen als den Glauben an euch, und nichts zu verschenken als ein Wort, ein einziges, schallendes, tiefes Wort. Erwartetet ihr mehr? Glaubtet ihr mich bereit, euch das Giftmittelchen Haß einzuimpfen? Ein Advokat würde euch mit grandioser Geste an seine Brust drücken? Oder ich sei ein Metzgerjunge, der je nach Bedarf ein Kilo oder ein Viertelpfund Befriedigung an jeden verteilt, ein bißchen Klassenkampf, ein paar Phrasen vom Kapitalismus und von Lohntarifen?

Meine Mitmenschen, wie habt ihr euch geirrt! Ich rief euch alle und habe doch nichts im Munde als ein einziges Wort, das wie eine blutige Sense über meine Lippen streift. Schaut mich nicht so an: Ich bin kein Prophet. Ich bin ein Mensch. Ich bin ein einsamer, nackter Mensch wie jeder von euch. Stürzt mir nicht zu Füßen! Schluchzet nicht! Jeder von euch könnte dasselbe tun und auf diese Tribüne steigen und könnte die Menschheit befreien helfen. Er brauchte nur wie ich sein aufgeblutetes Herz zeigen und das eine Wort aussprechen.

Das eine Wort, das ihr ja alle wißt! Das Wort, das mehr Geist enthält als die Literatur des gesamten neunzehnten Jahrhunderts, das mehr Revolte ist als alle Appells und Proklamationen eurer bisherigen Führer, ein Wort, das sich um die runde Erde wölbt wie der nächtliche Himmel, dunkel und so voller goldener Möglichkeiten doch. Ein Wort!

Ihr alle kennt es so gut, auch wenn ihr es immerzu verschweigt.
Ihr fahrenden Zigeuner, die den bunten Wagen hinter der Schießbude stehen ließet. Du, zynischer Apache. Du Nachtasylenschläfer.
Sträfling, dem die Nummer der Zelle noch immer weiß auf schwarz
vor den Augen flimmert. Dienstmädchen, das in seiner Schwangerschaft nachher am Kanal ein dichtes Weidengestrüpp aufsuchen
wird. Durchgefallener Student, der trotz Mythologie und Philosophie an diesem einen Wort, weil's unausgesprochen blieb,
scheitern mußte.

Ich könnte übrigens dies Wort wie ein Zauberer auf dem Markt
aus der Tasche ziehen und vorgaukeln lassen. Ich könnte es euch
hinwerfen, wie ehedem der Ritter seine goldene Börse unter das
Fußvolk. Aber es ist nicht einmal nötig, es auszusprechen. Es gilt
nur, davon zu wissen, bewußt zu sein, daß ein jeder es in sich
trägt, wie der Chirurg behauptet, daß ihr alle ein Herz in euch
tragt.

Schon brodeln eure dumpfen Stimmen. Schon bewegen sich
eure schweren Füße. Eure Hände sind gezackt. Ich fühle, ich
fühle, ihr habt mich verstanden! Wie könnte es anders sein? Ihr
alle seid ja selbst schon einmal an diesem Wort gestorben. Ihr
sahet Verwundete beschämt ihre Eingeweide mit den Händen
verbergen. Sahet Familienväter sich toll über grünende Jünglinge
stürzen. Und den Toten saht ihr ins verglaste Auge, und das
Wort stand erstarrt auf ihrem schwarzen Mund.

Ich brauche es euch nicht zu sagen. Ich habe in euer Antlitz
gesehen. Ich habe euer Herz geprüft an diesem goldenen Abend.
Ich weiß, ihr seid bei mir, wie ich bei euch bin. Ich weiß, schon
ist das Wort kein Wort mehr, schon ist es Tat, Sinn und Erleichterung: schon ist es die Menschenliebe selbst!

DER PFLICHTVERGESSENE GEISTIGE

Ich aber hab euch nicht befreien dürfen! Ich war der Wahre nicht, den ihr brauchtet! Ich hatte Gott bezwungen, aber nicht die Menschen!

Ich hatte Gottes Lächeln bekämpft. Das wallende Gewand vor Abendhorizonten zurückgeschlagen. Mitternachtssonne blühte aus blauen Sternwäldern auf.

Doch warum hab ich nicht die Menschen so bekämpft! Das graue Profil steinerner Avenüen mit heißen Fackeln erleuchtet! Dem Arbeiter aus haariger Brust das Herz herausgerissen! Das starre Frackhemd des gecken Tänzers zerrissen!

Warum bin ich nicht in die Dörfer gegangen, wo Bauern wie schwarze Schatten an der Erde kleben. Warum bin ich nicht hingegangen, ihnen zu rufen: »Es ist draußen Abend! Kommt, wir wollen uns in die Augen sehn!

Warum hab ich die Knaben nicht aus den Waisenhäusern gerettet, zwei zu zwei an der Hand, alle im gleichen runden weißen Kragen, und bin mit ihnen auf den Hügeln gekniet: »Dort oben sind die Sterne: Küßt euch!

Was bin ich nicht in die Kontore gekommen, wo Knirschen des Telephons, Zorn zugeschlagener Türen mich empfing. Ich hätte die Tippfräuleins auf die Straße geführt und geschrien: »In den Potsdamer Platz mündet die Milchstraße! Oh, steigt mit mir in diesen Omnibus: Wir fahren zum Himmel!«

Ich war der Starke nicht, den ihr brauchtet. Ich flüchtete trotzig in die Einsamkeit Gottes. Ich spielte mit roten Vögeln. Behängte mich mit redenden Steinen. Ich bin's nicht wert, heute euren zerklüfteten Leichnam zu küssen.

Ich bin's nicht wert, heute noch von Liebe zu singen. Ihr hasset mich, weil ich nicht mit euch hasse. Ihr wehrt mich ab wie den steigenden Schatten der Sühne. Ihr Sterbenden, ihr laßt mich nicht in eure Schuld einziehn!

DER STREIK

Schwält noch gelber Schnaps in euren Mündern, giert noch Dirnenblut in euren Augen: Hinter euch sind Schmerz und Qual und Not!

Hinter euch zerschlagen liegt das Haus der Nächte. Höllen des Asphalts sind eingestürzt. Alle Winter glitschrig aufgetaut.

Eure Fuselgassen sind gesäubert. Die mystischen Fabriken frieren nackt. Der Schlote steinerne Arme schleifen schlapp.

Vergangene Frühlinge auf Bahndammhügeln! Hungernde ihr vor vollen Bäckerein! O ihr armen Schläfer der Sonntagmorgen!

Auf, die Sonne häuft euch brennende Scheiterhaufen! Das Pflaster singt euch unter den tanzenden Stiefeln! O ihr alle!

Heiße Jünglinge reden selbstverständlich in die Menge. Männer tragen den Sonnenturban ums kurze Haar. O die Zeit ist neu! Der Mensch ist groß!

Der Tyrann hängt an den roten Schloten. Makler müssen die schweren Klumpen Goldes schwitzend schleifen. Und ihr Proletarier seid voran.

Morgenfrühe strahlt euch grünend um die Schläfen. Arbeit glüht nach euren starken Muskeln. Und der Menschheit Liebe ist bereit.

DIE PROZESSION

O da brannte die Stadt ihre goldenen Opfer an. Die Straßen waren mit Gold gepflastert. Unter den Dächern gingen Petroleumsterne auf.

Langsam wandelten die Männer in den Abend, des Strohhuts Heiligenschein rund um den schweren Nacken geflochten.

Sie kamen alle zurück aus der Erde. Fabrik und Werkstatt waren zu Asche zerfallen. Der Abend schwankte wie ein blauer Baldachin.

Kinderengel spielten vor den Spezereihandlungen mit Bonbons und Himmelskugeln. Junge Mütter gingen schwer, als trügen sie den Mond unter der Schürze.

Sie zogen, sie zogen alle herein. Leuchtende Prozession des Feierabends: Durch die Schenken flatterten die Kellnerinnen hell. Absinth schwenkte grüne Laternen.

Kinos rasten mit lärmenden Fackeln über die Boulevards. Stampfende Pianolas erlösten die steinerne Welt.

Rostige Glocken, aus schüchternen Türmen, zerklirrten an den Mauern Gottes. Des Menschen Stimme aber war lauter und reiner.

Der Mensch erhob sich zur Befreiung der Erde. In Vereinslokalen wurden die Weltbrüder begrüßt. Rote Meetings schlossen sich um die grellen Plätze.

Ladenmädchen öffneten die elfenbeinernen Altäre ihrer Brust. Heiße Bestimmung trieb den Volksschullehrer voran. Krämer verteilten ihre Orangen umsonst.

Mit Krawall stürzten die Scheiterhaufen der fremden Hotels. Dienstmänner rissen die grüne Sklavenmütze von der Schläfe.

Mittlerweile erstanden die starren Barrikaden. Flatternde Frauen hielten die roten Laternen darüber und sangen. An diesem Abend stieg die Menschheit in heiliger Prozession.

Sie kam zum Gipfel ihres Stadtgebirgs. Kometen fielen aus allen Horizonten herab. Kometen gingen rund und rot zwischen Menschenarmen und Erdeschloten auf.

Die Revolte begann.

Aber am nächsten Tag: da blühte der große Frühling über der Erde. Die Akazienalleen öffneten sich der unendlichen Prozession.

Sonne, Sonne war überall. Man trug sie in einer Blume ein fach am Knopfloch. Aus jedem Fenster, winterblind, blühte sie mit roten Zacken.

Unendlicher Garten der Menschlichkeit! Menschen wandelnde Bäume! Gesang prasselte wie roter Wind über dem Asphalt.

Heilige schritten voran: Jünglinge den Adamsapfel aus schmutzigem Kragen stehend. Frauen mit den schreienden Menschen hart an der prallen Brust.

Frühling! Frühling! Arme streckten sich nackt wie brennende Fackeln. Alle tanzten in ihren Arbeitskleidern.

Goldene und blaue Trams flügelten ins Land der Freiheit. Lifts stiegen hell zum Himmel wie Jakobsleitern: und alle Menschen waren auf und ab wie Engel.

O großer Frühling der wiedererstandenen Menschheit!

DAS GOLDENE VLIES

Als der Mensch zurückkam, trug er das goldene Vlies. Er trug ums Haupt die Friedenskrone blauer Schwalben. Heller Mittag war's: um seine Schultern drängten sich die Sterne.

Der zerbrochene Mond war in seine Stirn geätzt. Kometen neigten sich und sprangen wie Blumen um seinen Erdenwandel.

In seinem Blick wohnte die Güte. Aus seinen Wunden träufelte die Erkenntnis. Aus wehen Händen schüttelte er unendliche Verzeihung.

Da wurde vor ihm die blasse Blumenverkäuferin zur Madonna. Der heisere Schrei des Maklers duckte sich zum Gebet. Der graue Schaffner wandelte als ein Herrgott durch seinen Omnibus.

Am Tage, als das goldene Vlies über der Erde wogte, verstummte die Klage der tiefen Menschen. Das Lied der kleinen Plätterin wurde freudiger. Die Bitte des Bettlers klang ganz erlöst.

Die Blinden glaubten, sein Schimmern im Abendgold zu sehn. Die Sterbenden hofften, er sei das Tor in die Ewigkeit.

Smaragden rieselten die Kiesel hinter seinem Fuß. Betende Frauen im blauen Gewand waren die Schatten seiner Glorie. Er trug ums Haupt eine Krone von blauen Schwalben.

Als der Mensch zurückkam mit dem goldenen Vlies, war Friede auf Erden.

DIE ALPENPASSION

I.
FLUCHT

FLORIAN:

Wie Fremde wandern wir auf Erden. Jeder in seinem eigenen Käfig gefangen. Verschlammte moosige Steine sind wir am Grund der Erde: die wallenden Himmel kennen uns nicht.

STELLA:

Es ist keine Liebe mehr von Menschen zu Menschen! Es ist kein Schüttern von Einsamen zu Einsamen! Wir sind wandelnde Grotten, Granit, die keine Welle durchzittert!

FLORIAN:

O wir zu Pyramiden gehäuften Cafés, zu Meeren angeschwollenen Meetings, zu Gebirgen gesteigerten Konzertsäle: Wir lügen, wir lügen! Jeder von uns ist einsam, einsam!

STELLA:

Einmal, da näherten wir uns: und siehe, Haß glutete aus unsern Augen. Krieg spreizte die gierigen Finger. Und wir glaubten, unserm Schicksal zu entfliehn, wenn Blut aus unsern Körpern floh!

FLORIAN:

Wir wühlten uns in die Erde, unsere Schlechtigkeit zu verbergen: da wuchsen die monumentalen Gräber über uns! Wir rissen die Städte auf und wühlten uns in die Lust: da schrieen die Lachenden so bös wie im Tollhaus!

STELLA:

Und jeder Nachbar, den wir töteten, war ein Stab mehr an unserm Käfig! Jeder Bruder, den wir mordeten, war ein Schrei mehr in unserer Einsamkeit!

FLORIAN:

O wäre eine Flucht! O könnt' ich mich in die Wolke Gottes hüllen! Den Himmel aufreißen und ihm zuschluchzen: Das ist meine Qual: Ich bin ein schlechter Mensch!

STELLA:

Ich bin ein schlechter Mensch! Alle Leiden der Erde sind in mir. Alle meine Schwestern bäumen sich in meinen Leidenschaften empor! Alle Mütter in mir beweinen einen Sohn!

FLORIAN:

Wir müssen uns selber fliehn: da werden wir uns wiederfinden. Wenn wir die Grate des Todes erst erklommen, dann wird das sausende Leben wieder um uns sein.

STELLA:

Wir wollen vor jeder gemeinen Butterblume knien: Dann wird die große Sonnenblume lauter um uns donnern! Wir wollen in uns selbst einkehren: dann wird die ganze Menschheit erlöst in uns Einzug halten!

II.

SCHLUCHT

FLORIAN:

O Mensch, bist du mein Schicksal oder mein Gespenst? Noch hockst du grau an allen meinen Wegen. Stöhnst aus Spitälern und spukst aus Spelunken.

Dein Klagen ist im Wind. Deine Kasernen sind bis ins Gebirg gestaut. Dein Schatten klebt an allen meinen Schritten.

Du schreist aus meiner Seele! Du klagst mich an, o Wegelagerer, mein Bruder, mein Schatten!

Und ach, ich leugne nichts: ich komm' aus deinen Städten, deinen Kriegen. Ich hab es tief erlebt: ich bin von deinen Mördern!

Wirf Wahnsinn über mich! Kreuzige mich mit deiner Mitleidsgeste! Spieß auf mein Herz mit deinen Schreien!

Die Menschheit tief in mir ist schuldig! Und ich bin schuldig in der Menschheit! Ich hab' den Mord gesehn und ihn geklagt!

Ich hab' soviel gesehn: die grünen Leichen stürzend in die Äcker. Um schwarze Munde Speichel rot erfroren. Die Liebesleiber schwärend voller Ratten. Die Himmelsaugen aufgeschäumt zu Schwefel. Und abgeriss'ne Arme, die im Tod noch um Verzeihung flehten.

Von Feuersternen überblühte Wüsten. Von Bombendomen überplatzte Nächte. Und bunt besungene Begräbnisse.

Noch mehr: Zuchthäuser vollgeschwemmt. Kinder zu Hungertod geschändet. Vögel und Gärten ihres Lieds beraubt.

O Schlucht, o Mensch in mir, Erinnerung, Anklage, Reue und Gerechtigkeit: ich weiß nichts mehr, als daß ich Mensch und schlecht bin.

Doch, Bruderschatten, sag: ist Sühne nicht genug gebaut zu Massengräbern? Weht Trauer nicht genug um deine alten Fahnen?

Nun laß mich frei! Laß einen noch, der an Erlösung glaubt! Der hell zu Mitternacht den Engel flattern hört; und der zu Morgenaufgang Lächeln um der Sonne Lippen sieht.

Nun laßt mich fliehn, Schlucht, Schatten, Schmerz! Es gibt noch Wälder über euch, die singend schweben! Es gibt noch Gipfel, die mit Purpur uns umglühn! Es gibt noch Söhne, die uns glücklich brauchen!

III.
BERGWALD

STELLA:

O Wald, du bärtiger, lächelnder Gott,
Du nimmst mich auf mit deinen großen Armen, als wär' ich
                eine Nymphe und keine Menschentochter,
Als spräng' ich blond aus blauem Brunnen, und klebte nicht
                roter Staub an meinen Schuhn!
Deine wilden Tiere grasen aus meiner Hand, als schnüffelten
                sie nicht das Blut an mir:

O Wald, du leuchtender, tausendäugiger Freund,
Du nimmst mich auf!
In dein Zweigengewölk blitzen die Sonnenpfeile,
Erdbeer und Waldmeister tanzen
Um deine schwarze Erdebrust:
O du väterlicher Freund und Gatte,
Wald mit dem offenen Herzen im zottigen Blätterfell,
Du nimmst mich auf!

So sollen alle Frauen an dir Liebe und Mitleid und Demut lernen!
Daß sie wie junge Quellen über zermürbte Leiber sich ergießen,
Wie Palmen mit offenen Händen Sonne auf die Schlummerden
träufeln.
O du friedensstarker, mächtiger Gott,
Gib mir soviel Arme, als Elende in den Ritzen der Erde sind,
Sie aufzuheben,
Gib mir soviel Munde, als Schreie und Qualen und Verbrechen sind,
Sie zu trösten,
Gib mir so ein tausendfältig Herz,
Als schluchzende Mütter in dunklen Alkoven hocken,
Als frierende Waisen an leeren Bäckereien vorüberhungern,
Als tolle Verwundete ihr Fleisch mit glühenden Nägeln hetzen,
Als Erblindete mit stochernden Stäben an stumme Wände pochen,
Gib mir so ein tausendfältig Herz,
Als du grüne Spiegel hast, zu zittern und zu schimmern,
Über die Menschheit mich zu beugen,
Über sie hinzurauschen
Wie du, ein Wald von Liebe.

IV.
GIPFELAN
FLORIAN:

Erde, du verquälte, schlaflose Magd,
Was wissen wir Menschen von deinem Schmerz!
Bist unsre Mutter doch, und wir schlagen dich
Wie die erwachsenen Jungen die buckligen Alten schlagen,
Verachten dich, wie die Bürger ihre verlassenen Dirnen verachten.
Wir kratzen uns in deine rindigen Höcker,
In deine verwitterten, knöchernen Felsen,
Wo du den krummen Adler beherbergst,
Doch über dich hinaus, du Tränenarme,
Steigen wir, den Himmel zu erobern!

Du bleibst unten, härene, nächtige Mutter,
In deinen Kriegstälern und steinernen Gräbern gefangen,
Wie in besudeltem Wochenbett:
Uns aber dürstet nach dem Wein der Wahrheit!
Aus deinen unergründeten Tiefen prallt unser Schrei
Und gellt die Qual unsrer vermummten Geschlechter!

Mit unsrem Geist, dem Menschengeist,
Der in den Feuern der Welt verbrennt,
Mit unsrem Geist, der über Nacht und Schmerz
Sich täglich aufwärts ringt zu dem Ewigen,
Wollen wir steigen, daß unsre runde Stirn
Als drittes Gestirn über dir leuchte, Mutter!
Wir wollen dir deinen Stolz wiedergeben,
Dein Lächeln und deine ewige Liebe:
Denn es ist wahr, o schüchterne Magd, o Erde,
Ein Gott ist dein Gatte, und heilig sind seine Söhne!

V.
PANORAMA
FLORIAN:
So ist es wahr! Die tausend Gipfel um mein Haupt sind Zinken meiner schwebenden Krone! Es schimmert die Erde um mich wie eine marmorne Kathedrale!

So ist es wahr! In meinen mürben Menschenhänden zittert der Schöpfung Allerheiligstes. Kristallene Türme hängen vom Himmel hernieder. Und Weihrauchsäulen wirbeln aus tiefgeknietem Tal.

So ist es wahr! Ich lasse die Erde und die Sonne um mich kreisen. Mein Geist führt zu Erkenntnis und Versöhnung. Ich bin ein Mensch: der Mittelpunkt der Welt!

STELLA:
Ja, es ist wahr! Die Welt ist deine Kathedrale. Du bist der Bischof ihrer Prozession. Du bist der Erste der Erkennenden.

Aber vergißt du, daß du Erde bist? Aus schwerem Stein gebaut ist dieser Dom. Aus Opfern ein gestützter Scheiterhaufen. Ein aus Jahrhunderten gesteilter Sonnenberg.

Und alles Elend ist in deiner Prozession! Die an der Diele Knieenden. Die mit den Säulen Emporgeschrieenen. Die Humpelnden und die Verstümmelten. Die Zaudernden und die Zornigen. Die Gedemütigten und die Verschüchterten.

Sie alle: Die blutgebäumten Mütter. Die grinsenden Selbstmörder. Die Glühenden zu Mitternacht. Die Fröstelnden zu Mittag.

Und die den Kelch ihres Herzens unter dem abgeschabten Mantel verbergen. Und die weißen Kerzen der Kindermelodien. Die von Leidenschaft verwaschenen Mienen. Und die von schandhaftem Lachen ausgehöhlten Schlüfte.

FLORIAN:
Die Menschheit zog mit mir wie dunkle Wolke. Doch wenn des Tags Erkenntnisgeist erstrahlt, taumelt die Nacht zurück zur äschernen Unterwelt.

Dann gibt es auch kein Elend mehr, ihr Schuldigen. Dann gibt es keine Schuld mehr, ihr Elenden. Wie unbewußte Quellen werdet ihr aus euren Qualen springen. Mit Gesten tiefen Wissens den erlösenden Strahl um euren Scheitel schlingen.

Hier ist der brennende Turm des Sonnenaufgangs. Hier ist die offene, schallende Halle Gottes. Hier ist in meiner Brust die Menschheit befreit!

STELLA:

Aus Leid und nicht aus Glück erbaut ist dieser Dom. Aus Schlucht und Schluchzen schöpft die Orgel ihre Fugen. Aus tiefer Demut kommen die goldenen Glocken.

Versteig dich nicht in deine Einsamkeit! Du wirst an zuviel Sonne blind, an zuviel Himmel wirst du irr! O Mensch, bleib deiner Menschheit treu!

Du hörst von Gipfel zu Gipfel säuseln die silberne Stimme der täglichen Ewigkeit. Doch ist es nicht dieselbe Stimme, wenn ein Mensch zum andern hinüberschreit?

VI.
GLETSCHER

FLORIAN:

Gletscher, du Einsamer, Einziger gegen den Sturm! Du nie Berauschter, nie Aufgetaner! Nie geschrieener Schrei! Im Sturz Erstarrter, Herber und Harter!

Männlicher Schmerz: Stumm in deinen Stolz gebeugt, steil in deinen Himmel gestemmt! Dunkles Genie, geizig über dein Leid gekrümmt wie die Buckligen. O nie schwingender Egoist; männlicher, heiliger Weltenschmerz!

STELLA:

Gletscher, ewige Mutter der Welt, deren Schoß das Blut der Liebe entquillt!

Überschwang, Überfluß, Überflut! Nie genug der Hände und Schreie und Küsse, zu lieben, zu lieben. Nicht genug der Wimpern zu weinen, zu schluchzen. Nicht genug der Arme, der klagenden, der flehenden, der umarmenden, nicht genug der Arme, zu umschlingen!

Nicht genug der Schreie zur Geburt und Revolte! Nicht Täler genug dich auszuschrein und zu vergeuden! Nicht Menschen genug zu trösten und zu laben!

O du allgemeine, ewige Mutter!

FLORIAN:

Gletscher, du steinerner Gott, dem täglichen Kampf Enthobener! Hier ist der Rand des Himmels, und der Turm der Erde stürzte zu Staub.

Säulen, hymnische, tragen die Arkaden deiner Gewalt. Wie in spielender Träumerei fügt sich des Schicksals geometrisches Gesetz.

Einziger du, in Einsamkeit verbittert, in Ewigkeit verknöchert. Einziger, an dem die Größe des Alls sich mißt!

STELLA:

Gletscher, aus dir erstieg das Volk und die Gemeinschaft! Aus dir kommen verbündet und vereint die Niederen und die Starken, die Nackten und die Schämigen, die Inbrünstigen und die Ungläubigen.

Deiner geöffneten Brust entstürzen die tausend Söhne des Tals, springen die Knabenbäche, rauschen die Arbeitsströme, steigen und steigen die Ozeane!

Dein ist der Ruf, wenn sie mit irren Zungen in Schlucht und Schlachtfeld den Frühling der neuen Welt verkünden!

FLORIAN:

Gletscher, Märtyrer der Erde, steiler Block vor des Himmels Geheimnis: bleib', o bleib' der Gefangene deiner Größe!

Nicht erschwachen darfst du und schmelzen, nicht dich lösen zum Tal der Qual, wo Hunde winseln, wo Menschen auf Krücken hüpfen über die Brücken.

Wo Schlachthaus mit rotem Auswurf dich bespeit, Fabrik mit eklem Atem dich beschmutzt; staubige Häfen und salzige Meere einander bekämpfen, einander vernichten.

Gletscher, du Starker, hüte dich vor dem Volk und der Freiheit! Bleibe der Knecht! Bleibe der König! Bleibe der Große, der Stumme, der Einzige!

STELLA:

Gletscher, steh auf, da die Tuba des Aufruhrs erschallt! O Völkerwanderung, o Auszug aus Verbannung und Verkennung! O Erlösung aus der tiefen Schmach!

O allgemeine Gleichheit, o befreiter Gletscher der Menschheit! Staubtropfen im Wind, fremder Passant auf dem Boulevard! Ihr alle und jeder!

Jeder von euch erhebt sich, schreit, erstrahlt! Bankier und Prolet verwechseln Spazierstock und Krücke. Bettler und Kaufmann küssen sich als Brüder!

Die Ketten klirren in den Kerkern. Die Köpfe lodern über der Erde wie Sterne. Alle Gletscher reißt es hin zu Tal. Alle Völker schmelzen zusammen in Liebe.

VII.

GRAT

FLORIAN:

Umsonst, umsonst! Ich hab' mich an der Glasur des Himmels blutig gekratzt. Ich hab' mir die Flügel an den Säulen des Himmels lahmgeschlagen. Umsonst hab' ich mich aufgerissen.

Der Nagel der Sonne kreuzigt mich an die Erde. Die Gewölbe des Himmels zerplatzen über meinem schläfrigen Auge. Die Gletscher haben schwarzen Speichel um die Lippen.

Taub bin ich in der Symphonie der Welt. Denn mein Ohr ist wie die Muschel des fernsten Meers. Die schwarzen Horizonte der Erde tönen wie nächtliche Gongs. Und die Rufe der Menschen überdröhnen die Kantate der Berge.

O es schreit in mir der Abgrund und der Tod. Es schreit der Zweifel und der Streit. Es schreit Zerknirschung und das Kruzifix. Es schreit in mir die Erde.

Es schreit und zerrt mich bleischwer nieder. O Mutter Erde, du hast mich mehr geliebt, als ich wußte. O Menschheit, du bist größer, als ich wähnte! Alle Erkenntnis ist Lüge, die nicht der Liebe entflammt!

Jeder von euch, ein Bettler oder ein Siecher; er hat mehr Himmel in seinem Auge als über den Mont Blanc gewölbt ist! Jede von euch, eine Schwester oder eine Braut: sie hat mehr Tränen in ihrem Herzen als der sommerliche Gletscher!

Weil ihr dort unten seid, seid ihr Erhabene! Ihr werdet nichts von der Leere und Kälte des Himmels ahnen und von der Dunkelheit Gottes: aber ihr werdet an die ewige purpurne Flamme der Liebe glauben!

Weil ihr Schlechte seid, seid ihr gebenedeit! Euch werden die Guten ihre Liebe schenken, die Hellen ihre Schönheit und die Frommen ihren Gott.

Lieben, lieben will ich wieder lernen! Güte, Güte will ich wieder üben! Über sich selber sich erheben ist schwerer als über Berge schweben!

VIII.
NACHTHÜTTE

FLORIAN:

Auf der Welt ist graue Sintflut. Wolken rollen durch den Himmel. Platinmond zerschmolz im Gletschertiegel. Nacht hat alles überschwemmt.

STELLA:

Aber wir sind in der Arche schwankend, schwankend hingetragen. Ganz mit Wind die Wände ausgeschlagen. Schallende Musik die Fenster. Schütterer Schnee ein tiefer Teppich.

FLORIAN:

Hör', die Stürme Gottes rauschen. Wölfe schleichen durch die Himmelsschluchten. Und Giganten schlagen ihre Keulen!

STELLA:

Nein, es sind Lawinen, die zu Tränenstürzen schmelzen. Donner wirbt wie eine Vaterstimme. Und die Engel sind uns nah.

FLORIAN:

Das Gewitter rauscht wie Heimatglocken. Von den Gletschern stürzen Schiffe, die uns Hochzeitsgäste bringen. Deine Stimme ist ein roter Wein.

STELLA:

Alle Sterne sind erloschen. Einzig unsre Liebesarche schaukelt auf dem Meer der Nacht. Eine rosa Ampel, wacht sie über der Menschheit.

FLORIAN:

O ich fühl' uns niederrauschen. Aus der Nacht schält sich das helle Tal. Wollen wir die weiße Taube senden?

STELLA:

Unsre Liebe schlingt sich um die ganze Erde. Tausend Vögel schwirren uns entgegen. Tausend Menschen schauen zu uns auf. O, wir wollen alle, alle lieben!

IX.
WASSERSTURZ

FLORIAN:

Wasser und Mensch,
Ihr seid die ewige Bewegung!
Ihr seid der Trieb von allen Trieben: ihr seid der Geist!
Da steht kein Felsen starr und keine Gottheit hoch:
Vor eurem Strahl zersplittern die Blöcke Granit,
Vor eurer Stimme birst das Schweigen des Todes.

O Wasserfall, du Perlentänzer,

Aus deinem steilen, einzigen Wasserstamm
Blühst du Millionen Wasserzweige an die Erde!
Der giftigen Nessel am Straßengraben gibst du dich hin,
Du treibst den grünen Springbrunnen der Palmen empor;
Vergißmeinnicht fröstelt in deinem Tau,
Und der fette Ölbaum saugt dich mit kupfernen Pumpen auf.
Du bist der unendliche Geliebte der Erde!

So will ich, dein unsterblicher Geliebter,
Über die Menschheit strömen und überströmen:
Hinunter, hinunter aus der Einsamkeit
Schäumend von Liebe niederschmelzen,
(An den Gipfeln ermaß ich die Tiefe der Täler)
Zurück zur Menschheit will ich mich ergießen,
Zu den dunklen Schluchten der Besiegten und Geknechteten,
Zu den grauen Wüsten der Streber und Unfruchtbaren,
Zu den endlosen Ebenen der Armen und der Tölpel,
Zu den rauchigen Häfen der Vertriebenen und Gezwungenen —
Hinab, hinab, dem ewigen Trieb muß ich gehorchen,
Wer sich verschenkt, bereichert sich am meisten.
Ich will mit sprudelndem Mund und lachenden Augen
Die große Liebe dieser Nacht vergeuden,
Mich geben und geben, da ich weiß:
Unversiegbar sind die Gletscher der Erde,
Unversiegbar sind die Quellen des Herzens!

DER PANAMAKANAL
(ZWEITE FASSUNG)

I.

Noch lagen die Jahrhunderte des Urwalds mitten zwischen den Meeren. Mit goldenen Zacken ausgeschnitten die Golfe und Buchten. Mit zähem Hammer zerschlug der Wasserfall die gestemmten Felsen.

Die Bäume schwollen in den sinnlichen Mittag hinein. Sie hatten die roten Blumenflecken der Lust. Schierling schäumte und zischte auf hohem Stengel. Und die schlanken Lianen tanzten mit weitoffenem Haar.

Wie grüne und blaue Laternen huschten die Papageien durch die Nacht des Gebüschs. Tief im fetten Gestrüpp rodete das Nashorn. Tiger kam ihm bruderhaft entgegen vom Flußlauf.

Feurig kreiste die Sonne am goldenen Himmel wie ein Karussell. Tausendfältig und ewig war das Leben. Und wo Tod zu faulen schien: neues Leben sproßte mit doppeltem Leuchten.

Noch lag das alte Jahrhundert zwischen den Menschen der Erde.

II.

Da kamen die langen, langsamen Arbeitertrupps. Die Auswanderer und die Verbannten. Sie kamen mit Kampf und mit der Not.

Mit keuchenden Qualen kamen die Menschen und schlugen die dröhnenden Glocken des Metalls.

Sie hoben die Arme wie zum Fluch und rissen den Himmel zürnend um ihre nackten Schultern.

Ihr Blut schwitzte in die Scholle. Wieviel magere Kinder, wieviel Nächte, angstvolle, wurden an solchem Tag vergeudet!

Die Fäuste wie Fackeln aufgereckt. Zerschrieene Häupter. Aufgestemmte Rümpfe. Es war Arbeit. Es war Elend. Es war Haß.

So wanden sich die Spanier einst am Marterpfahl. So krümmten sich die Neger einst in verschnürtem Kniefall.

Das aber waren die modernen Arbeitertrupps. Das waren die heiligen, leidenden Proletarier.

Sie hausten in Baracken und in Lattenhütten stumpf. Geruch des Bratfischs und der Ekel des Branntweins schwälten. Die hölzernen Betten stießen sich an wie Särge im Friedhof.

Am Sonntag sehnte sich eine Ziehharmonika nach Italien oder nach Kapland. Irgendein krankes Herz schluchzte sich aus für die tausend andern.

Sie tanzten zusammen mit schwerem, schüchternem Fuß. Sie wollten die Erde streicheln, die morgen aufschreien mußte unter der Axt. Dann schlürften sie für fünf Cents Himbeereis.

Und wieder kam das Taghundert der Arbeit.

III.

In ein Siechbett verwandelten sie die Erde. Die roten Fieber schwollen aus den Schlüften. Und die Wolken der Moskitos wirbelten um die Sonne.

Kein Baum mehr rauschte. Kein Blumenstern blühte mehr in dieser Lehmhölle. Kein Vogel schwang sich in den verlorenen Himmel.

Alles war Schmerz. Alles war Schutt und Schwefel. Alles war Schrei und Schimpf.

Die Hügel rissen sich die Brust auf im Dynamitkrampf. Aus den triefenden Schluchten heulten die Wölfe der Sirenen. Bagger und Kranen kratzten die Seen auf.

Die Menschen starben in diesem unendlichen Friedhof. Sie starben überall an der gleichen Qual.

Den Männern entfuhr der tolle Ruf nach Gott, und sie bäumten sich wie goldene Säulen auf. Den Weibern entstürzten erbärmliche, bleiche Kinder, als ob sie die Erde strafen wollten mit soviel Elend.

Von der ganzen Erde waren sie zum knechtischen Dienst gekommen. Alle die Träumer von goldenen Flüssen. Alle Verzweifler am Hungerleben.

Die Aufrechten und die Wahrhaftigen waren da, die noch an

ein Mitleid des Schicksals glaubten. Und die dunklen Tölpel und die Verbrecher, die tief ins Unglück ihre Schmach verwühlten.

Die Arbeit aber war nur Ausrede. Jener hatte zwanzig verbitterte Generationen in seinem Herzen zu rächen. Dieser hatte die Syphilismutter in seinem Blut zu erdrosseln.

Sie alle schrien im Kampf mit der Erde.

IV.

Sie wußten aber nichts vom Panamakanal. Nichts von der unendlichen Verbrüderung. Nichts von dem großen Tor der Liebe.

Sie wußten nichts von der Befreiung der Ozeane und der Menschheit. Nichts vom strahlenden Aufruhr des Geistes.

Jeder einzelne sah einen Sumpf austrocknen. Einen Wald hinbrennen. Einen See plötzlich aufkochen. Ein Gebirge zu Staub hinknien.

Aber wie sollte er an die Größe der Menschentat glauben! Er merkte nicht, wie die Wiege eines neuen Meers entstand.

Eines Tages aber öffneten sich die Schleusen wie Flügel eines Engels. Da stöhnte die Erde nicht mehr.

Sie lag mit offener Brust wie sonst die Mütter. Sie lag gefesselt in den Willen des Menschen.

Auf der Wellentreppe des Ozeans stiegen die weißen Schiffe herab. Die tausend Bruderschiffe aus den tausend Häfen.

Die mit singenden Segeln. Die mit rauchendem Schlot. Es zirpten die Wimpel wie gefangene Vögel.

Ein neuer Urwald von Masten rauschte. Von Seilen und Tauen schlang sich ein Netz Lianen.

Im heiligen Kusse aber standen der Stille Ozean und der Atlantische Aufruhr. O Hochzeit des blonden Ostens und des westlichen Abendsterns. Friede, Friede war zwischen den Geschwistern.

Da stand die Menschheit staunend am Mittelpunkt der Erde. Von den brodelnden Städten, von den verschütteten Wüsten, von den glühenden Gletschern stieg der Salut.

Das Weltgeschwader rollte sich auf. Es spielten die blauen Matrosenkapellen. Von allen Ländern wehten freudige Fahnen.

Vergessen war die dumpfe Arbeit. Die Schippe des Proletariers verscharrt. Die Ziegelbaracken abgerissen.

Über den schwarzen Arbeitertrupps schlugen die Wellen der Freiheit zusammen. Einen Tag lang waren auch sie Menschheit.

Aber am nächsten schon drohte neue Not. Die Handelsschiffe mit schwerem Korn und Öl ließen ihre Armut am Ufer stehn.

Am nächsten Tag war wieder Elend und Haß. Neue Chefs schrien zu neuer Arbeit an. Neue Sklaven verdammten ihr tiefes Schicksal.

Am andern Tag rang die Menschheit mit der alten Erde wieder.

KARL OTTEN
DER SPRUNG
AUS DEM FENSTER

KURT WOLFF VERLAG, LEIPZIG

BÜCHEREI „DER JÜNGSTE TAG", BAND 55
GEDRUCKT BEI DIETSCH & BRÜCKNER · WEIMAR

DER SPRUNG AUS DEM FENSTER

Wahllos kopulierten sich Fehler und Vorzüge in dem Charakter des Herrn B.

Um jeden Preis suchte er zu widerlegen, daß er dem Durchschnitt angehöre; aber das Wort Mittelmäßigkeit stand oft wie eine Fassade vor ihn hingemauert; oft umringte es ihn wie eine Mauer, längs der er rundlief; oft klang es wie der Ruf Manitobas überlaut und einzig in seiner Brust, so daß er zitternd wie ein gehetzter Hase hin und herriet, wie zu vermeiden sei, daß es offenbar werde.

So sprach er denn bei allem mit. Erfindungen deutete er an in ihrer ganzen tragisch-revolutionären Größe, wenn sie überraschend auf den Markt niederkamen, Kunst, Politik, Dichtung fielen seinem gelehrigen Eifer zum Opfer. Insgeheim schrieb er Artikel für die Jägerzeitung, das freie Echo, Kunst dem Volke, der neue Staatsmann. Aber es war, als gehöre sein Name zum Text. Und doch kam es ihm ledig gerade auf die Unterscheidung, auf den Beweis seiner Existenz an.

War es ihm in der Wirtschaft nicht gelungen, bei seinen Freunden den Eindruck eines Philosophen zu erregen, so behandelte er sie ungnädig, gab keine Antwort oder lehnte jede Erklärung mit verletzender Ironie ab. Den Kellner dagegen beschenkte er mit reichem Trinkgeld, guten Ermahnungen und Händedrücken.

In der Elektrischen oder im ersten Halbschlaf fiel ihm der Plan zu einem Zyklus Preisgesängen auf die Freiheit des Geistes ein. Er dichtete, so dünkte ihm, die ganze Nacht — ja er raffte sich aus den Decken auf und schrieb beim Kerzenlicht eine Stunde frierend Ekstasen aus sich ab. Der Morgen war Büro, Schreibmaschinen, der Mittagstisch die versalzene Erkenntnis: Genies gehen eher zugrunde, notorisch häufiger als schlechte Köchinnen.

Ihm fehlte nichts als Mut zuzugeben, daß Schwächen in der

Überzahl sogar immer noch Leben sind und ein Bekenntnis fordern. Er ahnte wohl dergleichen, suchte aber krampfhaft sein Denken rückwärts zu drängen, um den Punkt zu ergründen, wo eigentlich der Fehler seiner Konstitution liege. Aber es fielen ihm keine Beweise, keine Erinnerungen, keine Daten ein. Auch sonst keine Ideen. Reichtum des Geistes konnte aus Sprichwörtern nicht gesogen werden. Haltlosen Banalitäten schraubte er sich nach, beseelt von Feuereifer das Perpetuum mobile aus dem Bauch der Dummheit zu reißen.

Führte ihm der Zufall einen Menschen vor die Klinge, der Geduld und Einfalt besaß, sich belehren zu lassen, oder die pensionslüsterne Tochter eines guten Freundes, nannte er sie zwar insgeheim Philister und Schmarotzer am Geiste, sprühte jedoch zugleich von Witz und Einfalt, blendete sich selbst mit gelehrter Skepsis und zynischen Analysen. Lärmende Freude ließ ihn hochgeschwellt, Wind unter allen Flügeln, Einsamkeit der Straßennacht groß und Sterne ewig empfinden.

Er rannte hier- und dorthin. Kein Ausweg, der Unerträglichkeit des Ichs, Dingen, Menschen, Mittagsmählern, dem Licht, der Finsternis zu entkommen.

Ihm war, als sei er eingespannt zwischen zwei Krallen, die ihn dehnten in allen Lagen; die Widerstände seines Daseins bohrten sich in seine Seele. Alle hatten Namen, Namen, die lockende Möglichkeiten klangvoll bargen, Tausenden auch gaben. Ja ihn selbst auch beschenkten nicht nur in seiner Jugend. Er sehnte sich ja danach, mit seiner Wirtin, den Kollegen, den Trambahnschaffnern und Kellnern, den Arbeitern und Direktoren in Frieden zu leben. Sein höchster Traum war: Frieden predigen und als leuchtendes Vorbild mit weißen Händen sich über die Stirne fahren, um das Lächeln zu überschatten, das immerdar auf seinen Lippen schweben, seinen Augen von aller Lippen offenbar werden sollte.

Aber es kam nie dazu. Das Lächeln hatte er verlernt, er lachte dröhnend, und die Falten um sein Kinn schaukelten.

Und dieses Gelächter zwackte ihn genau wie das hölzerne Sofa, wie das unausgesetzte Bimmeln der Glocken von allen Türmen, Schulen, Milchwagen.

„Könnte ich doch einmal selbst Glocken läuten, von morgens bis abends, die ganze Nacht, damit ich mich beruhige und freue, daß andere darunter leiden."

Seine Unruhe war nicht zu bändigen, obwohl er doch allen Grund gehabt hätte, zufrieden zu sein. Er hatte alle Pläne bisher verwirklicht und das Wahrscheinliche wahr gemacht, das Bizarre gemieden und vergessen.

Es trieb ihn um und um. Er flüsterte vor sich hin, er munkelte in eine Ecke starrend und ratschte mit den Füßen über die Diele.

Seine Worte hatten keinen Sinn sichtbarer Verknüpfung. Es waren Worte, die Lawinen dunklen Mißgeschicks ihm auspreßten.

„Unglaublich — unglaublich — gräßlich — heraus — nur heraus — furchtbar."

Und dazu stieß er tiefe Seufzer aus, Ekel verzerrte seine Lippen.

Alle Dinge sprangen ihm an die Kehle. Aber er kam ihnen zuvor und schleuderte sie in eine Flut von Abscheu und Verachtung. Wenn die Stunde jedoch gekommen war, stand er auf, reckte sich, nahm sein Frühstück, ging ins Büro, ins Gasthaus, ging auf die Straße und legte sich zu Bett. Jedes wenn die Stunde gekommen war.

Aber Ekel, Wut und Verzweiflung waren an keine Stunde gebunden. Sie waren die Zeit selber, denn sie liefen unter ihm fort und hoben ihn plötzlich auf und schüttelten ihn aufkochend zur Rechten zur Linken.

Auch daran hatte er sich gewöhnt und gewisse Mittel ergriffen, um „das Ärgste zu vermeiden".

Man konnte den Dienst wechseln, die Stadt, die Wohnung, oder in Urlaub fahren. Der Anzug war unansehnlich, noch gut fürs Haus oder Büro. Man kaufte einen neuen. Der Wechsel war ein Schlafmittel und machte doch lebendig neuen Interessen. Dann brauchte man nicht nachzudenken, sondern flatterte, plätscherte. In ungeahnter Fülle spendete Schicksal Erfolge, Scherze, Schauspiele. Das Neue kitzelte einen neuen, unberührten Punkt der Nerven und führte neues Licht auf alte Farben. Die leuchteten dann ganz prächtig auf, das alte Grau war verschwunden.

Bis es eines Tages aufschwelte und alles in den Fingerspitzen juckte. Bis seine Augen sich wieder öffneten, nachgebend einer unbekannten Hand, bis er in den Ecken stand und vor sich hinknurrte.

Er war überzeugt, daß es nur ihm so ergehe, daß nur bei ihm Genialität und bizarres Kleinbürgertum sich so mische, daß kein Charakter dagegen aufblühen könne. Es war sein Irrtum, daß es nur ihn so schlage, daß er sich dieses Leidens schämte als einer Minderwertigkeit, gegen die er nicht genügend Energie verwende. Er wußte nicht, daß es alle Menschen anwandelt, daß sie, wenn auch nur für ganz kurze Blicke, fremde Augen öffnen und ihre Haut sich spannt vor Entsetzen. Hätte er's gewußt, er wäre beruhigt gewesen, hätte sich ausgesprochen, womöglich gelacht. So mit den Händen über den feuchten Tisch hin „dieses Etwas" hinabgewischt.

So jedoch stand er bis zum Hals im Sumpf. Und dieser Sumpf wuchs. Er merkte die Luft über seinem Schädel weniger werden und doch schwerer. Und eine tolle Wut packte ihn, daß unten Räder rollten, Stimmen tosten, Klaviere schepperten und er dastehn mußte und nur fluchen konnte, seufzen, verzweifeln.

Er öffnete die Türe und trat auf den Balkon.

Dieser Balkon war sein Stolz; er führte seine Gäste gerne auf ihn hinaus vor diese Tiefe.

„Da sehen Sie erst, wie hoch ich über allen wohne," lachte er üppig mit runder Armbewegung, den Bauch gegen das Gitter pressend. Er öffnete die Tür mit schlaffer Hand; sie gab lautlos nach (sonst gehorchte sie nur ächzend mächtigem Druck). Zu Boden starrend wehte er vor, als sauge ihn ein

Ventilator an, der Schwung eines großen Rades, glühend groß wie die Sonne, die drüben brannte. Bis an das gußeiserne Gitter preßte ihn der saugende Mund, vornüber neigte er sich mit vorgestreckten Schwimmerarmen, die jeden Halt fahren ließen. Seine Blicke sanken auf die Tiefe, das Blut rollte wie eine Spielkugel in den Kopf, warf den Körper aus dem Gleichgewicht.

Er ließ ihn gleiten, befreite sich von ihm, er fühlte, daß er falle, wabbernd in breiten Flugflächen wie ein Blatt; denn er schien sehr leicht, schien ein Nichts zu sein an Gewicht. Ja, ein wirkliches Nichts, denn die Droschken rutschten gelassen weiter, die Menschen krabbelten, schwarze und helle Mäuse ihrer Wege, kein Knall, kein Schrei: ein Nichts war abgestürzt!

Und er hatte doch vollkommen durchfühlt, daß er sich löse vom Balkon, vom Zimmer, das ihn bisher beherbergt; daß ihn die Welt ausgespieen hatte, damit er stürze, sein eigener Wille ihn hinausgedrängt aus der Tür — er hatte den Schlag des Todes aufs Pflaster durch alle Knochen schmetternd gespürt, aufatmend sein Blut verspritzt in den grauen Staub der Straße für eine große heilige Sache, die alles Bittere erfordert, weil es so leicht ist.

Er kroch zurück, glitt auf den Boden des Balkons, und seine Augen füllten sich mit Tränen, er weinte in langen Strömen, unfaßbares Leid, unfaßbares Glück.

Und ihm war, als schwebe er mit dem Balkon in reine Höhe, die er nur ertragen konnte, weil sein Körper abgestürzt, zu Staub zerschmettert war. Mit Schluchzen und Stößen senkte aufs neue Besinnung bleiernes Erwachen in den noch Lebenden.

Lächelnd stand er auf, reckte sich, klopfte den Staub von der Hose. Und als er sich umsah, Häuser, Himmel, Wolken, Türme, das Licht wie immerdar, legte er die Hand an die Stirne, als suche er sich, vergebens, eines Vorfalles zu erinnern.

DIE SIEBENSCHLÄFER

Mitten in der Krönungsfeier trat Dezius, der Kaiser, auf einen Diener zu und riß ihm das Amulett in Form eines Kreuzes vom Hals. Der bändigte ruhig seiner zornverquollenen Augen giftige Blicke; auch als der Kaiser ihn zu töten befahl, lächelte er erhaben.

Wie alle Schwächlinge hatte Dezius insgeheim lange Jahre darüber nachgesonnen, wie sich Geltung verschaffen, Ansehen, Furcht und Gehorsam.

Mit großem Pomp drohte er als erste Regierungshandlung grausamsten Tod allen Feinden des Reiches. Auch heischte Tradition diese Form.

Und dann: nur Mächtige haben Feinde. Also redete und wütete der Kaiser gegen die Feinde, vor allem die Erbfeinde, die Christen. Lauter denn je dröhnten ihre Stimmen von Gleichheit und Brüderlichkeit aus den Kanälen unter der Stadt empor.

Der Kaiser, selbst Frucht eines Aufstandes, rückte wie ein Rasender durch alle Provinzen seines Reiches gegen diese Revolution.

Und es gelang ihm in kurzer Zeit, tausende einfältiger Menschen zur ewigen Seligkeit und Verklärung zu steigern, mit Wunderkraft zu begaben; ihre Namen rauchten wie Sonnenstaub Verklärung über die Mietskasernen und Markthallen und Zirkusstaden; klangen wie ein Programm, sich zu schließen so fest, daß die Heiligen zwischen den Schultern der Brüder eingeklemmt ihren Platz nicht zu lassen brauchten.

Der Kaiser wurde grau und mager. Er unternahm viele Bauten, Politiken, Feldzüge; aber alle Untertanen erkannten aus jeder seiner Verordnungen, wie stark Blutschuld isoliert, wie fremd er der Zeit, taub der neuen Stimme der Bruderliebe war.

Ein omnipotenter Knockabout, dessen Späße lebensgefährlich, dumm und boshaft waren. Man kam nicht auf die Idee, ihm das Genick zu brechen; so sehr war seine Zeit erfüllt, die neue schon vorgeeilt. Man verstand nicht recht, wie er noch möglich sein konnte und duldete seine Metzeleien, weil noch eine Schuld zu sühnen blieb. Andererseits die Überzeugung herrschte, daß geringe Erregung, etwa ein scheuendes Pferd, ein Schnupfen oder ein Ziegelstein genüge, um diese Warze zu ekrasieren.

Die Bewegung zog weite, unwahrscheinliche Kreise. Im Herzen, an einer Stelle ihres Lebens waren alle bereits Christen, deren Blut noch Fühlung hatte. Die Abneigung gegen das starre Gesetz, die verlogene Geste bezahlter Götter, gegen endlose Kriege, wo doch alle Menschen einander lieben und nichts so sehr konnten als Vereinigung zur Verherrlichung der Ideen des Menschensohnes, die gräßliche Völlerei der Reichen, die weniger Menschen aber mehr Gelder wurden und das Mark aus den Rücken der Armen sogen, bis beide seelenlos in Räude faulten. Die Richter, Offiziere, Zuhälter der staatlichen Ordnung, an ihrer Spitze der Kaiser: Eitelkeit, Phrasen, Blutdurst, billige Zirkusmache! Sahen sie nicht in den Herzen leuchtende Klarheit, unabwendbar das Ziel prästabiliert?

Der Boden schwankte unter ihren lächerlichen Thronen. Sie fühlten nach nacktrauschenden Festen, nach Blut und Eisenschlachten, marmorhallenden Schwindelzeremonien im Grabkuppelchen morschknochiger Angst und Verlassenheit ganz unvermittelt:

Das Absolute des guten, liebenden Herzens in einmaliger, einfacher Armut triumphieren über ihre tägliche blutige Gemeinheit. Gleichwohl bekehrten sie sich nicht; sie konnten als das andere Prinzip nicht, ihnen fehlten gewisse Organe, und der Überschuß an Sophistik verhätschelte alle Regungen ihres dünnen Gemütes in Heuchelei und Argwohn.

Mit schmal geknifften Lippen sahen sie die Freiwilligen der Idee sich zur Parole des Martertodes melden.

Sie winkten dem Henker mit dem spitzen Zeigefinger; ließen den und jenen gleich niederstoßen (aber es geschah auch, daß der Henker mit dem Opfer niederkniete, alle den Tod erflehend): Obwohl jede Provinzstadt einen Zirkus erbauen mußte, hatte man nicht genügend hungrige Bestien für alle Christen. Den Rest sperrte man ins Gefängnis bis zum Tage der Spiele.

In einer Provinzstadt trafen so sieben christliche Jünglinge im Gefängnis zusammen, die einander vorher nie gesehen hatten. Wie von einem Brand, einem Wort, das gesprochen sein muß, von der Wahrheit selbst, die Herz und Muskel zersprengt, wenn sie nicht erfüllt wird, von Sicherheit des Lebens, die wie seliger Wahnsinn alle Gefahr der Lächerlichkeit und Scham überspielt, vernichtet, getrieben und aufgerufen hatten sie bekannt.

Jetzt kauerten sie gebückt auf dem Stroh am Lehmboden, Schulter an Schulter, und hielten glückschweigend einander bei der Hand, eine Kette stärksten Willens, der Gott selbst beschwört in Erscheinung niederzuflammen.

Wie Liebende wiegten sie einander mit Blicken singend.

„Ich staune," hub einer an, „und große Freude höhlt mich aus, daß wir viele und doch einer sind. Rings sind alle Zellen voll, in jeder Zelle pocht mein Herz, in meinem Herzen beten alle Brüder. Mein einziger Zweifel war, daß der Richter mich nicht ernst nehmen und ich mich wie ein Tier in den Rachen eines vergeblichen, eingequälten Ungeheuers werfen würde. Ich war einsam, ein Hirte auf den Abhängen der Gebirge. Vielleicht riefen die Tiere, Wolken, Steine des Herrn Wort in mir wach.

Ich vertraute ihm, überwand meinen Schreck und Ihr belohnt mich herrlich, da ich bei Euch sein darf.

Alles ist von uns abgefallen, weil alles Zweifel und Schranke war gegen den Sieg des Geistes.

Wir können nur noch sterben.

Das ist jetzt das wahre Glück, zu erkennen, daß nichts, auch dieser Leib nicht einen Wert hat. Wir sinken in die Unsterblichkeit, in die einzige Idee, in die wahre Zeit. Wie danke ich Gott, daß ich Euch anschauen darf; Ihr meine anderen Ichs; wir ein siebenfaches Ich.

Alle Löwen, alle Kaiser, alle Henker, Richter, Soldaten, Götter und Gesetze, alle Bestechung und Lüge macht unser Tod reif; sie faulen tiefer, sie kippen unter den Stößen unserer letzten Atemzüge. Wir sterben nicht irgendeinen Tod wie ein Krug zerbricht, weil ihn die Magd von der Bank stieß.

Unser Tod erhellt das wahre Leben über alles Sein. Wir werden in den Herzen derer, die zurückbleiben, auferstehen, in den Herzen der Freunde wie der Feinde. Die Schwankenden werden fest in Mut und Feuer, die Spötter verstummen, die Zweifler glauben.

Hätten wir in Frieden den Glauben an den Geist und den göttlichen Sohn des Menschen wirken können, wären wir vielleicht eingeschlafen und zum Haufen geworfen, wo alles Unkraut in der Grube dorrt.

Jetzt aber ist Krieg, nicht gegen die Trakier, Gallier, Numider, nein, gegen den Geist, gegen die Liebe, gegen uns, die Menschen. So voll war ich der Liebe zur Menschheit, zu den Armen, Unterdrückten und Verblendeten, daß es begeistert aus mir schrie, als mich der Richter fragte, ob ich Christ sei.

Die Stimme der Welt, die Erinnerung an Weib und Kind, Haus, Geld und Leben erblindete, verstummte in mir: gleichgültig alles vor dem Tode für die Idee der Liebe. Ich weiß, daß sie von meinem Tod erst recht leben wird. Sie ist über uns eine starke Kraft, in sie flieht unser schwaches Leben, sie lebt von unserem Glauben, bis sie Übermacht hat über die Tyrannen, die Welt, die Trägheit der Herzen.

Es ist dieser Tod nicht ein Ende, vielmehr der Anfang. Erst durch den Tod für seine Idee, die auch die Idee aller

Menschen war, lebte Christus in unseren Herzen, in aller Herzen, lebte er überhaupt.

In Einsamkeit und Fremde rang ich mit mir wie Christus um die Erkenntnis jener Liebe, die auch den letzten Hund in sich verschließt, die alle Handlung ablehnt, die nicht von jenem Geist durchwärmt getrieben wird, aus der vollen Kraft des Einzigen. An mir liegt nichts!

Am Menschen liegt nichts!

Die Idee, der Glaube, die Liebe!

Aber auch sie sind erst, wenn Du und Du und jeder, jeder einzeln einsam, einzig hindurch durch alle Verworrenheit und Zweifel ins Angesicht der Ewigkeit sich schwinden fühlt, abscheiden aus aller Lust und Unlust, aus allen Schalen.

Dann bleibt der Tod nur wie ein Schritt durch ein Tor in blaues Licht."

Jedem war, als strömten diese Worte aus seiner eigenen Seele. Sie enthielten alles, was sie zu sagen wußten, je hätten sagen können. Schweigend genossen sie jetzt das große Glück, nicht einsam zu sein vor dem Tode. Sie waren ihrer Sieben eine Allmacht.

Sieben Tage und Nächte warteten sie geschlossen auf das Ende. Ihre Kraft nahm nicht ab, sie dachten nicht, sie wußten nicht. Sie saßen und warteten.

Am Morgen des siebenten Tages zog der Wärter sie aus der Zelle. In einer Schar von Brüdern nnd Schwestern trieb man sie zum Zirkus, der im Schatten heller Pinien vor der Stadt erbaut war. Alle Wege strömten über von Volk. Lautes Geschrei begrüßte die Gefangenen, Abschiedsrufe und Wehrufe und Wehklagen. (Aber es duldete, sah stumpf und grausam gleichgültig zu, daß die Behörden, die doch alle verachteten, Opfer aus ihrer Mitte rissen und von wilden Tieren zerfleischen ließen.) Die Soldaten drängten voran, da sie einen Aufstand befürchteten. Oder es ihnen Freude machte, die Wehrlosen zu quälen.

Die sieben Freunde schritten Hand in Hand nebeneinander. Manchmal, wenn sie Bekannte in der Menge sahen, riefen sie ihr Glück freudig in die erschreckten Gesichter, die sich verlegen abwandten.

Ihnen war, als hörten sie schon das Gebrüll der Löwen, als öffne sich ihre Brust, die Seele auszulassen, die sich an der Brust des Ewigen bergen wollte. In ihrer Erregung schritten sie hastiger aus, an die Spitze des Zuges, sie begannen zu laufen, das Volk wich zurück, öffnete eine Gasse — es hob sie über die Köpfe hinweg ein leichter Wind des Himmels, über die Dächer, durch den Wald.

Als sie das Klirren der Legionäre hinter sich hörten, Pfeile ihnen nachschwirrten, fühlten sie voll Schrecken, daß sie auf unwiderstehlicher Flucht waren. Sie sahen einander an und stürmten weiter, die Verfolger traben mit lautem Geschrei hinterdrein. Schweiß vor Anstrengung und Verzweiflung troff über ihre Gesichter, und die Haare klebten kalt an ihren Schädeln.

Sie konnten ihren Beinen nicht Halt gebieten, eine unwiderstehliche Kraft riß sie nach vorne wider ihren Willen. Mit steigendem Entsetzen fühlte jeder, wie er sich gegen die heiligsten Entschlüsse gleichsam vor der Seligkeit rettete, wie sie ihren liebsten, brennendsten Wunsch zu sterben für die Unsterblichkeit der Idee Gottes aufgaben uud wie Feiglinge im Schoße der Welt, die sie verachteten, Sicherheit suchten.

Im Berg zu ihrer Rechten klaffte ein Spalt. Sie schlüpften hinein und hinter dem letzten ward es Nacht, durch die sie noch ihre Verfolger vorbeistürmen hörten.

Glücklich, einander nicht anschauen zu brauchen, legten sie sich nieder und schliefen ein vor Erschöpfung und Trauer.

Als sie erwachten aus unendlichen Träumen, war es lichter Tag um sie her. Sie sprangen vom Boden auf und waren einig, sich sofort dem Richter zu stellen, damit der Tod Flucht und Schande von ihnen nehme und ihnen endlich die Pforte des Paradieses öffne.

Eilends verließen sie ihre Höhle. Sie wanderten lange durch einen Wald, den kein Weg aufteilte. Sie verhehlten einander ihre Unruhe, denn keiner kannte die Gegend und die Stadt schien vom Erdboden verschwunden.

Sie änderten ihren Kurs und gelangten auf eine wüste Stätte voller Ruinen und Trümmer von Säulen, Tempeln, Kasernen und Gerichtsgebäuden. Fern am Rande der Vernichtung sahen sie müde Rauch wirbeln. Sie atmeten auf und hielten auf dieses Zeichen zu. Da lagerten einige armselige Hütten um ein Kreuz. Menschen saßen vor den Türen und blickten in den Abend. Sie standen auf, als die Sieben sich näherten. Man verstand einander zuerst nicht. Aber die Leute gaben ihnen freundlich Brot und Käse und zeigten ihnen den Weg zur Stadt.

Diese Stadt aber kannten sie nicht. Sie schien neu, niedriger, kleiner als ihre Vaterstadt. Sie fragten nach dem Richter Glädonius, der sie zum Tod verurteilt hatte.

Niemand hatte von ihm gehört.

Sie fragten nach dem Gouverneur Procius, dem Feldherrn Caronius, nach allen Beamten, allen Großen der Stadt, allen Philosophen und Dichtern. Nie hatten die Leute dieser Stadt ihre Namen vernommen.

Offenbar war ein Furchtbares geschehen in ihrer Abwesenheit, ein Erdbeben, eine Feuersbrunst, Kriege schienen in einer Nacht, einem Schlaf die Erde umgestürzt und alle Menschen verändert und ihr Gedächtnis ausgelöscht zu haben.

Endlich führte man sie in ein weißes, gedecktes Haus, über dessen Tür das Zeichen des Kreuzes gemalt war und der Gekreuzigte aus Stein gemeißelt in einer Nische stand. In diesem kühlen Hause empfing sie ein alter Mann mit großen Augen und faltig-knochigem Gesicht.

"Wir bitten Dich, uns vor den Richter zu führen. Wir sind Christen und den Soldaten des Kaisers entflohen. Wir sind bereit, jetzt sofort zu sterben. Wir wollen jetzt Zeugnis ablegen."

„Wir sind alle Christen, meine Brüder," meinte vorsichtig der Greis, „weshalb seid Ihr den Soldaten entflohen? Und wenn Ihr ein Verbrechen begangen habt, so sollt Ihr es büßen. Sagt mir, was Ihr begangen habt!"

„Wir sind Christen und wollen Zeugnis ablegen für den Glauben an die Gleichheit der Menschen, die Unsterblichkeit der Seele, die Liebe, die alle Welt erlöst, und für den Sohn des Menschen. Wenn auch Du Christ bist, um so besser, so wollen wir zusammen gehen und bekennen. Vielleicht, daß wir zusammen sterben können."

Der Alte erschrak, und während er zugleich zitternd einen Schritt zurückwich, sah er die Sieben genauer an. In ihren hageren Gesichtern glühten Augen schwarz wie geronnenes Blut, Glanz und Modergeruch strömte aus ihren schimmligen Gewändern und wüsten Bärten. Ein heller Schein wölbte gleichsam eine Kuppel über sie.

Da stürzte der Alte in die Knie und rief entsetzt um Hilfe, denn er fürchtete sich vor diesen sieben Männern, die vom Tode auferstanden waren und wie die Richter des jüngsten Tages verschlossen und hartnäckig nach dem Sinn fragten.

Volk drängte herbei und umringte sie mit Ausrufen der Verwunderung, Neugierde und Ehrfurcht.

„Von welchem Kaiser redet Ihr? Welchem Richter, welches Jahr schreibt Ihr?

Wir sind alle Christen und leben doch. Wir leben doch alle trotz unseres Glaubens. Keiner tötet uns, keiner verfolgt uns. Ihr redet von längst vergangenen, finsteren Zeiten."

„Wir meinen den Kaiser Dezius, der unsere Freunde und Geschwister wie uns selber einfing für die Löwen im Zirkus.

Gestern sind wir entflohen, wir wurden hinweg geführt und verbrachten eine Nacht im Schlaf in einer Höhle."

Wie Schläge fiel die Wahrheit über sie her:

Dezius ist seit zweihundert Jahren tot, alle Götter sind tot, alle Tempel und Altäre der Heiden zerstört.

Es gibt keine Heiden mehr. Die Heiden werden bekehrt oder verbrannt. Kaiser und Heer, das ganze Volk, alle sind Christen, vereint in der wahren Kirche Christi. Wenn Ihr also rechtgläubige Christen seid, so seid ohne Furcht.

„Euer Glaube, für den Ihr nicht mehr zu sterben braucht, beseelt uns alle. Niemand denkt daran, für diese Tatsache sich töten zu lassen oder in ihr etwas Erstaunliches zu sehen.

Aber erzählt, wie es Euch erging in Eurem Leben. Wie lebten die Menschen damals, wie starben sie?"

Und die Sieben bekannten ihren Glauben in aller Einfalt und Glut. Ihr Leben war ihnen, da sie den Sieg sahen, entschwunden und sie wußten nichts anderes zu berichten, als daß sich alle unterordneten in Liebe unter das erlebte Gebot Christi, das Leben, Eigentum und irdische Ehre nichts galten im Hinblick auf die Ruhe des Herzens und Erfüllung der Liebe.

Aber es erhob sich von neuem und die nächsten Tage fort ein Fragen nach dem Wie und Wo, dem Aussehen und Gebaren der Menschen in ihren Tagen. Man bestaunte sie wie wilde Tiere trotz aller Scheu.

Die aber vermochten in ihrer Errettung nichts Sonderbares oder Unglaubliches mehr zu sehen. Wohl aber sahen sie viele Dinge in ihrem neuen Leben, die sie mit wachsender Trauer erfüllten, weil sie ihrem Verständnis fremd und ihrem Glauben tot, unlebendig erschienen.

Es war ihnen, als seien sie am Leben geblieben, um zu erfahren, daß die Welt gestorben sei.

Und sie äußerten laut ihre Mißbilligung und tadelten die hohen Herren der Kirche, die Beamten und Besitzer der Äcker und Häuser. Nach außen waren alle Christen, fromm hielten sie alle Gebote, die sich seltsam rasch vermehrt hatten. Ihre Herzen aber entbehrten alles fühlenden Wissens, aller Geduld, aller Wärme.

Man beorderte sie vor ein Konzilium, das sie höflich und salbungsvoll behandelte, ihnen aber eindringlich diese Reden gegen die bestehende Ordnung verwies und sie vor den Folgen einer Irrlehre warnte. Bald stellten sich bei den Sieben auch die Zeichen ihres furchtbaren Alters ein. Sie holten ihr Leben nach. In wenigen Tagen bekamen sie das Aussehen uralter Bäume, die mit Moos und Flechten bewachsen einsam in stillen Tälern trauern, in schwarze Schatten gehüllt.

Sie ließen nicht ab, laut und lauter ihre Stimmen zu erheben. Sie zogen wie die gerettete, unbeugsame Wahrheit durch Städte und Dörfer und predigten voll Eifer die Reinheit des armen Lebens, das sich der Ewigkeit verdungen.

Viele hörten auf sie, heimlich kamen manche und empfingen Händedruck und Trost, die Masse des Volkes geriet in Wallung: Zeichen und Wunder, neuer Eifer, neuer Drang gegen Himmel schloß die Menge in Ehrfurcht und Glauben aneinander.

Viele aber lachten hinter ihrem Rücken, nannten sie komische Käuze und die Geschichte des hundertjährigen Schlafes eine dumme Legende. Die Behörden der Kirche aber ergrimmten mehr und mehr über diese unliebsamen Heiligen und riefen die Wächter des Staates zu Hilfe. Die gingen vor nach den Buchstaben des Gesetzes und stellten die Sieben vor Gericht. Man hatte sie dabei ertappt, daß sie Früchte von Feldern und Brot stahlen.

Sie erklärten zu ihrer Verteidigung, daß unter Christen, die doch Brüder seien, alles Eigentum gemeinsam sei, in Wahrheit also fortfalle, und vermochten die schwierige Deutung der Beamten nicht einzusehen. Man sperrte sie ins Gefängnis. Mittlerweile aber hatten ihre Anhänger, die sich die freien Brüder im Geiste nannten, Zulauf erhalten und dann versucht, das Gefängnis zu stürmen.

Die sieben Schläfer aber weigerten sich hartnäckig, ihnen

zu folgen auf der Flucht. Sie fühlten, daß sie sich dem Ziele näherten.

Da überließ man sie ihrem Schicksal.

Der Gouverneur gab endlich den Befehl, sie im Gefängnis zu erdrosseln.

DAS PFERD

Ohne sich Gewalt anzutun, in freier, geordneter Haltung verließ Johannes das Haus seiner Geliebten, bei der er die erste Nacht verbracht hatte.

Wie ein Gewitter plötzlich den Unvorbereiteten in Einsamkeit überfällt. Nachdem er in Traum und Tag Jahre hindurch alle Sprüche, Wünsche, Verschwörungen vergeblich abgelebt, öffnete sich auf das Zeichen, geheimnisvoll seinem Finger entschlüpfend, der Berg Sesam.

Ihn enttäuschte fast, niederschmetterte diese Überraschung: Weder war es nötig gewesen eigenes Gewissen zu morden oder Warnungen von Vater, Mutter, Arzt und Priester zu betäuben, noch des Mädchens zu zerbrechen, ihre Natur zu zersetzen. Obwohl an ihrer Unschuld, ihrem Vorurteil nicht zu zweifeln war.

Aus Lust, Glut, Überkraft erstickte er alle Hemmungen, lösten sich alle Bildung, Geschichte, Erziehung in Atmosphäre überwältigter Liebe, der auch Dora alle Romantik willig unterwarf.

So hatte sich diese erste Nacht beiden ergeben mit der Selbstverständlichkeit einer Traumhandlung, deren Logik in Freiheit von jeder Form der Gesellschaft ruhte.

Diese Nacht ruhte die Ewigkeit. — Sie stand zwischen den Zeiten, zwischen allen Schicksalen, lautloses Intervall.

Befreit von den Menschen, gesprengt Ordnung, Gesetz, Gewalt der Eltern; es gab Sieger und Besiegte, klares Los.

Spielend gestalteten Hand und Mund mit gefährlicher Kühnheit alle Schwierigkeit, alle Eifersucht zu Bildern, ohne Bosheit heimlicher Angst seine Worte und Blicke klar einen Wald, in dem sie sich gerne verliefen.

Voll Glück verlor er Gewalt über Glieder und Gedanken, er zauberte jeden Augenblick als Vollendung des Genusses, eder das Ziel, hinter dem Abschied nichts Böses mehr enthielt.

Atemlose Stärke durchpulste ihn: Ich kann Böses tun, ich bin gütig.

So hatte er sich ihrer, die ihm schon gehörte, mit sanfter Schamlosigkeit bemächtigt, der in stummen Minuten, wenn Atem und Blick im Takt gingen, lächelndes Erstaunen den Ton eines Sommerspieles gab, das ein verstecktes Tuch oder ein Ball lustig bewegt.

Auch als der späte Tag sie in langem Schweigen ließ, das ernst und nachdenklich ihr Mund und Blick versperrte, regte sich in ihm weder Ungeduld, noch zwang er sich ab größte Zärtlichkeit.

Wie Spiegelschein blitzte ihre Trauer seinem Aug vorüber, daß ein Stich durchs Herz fast Tränen austrieb.

Hurtig kleidete er sich an und verließ sie, balancierend auf den Zehenspitzen, ohne umzublicken, vorsichtig ihren Schlaf nicht zu stören.

Sie aber schlief nicht, sie lag wach, er wußte, daß ihre Augen weit offen ihn, nur ihn schauten, daß sie sich mit Tränen füllten, weil er ging. Gleichwohl ließ sie ihn gehen, um besser weinen zu können.

Er wollte keine Tränen, keine Reue, keine Scham; er fürchtete seine Verlegenheit, daß sie dalag, und er ging. Johannes aber stand, von leichtem Schwindel gebändigt, auf der Straße, über die grauer Himmel kühlen Wind blies. Er schüttelte sich und atmete mit Wucht aufs neue. Morgenkälte schmolz Zweifel über seine Haltung schnell hinweg.

Häusern, Menschen, Fenstern, Zäunen, den kahlen Pflasterbäumen sah er streng und bissig entgegen und hindurch in fernes Land der Zukunft, das willig seinem neuen Geiste sich entschleierte. Die Schilder der Läden, Maggi, Pilo, Palmona — er wußte, was sie bedeuteten, Aufrufe, Wegweiser zum geheimnisvollen Endziel, das nur er kannte. Imaginäre Kraft seiner Augen durchbohrte Berge und Mauern, dicht, greifbar wesentlich schwante der neue Johannes über den Wolken,

Hülle auf Hülle fiel in seinem Innern. Klar ward ihm Wahrheit, Kern all seiner Wege: Gleichgültig wie man lebt, wofür, welchem Beruf — den ewigen Wert seiner Existenz wird jede Form aufnehmen, jede Phase Gärung und Fruchtbarkeit kraft ihrer einzigen Art, Taten zeugen, die Europa erschüttern.

Sein großes Seelen-Ich, aus Wunsch und Eifersucht erblühtes, stand vor ihm auf der Straße feuchtem Pflaster. Ahnung eines reichen, unbeirrbar sieghaften, eines Condottieres, in dem aller Glanz, Esprit, Ehrgeiz und Ruhm des Jahrhunderts knirschend, reflektiert, beflügelte langsam seine Seele zu höheren, überirdischen Regionen. Häuser und Kirchen, Schlote und Fabriken, Banken, Universität; die ganze Stadt mit allen Menschen, Berufen und Geschäften, mit Gelehrsamkeit, Tugend, Dummheit und Elend wogte unkenntlich zu seinen Füßen, krauses Gewölk eines Teppichs den Augen eines Trunkenen.

Auch diese Nacht, das Mädchen, seine bürgerliche nur menschliche Natur lag „da unten". Vergessen, überwunden, lächerlich. Denn allzulange schon hatte er gemußt: Glauben, hören, überzeugt werden von Büchern und Gegnern. Zu lange schon hatte er gebückt Predigt und Prügel von Mensch, Gott und Erfahrung, dieser Bestie hinter allem Objekt, hingenommen. Verstand fehlte nicht (hieß es), aber man muß seine Phantasie, die schlimmen Instinkte eindämmen, ausrotten, ihm einbläuen, daß nur gilt wer lernt, überall lernt, hört was gesagt wird. So war die Klugheit aller anderen ebenso Macht wie eigene Lähmung, Dummheit und Null. Die Frau war nur die Summe dieser Widerstände, das wandelnde Gleichnis seiner Unterlegenheit. Er identifizierte sie fast.

Weder hatte er gewagt, wie seine Kameraden ins Bordell zu gehn (gerne glaubte er edlere Zaubermacht dem Gelde als solch viehische Vergnügungen), noch erkühnte er sich, eine der hungrigen, wie aus Käfigen entflatterten Studentinnen zu erobern. Im Gedanken waren ihm alle unterlegen, hatte er alle besessen ohne Gewalt; sie ergaben sich seufzend dem Glück, von ihm erlöst zu werden. Die Gegner erbleichten und verwickelten sich in geistlose Tiraden.

Aber Wirklichkeit hatte ihn ernüchtert, seiner Ohnmacht ausgeliefert. Ging er auf der Straße, im Hörsaal einer Frau entgegen, überwältigte ihn aus tiefstem Dunkel aufquellende Schamröte, so daß er oft umkehrte, entfloh, fluchend seiner Feigheit. In einem Winkel dennoch trotz Hohn und Schmähung wider sich, Gelegenheit fiebernd herbei lauerte seine Kraft und Überlegenheit, Tugend und Bildung zu beweisen. Jetzt aber war das Maß endlich voll und er strömte aus, alles was ihn gebändigt, geknebelt und zum Spottbild gezwungen hatte. Spielend war ihm ein Sieg gelungen, der ihn mit einem Schlag der größten Freiheit in die Arme warf. Es war Tag, er und die Welt: Man stand endlich am rechten Fleck.

Spielend! Er pfiff es fast zwischen den Zähnen und rekelte sich in den Gelenken.

„Man kann sie nicht gerade schön nennen. Aber ihre Augen sind doch erhaben voll großen Feuers, voll Klugheit. Gott sei Dank, sie ist nicht schön, aber klug — schöne Frauen sind dumm — sonst hätte sie nicht mich gewählt, den Unscheinbaren, dem Verlegenheit Blick und Sprache verschlägt. Es stand ihr doch frei, jeden ihrer zahlreichen Freunde, einen der größer, schöner, eleganter ist als ich, zu gewinnen. Aber sie zog mich den Eleganten vor, weil sie die Klugheit der Schönheit vorzieht."

Er kniff die Augen zusammen wie um Doras Bild besser zu sehen; prüfend zwinkerte er.

„Leider ist sie nicht auch schön; ihre Backenknochen ecken vor und die Nase krümmt sich einwärts, sie ist mager und ihrer blassen Farbe nach leidet sie insgeheim; so schulde ich ihr nichts, denn ihre Liebe zu mir beglückt sie. Die anderen! Sie werden mich beneiden, wenngleich sie über uns lächeln. Aber ich brauche nicht mehr den Erdboden anzuflehen, daß er mich verschlinge."

Dennoch strauchelte er noch über Hoffnung und Furcht. Seine Übertreibung überlistete er mit Schlauheit. Seiner Empfindlichkeit schuf die elementare Überlegenheit älterer Semester, ihre größere Erfahrung zorniges Unbehagen. Ihr starres Lächeln, umspült vom rauhen Baß väterlicher Nachsicht, ihr Wahn der Vollendung genügte, seine Stellung zu untergraben. Und wie, wenn Dora sich Hoffnungen hingab, vor denen ihm graute, weil er sich lächerlich und brutal zugleich werden fühlte, aus Instinkt heraus, den er wie vorbestimmtes Schicksal nicht bewältigen, überspringen, fliehen konnte.

„Ich muß auch den ersten, zarten Keim eines Anspruches in ihrem Herzen zertreten, ausjäten. Meine Pläne, seit Beginn meiner Gedanken festgelegt, dulden keine Fesselung — ich muß mich hemmungslos umhertreiben dürfen — von Pol zu Pol. Toben muß ich durch Chaos von Welten, dazu gehören Frauen, keine Frau. Und wenn sie auch" — er schlug diesen Satan zu Boden mit der Hand wie eine Wespe, obwohl sein Herz, des braven Sohnes Herz hart aufpochte. Aber lustig förderte er seinen Schritt weiter, glücklich, daß die Ungeborenen Leichen bleiben mußten.

In solche Gedanken verstrickt hatte er sich den Straßen überantwortet. Er mußte auf die Trambahn warten, um zurückzufahren. Zufrieden und neugierig lehnte er an der Stange, die das Haltezeichen trug und schaukelte sich träge.

Da kam ein Bursche des Wegs. Der zog an einem Strick ein Pferd hinter sich her. Johannes sah, wie das Pferd daherschwebte riesengroß über dem Volk, aus einem Tunnel schwarzer Häuser aufwuchs in Wolken Atem und Schweiß. Das Pflaster sträubte sich klirrend zwischen den Schienen, die Häuser wackelten, das Tier stieß vor, näher zu ihm, zu ihm. Von Kopf zu Fuß gefror sein Blut zu spitzem Eis, so daß er sich nicht vom Fleck rühren konnte. Der Richter nahte, der ihn wie ein Hölzlein zerbrechen, wie eine Gänseblume zertreten und fortblasen wird.

Der Bursche zerrte den Gaul mit wüsten Flüchen, sein Knüppel wirbelte. Man sah, es ging zum Schlachthof. Das Tier in diesem Wesen war uralt in einem Gestrüpp wolliger Filzhaare. Das Tier fühlte, daß es sterben sollte. Sein Gebein, sein rauhes Fell zitterte unter den Schenkeln des Unsichtbaren, den plötzlich alle sahen. So wie er abgebildet ist: „hoch zu Roß wird er reiten durch die Gassen. Sein Atem tötet, sein Blick tötet, sein Mund verschlingt". Wild kochte Atem aus verknorpelten Nüstern, die am Straßenschmutz rochen.

Das Pferd des Todes kroch riesengroß herbei, eine Karawane des Elends, ein Begräbnis vor dem letzten Blick: Alle Leiden des Sterblichen, in dem noch Agonie wühlt, spielen sich ab vor den Fenstern, Gesichtern, Bäumen. Es humpelte jeden Schritt, setzte ihn eigens hin. Sein rechtes Hinterbein war ganz verdreht, eine barocke Säule. Nur die Spitze des Hufes schlurfte auf den Boden. Jeder Schritt auf dem nassen, rohen Pflaster biß und zerrte an Mark und Sehnen. Bei jedem Schritt sträubten sich die letzten Fransen seiner Borstenmähne voll Stroh und Spelz. Blicklos rollten durch die Gespensterhöhlen Augen, wehrlos hin und her der spitze, gramverwüstete Schädel.

In dieser Bestie aus Elend, Hunger und Müdigkeit wohnte die sanfte Seele eines sterbenden Engels.

Alle mußten ihn sehen, diesen Berg der Verzweiflung mit Flanken, die wie Blasebälge rollten. Ein Gewitter von Schlägen in Kälte, Sturm und Schnee. Jahrelang hatte es nicht mehr auf dem Boden im Stroh schlafen können, weil die Beine zu steif waren, um den großen Leib wieder aufzurichten. Nur Häcksel und feuchtes Gras lagen in dem schmutzigen Sack, den man ihm um den Kopf band.

Die Beine waren an all dem Elend schuld — sie waren

von Gicht geschwollen wie rauhe Bäume, an denen noch Astknorren stecken. Die Gicht war schuld, der Fuhrknecht, der in der Kneipe soff, indes es wartete, wartete in Schlamm, im Regen, im Sturm. Die Menschen sind schuld, das Leben, Gott!

Jeder Schritt dieser blind unstet scharrenden Beine riß das Tier zusammen, schüttelte es wie ein Bündel Lumpen.

Der Schweiß des kalten Todes, dessen Nähe es nicht abschütteln konnte, sickerte aus allen Poren. Im Bogen drückte es den Leib durch. Wie eine Brücke von hier ins Jenseits, das bald ein Metzgerhammer an seiner Stirn aufschlagen würde. Vom Bauch kroch graues Weiß wie Schimmel, Todesblässe auf den Rücken. Die Rippen stießen aus der kantigen Wirbelsäule schneidend aus, als sei das Skelett notdürftig mit Haut bespannt, Trommel, auf der jetzt Tod statt Peitsche und Stiefel den Marsch nach Vorwärts hämmerte.

Johannes konnte den Anblick kaum mehr ertragen — ihm ward übel vor Entsetzen. Hier belangte ihn ganz persönlich ein Unbekanntes — Verbrechen, Mord, Lüge, Verführung; Kinderchen sah er vor seinen blutbespritzten Händen fliehen, Mädchen errötend umbrechen vor seinen gierigen Lippen, Eltern weinten um ihn, fluchten ihm; Fremdes ging ihn plötzlich heftig an, dringend, unaufschiebbar, es trat ihm auf die Fersen, seit langem, seit jeher — jetzt erst erkannte er.

Und sah neue entsetzliche Einzelheiten, die seine Augen anzogen, hielten, ihn wehrlos machten.

Man hatte dem Pferde die Hufeisen abgerissen und an den Eisenhändler um zwei Groschen verkauft. Es schlich auf seinen stumpfen Hufen zum Tod wie ein Schwindsüchtiger auf Pantoffeln, lautlos, ohne das Klappern der Eisen, das auch den alten Gaul noch heroisch scheinen läßt.

Und er hielt vor Johannes, der Reiter hielt den Gaul vor ihm.

Seine Augen begegneten den toten Augenquallen des Tieres. Er mußte den Blick senken, er unterlag, er erlosch und ward zerknittert, fortgeschmissen wie ein Zeitungsblatt. Wollust, zertreten zu werden!

Das Tier aber folgte dem Ruck des Strickes, der um seinen langen Hals geknotet war. Die Borsten aus seinem Schweifbesen spreizten sich wie Schwungfedern zwischen den flachen Mühlsteinen seiner Hinterbatzen. Johannes sah dem hinkenden Gespenst, diesem Galgengerüst des Todes, nach, bis es um die Ecke taumelte, in die Straße versank wie in einen Schlund, der es verdauen würde gleich allen anderen Elenden und Geschlagenen.

Er wandte sich um und seine Blässe spiegelten die Gesichter der Umstehenden, seine Pein drückte auch sie nieder, seine Scham bäumte auch diese dürren Herzen. Es war, als sei Christus zum Kreuzberg geführt, alle wußten darum, alle entschuldigten sich, auch er machte sich davon, aber wo er auch hielt, das Pferd wippte neben ihm, klappte sein ledernes rindiges Maul auf, bleckte die großen Gelbstummel seiner Zähne. Es grinste und fletschte, sabberte lange Fäden Saftes, es leierte die Sprache des langen sicheren Todes, die er erlernen mußte. Sie hatte ihn aufgeschrien, geweckt aus romantischen Mördereien.

Auftauchend aus Gassen und Hinterhäusern trotteten Menschentiere um seine Füße, die Brüder jenes Pferdes. Es sah die Zeichen der Familie auf den Gesichtern, die vorübertanzten. Durch Kleider und Haut mußte sein Blick. Not, Haß, Gier in jeder Falte, knarrten aus Stiefeln, husteten aus morschen Lungen. Die Buckel krümmten sich, schief drehte sich der Hals, das Becken quoll und pries sich an, Beine knickten ein vor Hunger, aus Augen funkelten trübe noch die Tränen durchwachter Nächte.

Wie ein Bad ergoß sich Betäubung über ihn und er zählte seine Schritte, um nicht hinzustürzen: Nieder mit mir! Er ging mit, er gehörte zur Bande. Auch er trug die Zeichen des Aussatzes, auch seine Seele, heimlich wundgescheuert, war beschmutzt und erniedrigt. Einst sog er wie Haschisch Jugend, Stolz berauschte ihn. Das Morphium seiner Träume vergiftete jeden Schmerz, jede Wahrheit, jede Gerechtigkeit: Krasse Gesundheit wiegte ihn in Schlaf.

Er vergaß das Kolleg, seine Stube, Bücher und Zukunft. Er sah mit den Augen des Pferdes, trabend durch die große Stadt: In Schwefelrauch chaotisches Panorama von Armut, Verfolgung, Dummheit, Vergeblichkeit. Er wehrte sich nicht mehr, es war sinnlos. Sinnlos alles, was sich sträubt, vergeblich trachten zu entkommen. Er pilgerte. Gegen den Abend, der wie Sonnenfinsternis trübe von Schnee und Qualm über Dächer und Fassaden troff, schleppte er sich zurück. Seine müden gepeitschten Knochen hielt nur mehr diese Hoffnung: „Auf die Knie vor ihr!" dröhnte sie durch seinen gelähmten Schädel. Seine Lippen murmelten ihren Namen, als er die Treppe emporstieg und demütig anläutete.

DIE HEIMKEHR

Der Schutzmann, dessen Schlitzaugen Bosheit höherer Waltung funkelten, gestattete nicht, daß der ihm anvertraute Sohn das Haus seiner Eltern bezeichnete. Nein, bei jeder Haustüre machte er halt. Sein runder Mongolenkopf quoll aus robusten Schultern auf, die Hausnummer besser zu erkennen, schüttelte sich; dann ging man weiter, der Polizist nörgelnd über schlechte Beleuchtung, schlechtes Wetter, schlechte Zeiten, der Häftling schweigend. In dessen Brust aufschimmerten diese feuchten Fenster wie Tränen, aus diesen dunklen Türen staunten die Gesichter seiner Jugend — das Pflaster war noch immer weißer als anderswo und in der Mitte der Straße grün bemoost. Er hatte den grauen Hut bis auf die Nase gezogen und sein größtes Glück war diese Rabenfinsternis.

In ihm war alles tot, baufällig; weil er die Luft nicht vertrug; schon gar nicht die Luft seiner Heimat, den Raum vor seinen Füßen, diese Straße, die er als Gymnasiast hinauf, hinab gesprungen war.

Gleichwohl sollte das schneller gehn. Er drückte die rechte Schulter vor und fuhr den Tartaren an: „Machen Sie keinen Unfug. Ich kenne doch mein elterliches Haus, was halten Sie denn da vor jeder Laterne? Ich möchte Sie bitten, etwas schneller — gehen — pardon — zu dürfen —" (Wozu das? stotterte es in ihm weiter, dieser Halunke kennt doch keine größere Freude. Meine Aufregung ist ein Genuß, eine Zigarre, der Lohn für seinen Judasschmerz.)

„Sie werden doch jetzt zum Schluß keinen Fehler begehen wollen. Ich warne Sie, Klaasen! Die Reise ist ohne Zwischenfall verlaufen, den ganzen Tag haben Sie sich bändigen können. Jetzt am Ziel werden Sie frech." Bleibt stehen, die Laterne zu ihren Häupten ist eingeworfen und flackert. Der Sträfling hat das Gefühl, daß der Tatare ihn fragen wird, ob er diese Laterne eingeworfen habe. Das Protokoll wäre gerecht, aber gleich mit einer Strafe wieder zu beginnen, was würde der Vater — der andere schaute zuerst die Laterne und dann ihn strenge an.

„Ich habe es nicht getan," sprudelte es aus seinem Munde wider seinen Willen plötzlich los, „kann mich jedenfalls nicht mehr erinnern, schon lange her; der Völler, mit dem ich spielte, kann das auch gewesen sein —" Er hatte blasses Blut bekommen vor lauter Todesangst; aber der andere verstand ihn ganz richtig, viel richtiger.

„Weshalb muß man Ihnen erst drohen? Sie sind immer ein unbegreiflicher, leichtsinniger Patron. Woher kommt Ihr ganzes Elend? Doch nur, weil Sie über eine Sekunde nicht hinwegkommen. Statt eine Sekunde den Mund zu halten, zu schweigen und sich Ihr Teil zu denken, fangen Sie an zu krakehlen, zu reden, zu schlagen, machen tolle Streiche und stürzen sich und Ihre Eltern ins Unglück. Seien Sie froh, daß ich es bin — ein anderer wäre schon zum Präsidenten zurückgegangen und hätte Sie drei Tage dort nachdenken lassen."

Klaasen starrte zur Laterne empor, froh, daß der andere doch nicht ein so ganz glänzender Spitzel war. Natürlich hatte er die Laterne eingeschmissen, von vorn bis hinten mitsamt dem Zylinder und Glühstrumpf.

Der Polizist packte ihn beim Arm und zerrte ihn fort. „Jetzt wollen Sie scheint's gar hier festfrieren. Sie spinnen tatsächlich, mein Lieber — aber ich möchte auch noch zu Bett."

Eine irrsinnige Wut kochte in dem anderen auf. Hier war nichts mehr Gitter, Zelle, Schlüssel, Gewehre, wenn man auf dem Hofe karussellte, hier war seine Heimat, seine Jugend, Recht auf jeden Pflasterstein und Haustritt.

„Sie reden von meiner Sekunde. Ich meinte diese Laterne, Sie Fürst aller Spione. Sie brauchen nicht in die Tasche

31

greifen, lassen Sie Ihr Auge vor Ihrer Frau, Ihrem kleinen Sohn funkeln, bevor Sie sie ins Genick schlagen. Hier brauch ich nur zu pfeifen; aus allen Fenstern und noch vom Himmel stürzen meine Legionen zu Pferd und Fuß mir zur Hilfe herbei. Ich sage Ihnen für Ihr ganzes Leben" — schnaufte, strahlte voll harmloser Mordlust, tiefglücklich zuckt seine blasse Sehnenfaust vor die Schlitzaugen, spreizt die Finger zum Fanggriff — „Sie hatten bisher nur Kindsköpfe, Quertreiber und Frömmler zu behandeln oder zu enthaupten. Ich werde alle diese Sekunden noch täglich wiederholen. Ich bin glücklich, Ihnen sagen zu dürfen — hier drei Schritte von meiner endgültigen Freiheit, meinem Elternhaus, meiner Schwester, meinen Büchern — daß ich mein ganzes Leben als unerhörtes Recht empfinde, als Entscheidung gerade diese Sekunden begangen und Euch, Euch diese Sekunden angetan zu haben." Der Tartare zuckte die Achseln, grinste freundschaftlich, indem er die Straße hinabspähte, ob keiner zur Hand sei für jeden Fall.

Adelbert Klaasen fühlte dieses selbstbewußte Grinsen zu nahe, als daß er hätte ruhig bleiben können; die Jahre, die er es schon ertragen hatte, schnitten mit einmal gleichsam sein Leben aus aller Zukunft. Kein Büro, kein Hof, keine Zelle, kein Baum und Stein, dem nicht dieses höhnisch unschuldsvolle Grinsen der Ewigkeit von Macht und Herrlichkeit aufgeklebt war. Der Wind klirrte mit den Scherben, und er wollte ihn gerade beim Hals packen, den Tartaren, der hier nichts zu suchen hatte, nur die Luft verpestete. Alles war ihm verekelt, finster und lieber wieder eingesperrt, als auch hier noch ohne Mut; er spie aus und sah das Mädchen an, das im Schneeschein vorüberglitt. Und schon gingen beide beinah versöhnt und brüderlich nebeneinander weiter. Da stand das Haus, es fiel vom Himmel gleichsam unverändert. Sein geliebtes und verfluchtes Bild packte, würgte ihn nieder, der totenstarre Blick der unverhängten Fenster, die beiden

Steinbalkone. Sollte er nicht weitergehn, vorbei in eins der anderen Häuser — in irgendeines, gleichgültig welches; nur gerade jetzt und dieses nicht. Denn was er in Fremde, Haft und Verbannung an diesem Augenblick als Erlösung und Gefühl der Bergung empfunden, jubelnd und trostvoll, es war jetzt furchtbare drohende Wirklichkeit. Sein Weg der Schmerzen bis zu diesen Stufen aus blauem Stein war doch Verblendung, Dummheit und Hoffart. Ein Spiel mit der Geduld des Schicksals, das sich täuschen, übertölpeln lassen würde. Aber dieses Hier war grauenhaft und er aufs neue Schuft, Falschspieler und ein geduckter Knabe, dem rote Tinte den Körper ätzt.

O Gott, vielleicht gelang es noch vorbei zu schlüpfen, diesen Druck auf den Klingelknopf zu vermeiden für fünf Minuten, für einen Augenblick — aber der Wärter rief schon mit tadelndem Frohsinn; „Aber wir laufen ja schon vorbei, hier ist ja Nummer zwei. Sieh da, jetzt hast du noch Zeit, mich zu foppen — kennst du denn dein elterliches Haus nicht mehr?"

Sein dicker Finger drückte auf den Knopf, daß das ganze Haus aufschrie. Drei-, viermal. Er lauschte mit gespitztem Ohr dem Schrei der Glocke. Sein pflichttreues Gemüt labte sich am altvertrauten Notschrei — wie oft hatte er schon mit Mordwonne diesem Zeichen gelauscht, ein Jäger auf dem Anstand, das wütend, angstvoll, überreizt unter dem Finger ungezählter Gefangener aufschrillte, um von ihm überhört zu werden. Stundenlang hatte das Opfer auf den Knopf gedrückt — aber dieser gelbe Hund schlich hin, stellte den Strom ab und grinste durchs Guckloch — Tausenden hatte er so mitgespielt und auch jetzt, zu anderem Behufe, versagte die Glocke ihm nicht Beute und kitzlige Sehnsucht. Adelberts Fuß zitterte rasselnd auf dem Stein, dieser Demütigung nicht zu unterliegen, unbändige Freude riß ihm den Hut vom Kopf, schamloseste Trauer, die sein ganzes Innere von Grund auf umleerte, warf ihn an die Mauer, an der entlang er doch nicht fliehen konnte.

Auch öffnete sich das winzige Schiebefenster und ein Auge spähte in die Nacht, in sein Gesicht; ganz trocken sagte seine Mutter, daß sie gleich komme, ruhig, allzu gebändigt. Schlüssel klirrten, verdammte Riegel krachten — wer war eingesperrt? erlöste er? und richtig erschien die Mutter ganz schneeweiß im weißen Glanz des Flurlichtes und hinter ihr schlängelte die rote Spur des Teppichs hinauf zu seiner Stube — und richtig sagte sie guten Abend und reichte dem Tataren die kleine harte Hand — dann erst ihm den Mund — dann erst rollten ihre Tränen auf seine Backen.

Er kuschte sich vor beiden, die beglückt und überzeugt sich trennten. Adelbert ließ nicht ab, dem Wärter Verachtung zu zeigen und lüpfte flüchtig den Hut, eintretend schon als der Herr, der junge Herr, über den jener Recht und Befugnis verloren hatte, dem bittere Beleidigung nur deshalb widerfahren durfte, damit an ihm einst aller Welt die teuflische Bosheit des Systems offenbar werde und die Edlen zum Kampf treibe.

Das Haus und seine Insassen schliefen. Er störte trotz der Teppiche, trotz der Liebe, mit der ihn die Mutter geleitete und tröstend anlächelte. Am Ende der ersten Stiege stand vor der Wand ein großer Spiegel, und er sah sich auftauchen, Kopf, Schultern, Beine, auftauchen aus der Unterwelt, der Nacht, und alles schien von ihm abzufallen, hinzuklirren mitsamt der verruchten Welt. Sollte sie sich weiden an seiner Vergangenheit und ihn mit Mist bewerfen — er stand hier bei seiner Mutter und sah sich ins umflorte Auge, nahm ihren Arm und war rein, erlöst, befreit. Endlich brannten, entbrannte er in Tränen, den müden Kopf bettend auf ihre Schulter.

„Ich kehre zurück von wo ich ausgegangen — es ist noch nichts und niemals ein Mensch verloren. Wie ungerecht, gemein war diese Zeit und ihr Haß gegen diese Unschuldigen. Wie tief und göttlich weht mich hier endlicher Friede meiner ersten Tage an — o Freunde, kehrt um, zurück und vorwärts in die Arme eurer Mütter — laßt ab von mir, von eurem großen Wahnsinn."

Die Mutter gab ihn in die Arme der Schwester, die irrlächelnd das spitze Kinn an seinen Stoppeln wetzte. Ihre kleinen Brüste fühlten sich weich durch seinen Mantel ins entwöhnte Blut. Auch hier Erholung, Liebe und Zärtlichkeit — kein Blick, kein Strich der Hand verletzte sein gieriges Mißtrauen. Er kehrte sich um gegen sich selbst, alles war vergessen, aller Unflat, alle Angst, alle Prügel.

Gewandt, lebendig legte er Hut und Mantel ab, setzte den Koffer in die Ecke. Richtete sich auf, die beiden Frauen sahen ihn ernst an, sie lauschten. Ein schwaches Wimmern biß von oben — man sah sich an und seufzte. Die Schwester stopfte das Tuch vor die Augen, die Mutter faltete die Hände und wehrte alles von sich ab, warf die Last zu Boden. Seine Knie schlotterten, als er zum Schlafzimmer emporstieg, in die Höhle dessen, den er nur als Löwe, funkelnd von Mähne, Zorn und Kraft der väterlichen Pranken gekannt hatte. Seine Knie schlotterten, sein Herz lag im Hinterhalt, — wer hält mir die Kehle zu? Vor zehn Richtern und Generälen habe ich nicht gezuckt, nicht gewankt! Muß ich hier wie von je her schlottern?

Wie Gummi schwankten Treppen und Wände mit ihm. Die beiden Frauen ließen ihn allein gehen. — Es erleichterte ihn, daß der Tisch mit den ekelhaften Kakteen verschwunden war; ihre saftige, stachlichte Behäbigkeit, die geile Röte ihrer klebrigen Blüten hatten ihn stets gereizt — jetzt aber stand der Tisch voller Flaschen und Schachteln, die nach Jod und Schwefel stanken. Und er erinnerte sich. Er war krank, man hatte ihm doch geschrieben, daß der Vater krank sei, unheilbar, dem Tod geweiht!

Das hatte ihm so unbegreiflich geklungen, daß er es nicht einmal gelesen oder geglaubt hatte. Es war ihm nicht eingegangen. Dieser starke, unbeugsame Richter seiner Jugendtage, Jahre, Ewigkeiten konnte nicht krank werden.

Er schob die Tür voll kalter Angst ob bösen Scherzes gegen das Weinen, das laut und flehentlich ihn peitschte — trat in den Flackerschein des Nachtlichtes. —

Mit großer Stimme schrie es auf in seinem Kopf, in seinem Brustkasten, daß er allein, er, Adelbert Klaasen, schuld an diesem Morde sei. „Mörder!" formte die niedrige Kammer die fieberdürren Lippen.

Aus wildem Filzbart greinte ihm gebläht von Schmerz, verklärt von Glück dennoch, vergilbt vom nahen Tod, des Vaters Angesicht zu. Ob dieser ungeheuren Schuld war jede Pose, auch die aufrichtigste, verlorenes Spiel, vergebliche Liebesmüh.

Steif, belästigt vom Röcheln, das weißen Schleim auf die blauen Lippen feixte, so lag er da, und der Sohn trat ans Bett des Vaters, nahm seine Hand, die Hand, deren Spuren er noch am Körper zu schmecken glaubte; er knickte ein, fiel vornüber und küßte die Lippen, die gebettet lagen im braunen, weißgestreiften Bart. Der Vater lächelte unter Tränen, konnte nicht sprechen vor Freude, vor Schmerz, trank nur immer wieder mit Fieberaugen sein Bild — ja, er vergaß sogar, daß er seine Gebrechlichkeit hatte übertreiben wollen, und richtete sich auf im Bett, bat um Licht, um ihn besser betrachten zu können.

Und als er die Sprache wiedergefunden, von seinem Herzleiden, den Ärzten, den Medizinen, den Aussichten und Hoffnungen redete, jammerte und querulierte, ließ Adelbert nicht ab von seinen Stelzen.

Er wußte: Ich bin vernichtet. Ich habe diesen Mann gehaßt, verflucht und verdammt — ich war entschlossen ihn für alle Ewigkeit zu hassen; ja, ich wollte sogar jetzt von meinem Haß ablassen, um ihn ganz auf sich zu stellen, damit er hervorbreche am Tage der Vergeltung, Faust oder Dolchschlag oder Anklage. Und jetzt häuft alle Schuld mein Wille auf mein Haupt.

Rede du nur von Medizin und Pillen, von Schmerz und schlaflosen Nächten. Sage es mir doch, damit ich zu Boden stürze: „Du hast mir das Herz gebrochen! Sträfling! Schande meiner alten Tage!" Was war all sein Unglück, sein Schicksal, die Verdächtigungen, Fußtritte und Gemeinheiten, Strafen, Verbote, Hohn und erzwungenen Feigheiten seines Lebens, was starke Hoffnung und Glauben an die Mission für die Menschheit, wenn alles darin gipfelte, alles davon ausging und wurzelte: Ich habe meinen Vater ermordet! Daß dieser Vater Schuld auf Schuld wider ihn getürmt, von Grund auf ihn aus allen Bahnen geschleudert hätte zu eigener Wollust, Herrschsucht und Eitelkeit, was war dieser unkontrollierbare, einseitige Verdacht, den ungezählte Geschenke, Sorgen und Opfer wettmachten, gegen diese grenzenlose Schandtat, die mit der Gewalt eines Taifuns aus allen Ritzen des Hauses auf ihn niederpfiff?

Vor wessen Auge konnte er ohne zu erröten noch hintreten und von Menschheit, Empörung, Glück und Reinheit reden?

Gierig lauerte er drei Tage auf die Worte des Alten. Sie blieben sich gleich. Röntgenstrahlen, Medizin, Ärzte, Tod. Kein Wort von seinem Verbrechen, seiner Schuld, Schurkerei. Niemand ließ einen Blick gegen ihn fallen. Wie glückliche Engel saßen sie um den Tisch unter der heiligen Lampe geselligem Schein. Sie erlosch nicht — es war keine Täuschung: Alle waren an ihm satt und glücklich.

Das hielt er nicht aus. Bleich sprang er vom Abendtisch, forschend grub sich sein Wutblick in die erschreckten Gesichter. Der Alte schlief — und er war entwaffnet, mußte sich wieder hinsetzen. Mit Bissen guten Fleisches würgte er die wütende Forderung nach dem gerechten Lohn und Aufschrei nach Rache wider sich hinab.

Es nützte ihm nichts, auf der Brücke zu stehen, unter der die Züge durchqalmten, ihn einhüllend mit lockendem Rauch. Er sprang nicht hinab. Er stürzte sich nicht in den Fluß. Nicht Gift, Dolch, Revolver vermochten gegen ihn. Wie damals schlich er, die Schuhe in der Hand, auf die schwarzen Straßen und zog mit Gesindel von Kneipe zu Kneipe. Das Grau des Morgens riß den noch eben stocksteif Betrunkenen zu vollstem Bewußtsein auf und er schlich auf Strümpfen in sein Zimmer, erschien frisch und gesund beim Frühstück.

Was wollten diese Menschen von ihm mit ihren kleinen, gleichgültigen Sorgen? Sollte er sich im Ernst über die Höhe des Eiffelturmes aufregen, über die Schnelligkeit der elektrischen Bahnen, das Gewicht des Saturn einen Schwindel nennen? Muteten sie ihm im Ernste zu, er solle den Präsidenten für einen Heiligen, seine Minister für Götter, den ganzen Staat und seine blödsinnigen Einrichtungen für Offenbarungen Gottes selbst anerkennen?

Und doch wagte er es nicht einmal, den freundlichen, interessiert lächelnden Priester, der den Vater besuchte, nicht zu begrüßen. Er hätte ihm sogar die Stiefel abgeleckt, wenn der Kranke oder die Mutter es von ihm verlangt hätten. Er ging zur Messe, kniete und segnete sich, machte Besuche bei Verwandten und erzählte von vergangenen Tagen. Ein grauer Schleier, ein Ewiges: „Wie freut es mich, Sie wieder zu sehen, gesund und munter" schläferte ihn ein. Wie oft drohte es aus ihm aufzuschreien; glaubt Ihr denn, ich merke Eure Hinterlist nicht? Ihr wollt mich durch Euren Anblick zwingen in die Knie, in den Wahnsinn, in die Gemeinheit. — Ja ich weiß und Ihr wißt, daß ich ein Schuft, ein Mörder, ein Heuchler bin — ich bekenne es ja — so laßt ab von Euren Banalitäten, Euren Regen und Mordgeschichten, Eurem Klatsch und Ekel vor Spinnen — entweiht nicht meine Niedrigkeit und Reue. Ich bereue, ich liebe Euch, ich wedele mit dem Schwanz, tretet, schlagt, pufft mich in die Ecken — macht mit mir was Ihr wollt — aber laßt Eure Masken fallen!

Er kam betrunken nach Hause, verschwand dann tagelang und streifte durch den Wald. Sein finsterstes Gesicht stieß er jedem freundlichen Wort schnaubend entgegen, aber Blick und Wort des Kranken, der Mutter und Schwester blieben ruhig, mitleidig und voll Verständnis. Ihm fehlte zum Schluß jede Erinnerung, ob das auch früher so war, ob er auch früher schon so verhetzt, verrückt vor Stolz und Mißtrauen gewesen oder ob die Krankheit des Vaters erst den Keim zu dieser weihevollen Laune des alltäglichen Dramas gelegt hatte.

Jedenfalls fühlte er die Unmöglichkeit in sich, länger diesem, seinem Untergang zuzuschauen, bei dem er das stärkste, untrügliche Gefühl hatte, selbst dem Tod verschrieben zu sein.

Er lag im Bett. Der gepackte Koffer stand neben ihm auf dem Stuhl, Mantel und Hut darüber; auf dem Tisch lag ein Brief: „Erlogen und erstunken von A bis Z. Ich verreise nicht — ich fliehe beladen mit meiner Schuld, damit er ganz gerechtfertigt, ganz beruhigt von dannen gehen kann. Ihn trifft gar keine Schuld mehr. Denn ich habe ihm das letzte Wort abgeschnitten, das Wort der Todesstunde, das Wort des Vaters, der erst im Tode allmächtig wird und von da aus dich ganz beherrscht, ganz zwingt auf seine Seite überzutreten.

Wie groß ist Er in seiner Macht, in der Erhabenheit seiner banalen Entschuldigungen meines Lebens, des Lebens seines Mörders."

Da scholl ein Schrei und Türenschlag zu ihm hinauf — man lief da unten — schnell auf und davon! Nur nicht wissen, daß er stirbt, daß er mir verziehen hat und duldet, duldet, daß ich weiterlebe, daß er seinem Mörder Absolution vor Gott und Welt erteilte. Aber die Schwester winkte totenblaß schon in der Türe, zitternd und zähneklappernd folgte er und stand am Bett des Sterbenden, früh genug, um den letzten verdrehten, geraden und dann glasigen Blick der grauen Augen noch zu begreifen.

Und als der starke Mann dalag, tot, kalt und hölzern, nicht mehr aufstand, nicht mehr schimpfte noch Zeitung las, nicht mehr stritt, jammerte und rechtete um die Mark, fand Adelbert als erster sein Gleichgewicht. Mit Ruhe und Umsicht leitete er Begräbnis und Besuche, Abrechnungen und Geschäfte, und von Schmerz oder Verwirrung war nichts an ihm zu spüren.

Man ließ den Sarg in die rote Erde, es regnete, und man fuhr nach Hause und klappte den Zylinder zusammen. Da erst atmete er auf, als wieder Licht und Sonne in die offenen Zimmer strömten.

Er stutzte vor seiner Ruhe. Sie blieb und er konnte wieder arbeiten, Briefe schreiben. Er dankte dem Toten. Und als er die ersten Blumen auf sein Hügelchen pflanzte, wußte Adelbert, daß da unten nicht nur der Vater schlief — da schlief auch ihre Schuld — des einen Vaterwahn, des anderen Sohnesrache.

Kein Drittes zeugte ihr Bett — er hatte sich frei gemordet.

Und wie er auf der Trambahn nach Hause fuhr, konnte er schon lächeln über die ängstige Geschäftigkeit zweier Schulfreunde, ihn nicht zu sehen.

MECHTILD LICHNOWSKY
GOTT BETET

KURT WOLFF/VERLAG

BÜCHEREI „DER JÜNGSTE TAG" BAND 56

DRUCK DER SPAMERSCHEN BUCHDRUCKEREI IN LEIPZIG

I

Ich beuge mein Haupt in vollkommener Liebe zu Dir, o Mensch, ich beuge es, denn ich fühle kein Leid.

Du aber lebst davon und erfandest die Freude.

Ich bete zu Dir. Das ist die vollkommene Liebe.

Ich erflehe nichts. Deine Arbeit erwarte ich nicht.

Ich klage mich nicht an. Der Strom meiner Liebe zu Dir ist einer Säule gleich, fließend und unbewegt.

Beten ist Lieben. So bete ich Dich an. So bete ich zu Dir, lieber Mensch, denn Du bist allgütig und unsichtbar.

Wer weiß von Dir?

Du selbst nicht. Und die andern nicht.

Du siehst Dich nicht. Du atmest den Wohlgeruch nicht, der aus der Tiefe Deines Seelenkelches zu mir dringt.

Schöner warmer Kelch, Dein Leben perlt an den goldenen Wänden.

Und außerhalb des Bechers steht ein kühler Schweiß, der mich erbarmt.

Ich trinke Dich zur Neige in vollkommener Liebe.

Du liebst meine Geschöpfe. Ich fühle es, wenn ich Dich trinke.

Du fandest eine Sprache im Wind, den ich rief um meine Welt zu trocknen, als ich sie schuf. Ich höre Deine Musik, wenn ich Dich trinke.

Du griffst nach meinen Sonnenstrahlen, die ich brach zu Deinem Spielzeug. Ich begrüße die tausend Farben in Dir, wenn ich Dich trinke.

Du hast mit deinen kleinen Händen meine Erde gehalten und ihre Formen gefühlt. Und zu mir sprachst Du in dieser Sprache.

Ich fühle Deine Hände, wenn ich Dich trinke.

Vielmals vielfach gibst Du mir in Liebkosung meine Liebe wieder. Dich liebst Du nicht.

Spielst nicht mit Dir. Lebst nicht für Dich. Du bist ein anderer als Du selbst.

Aber keiner soll Dich für einen andern halten. Ich will Dich mit meiner Liebe zeichnen. Alle sollen an Dich glauben. So will es meine Liebe.

Du bist still und demütig. Und doch ist Dein Stolz weiß und hart wie meine Schneegebirge.

Du senkst die Augen und glaubst nicht ihrem Leuchten. Ich aber baue darauf einen Tempel. Kein Stern verzehrt blauere Funken als Deines Herzens Herd mir zum Genusse sendet.

II

Du mein höchstes, geliebtestes Werk. Ich danke Dir, daß Du mit Deinem Schöpfer geduldig bist.

Ich könnte vor Dich treten und mich Dir zeigen.

Und doch bitte ich Dich, erlasse mir dieses.

Denn sähest Du mich, verlörest Du den Glauben an meine Gegenwart.

Unsichtbar, lieber, geliebter Mensch, hülle ich Dich mit jedem Atem tiefer in meine Gedanken ein. So bin ich Dir nahe. Denn ich durchdringe in Dir Falten, die meine Sichtbarkeit erdrücken würden.

Und auf diese Falten habe ich es in meiner Liebe zu Dir abgesehen. Nicht weil Du Dich mir hingibst, lieber Mensch, lodert in mir eine unendliche Liebe zu Dir. Nicht weil Dich der

Boden quält, auf dem Du stehst. Nicht weil Du mich fürchtest, zu mir sprichst, mir opferst, mich rufst, mein Lob verkündest:

Ich liebe Dich, weil ich Dich voraussah.

Ich liebe Dich, weil Du mir gerietest.

Ich nenne Dich vollkommen schön und fürchte die Veränderung.

Darum liebe ich Dich: Ich bin ein Gott, der furchtsam ist aus Liebe. Und todesmutig aus Liebe.

Schön bist Du, weil Du alles bist.

Deine Mattheit kann aufleuchten. Deine Helligkeit aus tiefster Schwärze steigen. Alle Gesetze sind in Dir erfüllt.

Der Tod fände in Dir höchstes Leben.

Wie ein Hündchen kannst Du hinter der Herde laufen, wie ein König auf Purpur lehnen. Wie ein Sträfling kannst Du Wellen mit den Rudern teilen, wie eine Lerche Melodien in den Äther schneiden. Deine Hand kann verträumt im Sande spielen und kann Gaben austeilen und Gerechtigkeit üben ohne Gesetze. Du kannst schlagen und töten. Du kannst gebären und aufrichten.

Als Deine Mutter Dich trug, liebte ich Dich. Als Dein Vater Deine Mutter ansah, liebte ich Dich. Als Deine Eltern, einander unbekannt, auf meiner Erde kindhaft spielten, liebte ich Dich.

Als hundert Jahre früher, ein Jüngerer von Deiner Menschenkraft träumte, Dich fliegen, herrschen und zeugen sah, siehe, auch da liebte ich. Denn schon fühlte ich Dich. Fühlte Dich zittern in Deiner Mutter Schoß. Wußte daß Dein Fliegen ein Gehen und ein Schauen sein werde.

Als Deine Mutter in Dir nur ihr Junges erkannte, und Dein Vater keinen Unterschied wahrnahm zwischen Dir und Deinen Brüdern, liebte ich Dich. Stark liebte ich da, denn Du konntest darauf nicht achten.

Schön warst Du, und willig wie eine Quelle und pochtest still.

Hilflos warst Du wie sie alle sind, abhängig von Menschenlaune wie vom Zug der Wolken. Deine Nahrung konnte Gift sein. Du hättest sie verzehrt, so arm warst Du an Kräften, nicht wie ein Tier mit Witterung und Triebespflichten, sondern wie ein Mensch, gefüllt mit Vertrauen und Torheit.

III

Niemand liebte Deinen kleinen Körper. Wie es nötig erschien, pflegten ihn die Großen. Ich war mitten unter ihnen. Sie sahen mich nicht. Und das war gut, denn meine Sprache wäre die ihre nicht gewesen.

So aber hätte ich gesprochen:

„Seht das Wunder dieses Körpers an, und seid voll Andacht. Ihr kränkt die kleinen Glieder, weil Ihr vergeßt, einen Augenblick vergeßt, sechzig Augenblicke, Tage, Jahre lang vergeßt, daß jedes Kind so schön ist wie die Blumen, von welchen Ihr erfuhrt, daß man sie ihrer Schönheit wegen loben müsse."

„Wir küssen und baden sie."

„Ihr sollt das Wunder nicht unheilig berühren."

„Wir küssen es, denn es ist unser."

„O wartet, daß es EUCH küßt, denn IHR seid sein."

Siehe, geliebter Mensch, so wären Worte blind aneinander geglitten.

Ich aber liebte Deine schmalen glatten Fußsohlen, die Dich unentwegt über Holz und Stein und Erde trugen, bis Du müde wurdest, auch wenn sie lind von taugelabten Wiesen berührt waren.

Wer wusch sie Dir mit Quellenwasser, mit Saft aus der Zitrone und lauem Milchschaum?

Ich liebte Deine müde gelaufenen Sohlen, die Siegel in den Sand meiner Erde setzten. Das ist Deine Ursprache, Mensch.

In meine Hände möchte ich Deine Füße betten, sie drücken und freigeben und nicht eher ruhen, als bis das Blut wieder ruhig in ihnen fließe.

Tritt auf meine Hand, Mensch. Ich will Dich in ewigem Schwung erhalten.

Auch ich mußte wandern. In Tausenden von Jahren wirst Du ein Tausendstel zählen können der Zeit, die Dein Gott gewandert. Und daß er nichts hatte, sein Haupt darauf zu legen, steht geschrieben.

IV

Dann lerntest Du zu gehen.
Öffnetest ein geduldiges Auge über den Dingen. Und sie blickten hinein, hielten es über sich aus. Und wenn es sie befragte, gaben sie Antwort. Du aber legtest was Du gewonnen in Dein Herz, namenlos, wie es gekommen.

Darum wurde es so voll, und weil die Fülle namenlos eintrat, mußtest Du verschwiegsam bleiben.

O daß ich Dir Leid schicken mußte, jungfräulich, schuldloser Mensch! Ich sah Dich krank auf dem Kinderlager, und unter diamantenen Fingern fühlte ich Dein Knabenherz zerspringen.

Ich wußte die Schmerzen Deiner Glieder und nahm sie nicht von Dir, grausamer, wachsam liebender Gott.

Ich schlug den Arm Dir nicht um Schultern

und Lenden und richtete Dich nicht auf zu prangender Gesundheit.

Schwach ließ ich Dich, dem Schmerze preisgegeben. Du aber schaltest nicht auf mich, den grausam liebenden Gott.

Unendlich gütig warst Du zu mir, lieber Mensch, als hättest Du geahnt, daß ich in Liebe handelte.

V

Als ich aus meiner Werkstatt Dich entließ, Du mein fertiges Kind, blieb ich mit meinem Flügelschlage ein weniges zurück, Dir Raum zu geben. Mein Schwung hielt inne, und Du entfaltetest Dich. Du wurdest. O Du bliebst eine Pflanze nach Deines Meisters Herzen.

Offen warst Du wie ein Windenkelch in Mittagsleuchten, vollendet wie der Tautropfen, der am Morgengrase hängt, und blendend wie die Sonne selbst und tatest keinem Auge weh. Du warst ein geschlossenes Stücklein Gottes.

Ich aber wollte den Menschen.

Da legte ich Dich, süßeste Beere, buntester Vogel, Falter meines Gartens, auf ein Menschenlager.

Die Buntheit wich von Dir. Dein Singen wurde ein schweres Ringen um Atem. Und Deine Brust hob sich wie eines zu engen Käfiges Stäbe über das Bebende eines Zugvögleins.

Deine Gelenke berührte der Finger des grausamen, wachsam liebenden Gottes.

Ich klage mich an, daß ich Dich Mensch werden ließ.

Und Dich dem Leide weihte.

Und keiner sah Dein Ringen und jeder überhörte Dein Rufen.

Nur ich vernahm Dein armes Singen. Und ich fand es schöner als Dein Lächeln, das noch kaum gefärbt war.

Du liebtest mich, Du Kind ohne Selbst, ohne Furcht.

Als endlich meine Hand Dich aufstehen ließ, warst Du gewachsen.

Und stiller warst Du und einsamer geworden.

Mir näher. Denn Deiner Gefährten Glieder, behender als Deine, wenn sie über Wege setzten, ließen Dich weit zurück. Sie trugen ihre Lasten leicht.

Ich aber legte schwer meine Hand auf Deinen jungen Rücken und beugte ihn tief.

Wenn andere noch schliefen, standest Du, Schlafes voll, in der trübsten, ersten Helligkeit des Morgens von Deinem Lager auf und trugst Dich zur Arbeitsstätte.

Und so hieltest Du es Tag um Tag.

Und Nacht um Nacht lagst Du wie ein Stein in den Laken, jungfräulich in allem wie an Freuden.

Ich sah Dich so, fest verschlossen, und zählte die Seufzer Deiner Brust. Niemand liebte Dich wie ich. Dein Gott strebte zu Dir. Wer sonst hat Deinen Atem geliebt?

O gedenke nicht in Bitterkeit meiner Hand.

Muß eine Hand nicht geben können und nehmen?

Und ich zählte die Schritte Deiner schmalen Sohlen auf dem Granit der Stadt.

Dein Kopf war leer, Deine Lider tief herabgefaltet. Nie öffnetest Du den Mund. Ich ließ es zu.

Ich ließ Dich, kannst Du es begreifen?

Ich verwehrte dem Lachen Deine Schwelle.

Ich hielt die Strahlen des Glücks zurück, ich zügelte mein Verlangen Dir alle Geschöpfe meines Gartens darzubringen: Die Tiere des Waldes, die

Vögel, meine Steine, meine fernen Hügel, die Musik meiner Bienen, die Düfte aller Jahreszeiten, der Tanz meiner Winde über den Gräsern und Libellen.

Erst solltest Du ihre Sprache kennen.

O, ich trug mein volles Herz von Dir hinweg.

Kannst Du, Mensch, Deinen Gott noch lieben?

Ich nahm Dir die Luft, ich nahm Dir das Brot, ich warf dichte Schatten über Dich.

Du ertrugst Deinen Gott. Und Du wurdest immer schöner. Dein Herz weitete sich.

Es pochte ängstlich und ich ließ es wachsen.

Die Menschenärzte sahen es und überließen Dich mir, nachdem sie die Köpfe geschüttelt hatten.

Und Du wurdest noch schöner.

Deine Stimme wurde Samt und Deine Augen. Sie taten wie ein Wald, und andere mußten schweigen, als seien sie unter Tannen.

Ich aber sandte Dir ein Mädchen.

Und Du wurdest erfüllt von meiner Abgesandten.

Wie sie Dich erfüllte, wuchs Dein Herz. Sie

selbst aber blieb fern und ihre Augen suchten die Deinen nicht.

Ich wollte Dir die Liebe zeigen, und Du fandest sie. Dann solltest Du mich sehen von Angesicht.

Und Du lerntest.

Mit einem Male wußtest Du was der Weihrauch weiß:

Brennen, Steigen und Vergehen.

Und ein süßer Duft blieb.

O, Du erlerntest die einzige Kunst, wie ich es vorausgeahnt.

Du branntest, eine Glut ohne Asche.

Alles gabst Du den Flammen hin. Und als Du zu geben nicht mehr hattest, verdoppeltest Du Dein Selbst und gabst es neu.

Und so wurden zwei aus Dir, drei und mehr und immer neue, und so wurdest Du leise ein Gott und fandest Unendlichkeit.

O, wie kamst Du mir da nahe!

VI

Ich aber zog das Mädchen hinweg, das niemals die Augen nach Dir gerichtet.

Als legte jemand Eisstücke auf den singenden Weihrauch, branntest Du in aufgestöberter Glut, verwirrt, und keiner sah die zitternden Funken. Du wärmtest Keinen.

Keinen außer Deinen Gott.

Und siehe, Deine Arbeit wurde wie Stahl in Gold aus dieser Glut.

Und die Menschen fielen um vor Dir, und weil sie Dich nicht lieben mochten, schätzten sie Deiner Arbeit Wert.

Noch hattest Du die Sprache nicht. Dein Mund litt wie ein Herz.

Auch ihm war der Schrei nicht gegeben.

Deinen Schrei hielt ich an meine Brust gepreßt und liebte Dich, Mensch.

Fast wärest Du meiner Hand entfallen. In letzter Stunde sandte ich Dir den Freund.

Aus tiefster Not hat er Dich errettet.

Nun stiegst Du hoch in Arbeit. Fremde Sorgen wurden die Deinen.

Die Liebe ließ Dich nicht allein. Sie wohnte bei Dir, und füllte Dein trauriges Herz.

Du bliebst von Gott gezeichnet.

Du behieltest einen stillen Glanz wie ihn Sterne tragen.

Und um Dich kreisten die Menschen.

VII

VII

Von den Verteilern erhält nicht jeder gleiches Maß. Wie aber, wenn, der geringstes erhielt, noch mit seinem Hunde teilt, oder meinen Vögeln ein kleines streut?

Gütig ist der Grund Deines Herzens, Mensch, der Du täglich mir von Deinem Brote sprichst, mich bittest, und mir dankst. Um Brot, für Brot.

Und der Weizen steht und prangt, und die Mühlen gehen und mahlen und Ihr backt und verteilt.

Und Ihr praßt und Ihr hungert. Zu diesem Allem schweigt Gott.

Gott nenne ich EUCH, da Ihr mich entsetzt. Unermeßlich seid Ihr, und auch darum nenne ich Euch Gott: Unermeßlich ist Eure Menge.

Ihr seid zu groß, um meiner zu gedenken. Zu erfüllt seid Ihr.

So erfüllt, daß es aus Euch quillt.

Was aus Euch dringt, kenne ich nicht mehr, aber fruchtbarer scheint Ihr mir als Wiesen an Wurzeln, als Meere an Muscheln, als Wolken an Tropfen.

Sprache nennt Ihr, was aus Euch quillt, Werke, was Eure Hände verläßt, Weg, was Eure Fußtapfen verdrängten.

Ich aber nenne Euch untätig und redesüchtig.

Ward ich Euch Kreatur? Und seid Ihr Gott? Bin ich erblindet?

Um ein Nichts seid Ihr in ein Meer von Angst versetzt.

Was zeigt Ihr nicht wie die Pferde, Eine Linie, Ein Verhalten, essend, gehend, horchend, Eine durchgehende Windung ohne Unterbrechen?

Warum seid Ihr nicht mehr ein Stiel mit Blüten und Früchten?

Wer gab Euch die runden Schädel ohne Seiten?

Wer zog die ausgeschweiften Münder?

Wer gab Euch die umgestellten Beine? Die schweren, blutigen Hände?

O, was wurde aus dem Werk?

Stündlich entreißet Ihr Euch meiner Zärtlichkeit.
So weit seid Ihr von Gottes Hand geraten.
Ihr findet ihre Ufer niemals wieder.
Weil Ihr die Schönheit meidet.
So stellt Euch der Tod.

Ich nenne Euch Gott, weil Ihr unermeßlich seid in Eurer Menge.

Du aber, göttlich geliebter Mensch, meines Herzens, sollst den Hauch meiner Liebe spüren.

Mir sind Deine täglichen Wege vertraut. Ich kenne Deine Müdigkeit, auch Deine Mutlosigkeit, die Dich stumm werden ließ.

Nun sollst Du nicht nur sprechen, ich will Dich singen lehren.

Nun sollen geöffnet werden für Dich die Jahreszeiten, die Halme mit ihren Knospen, die friedlichen Augen der Tiere, alle Pfeifen meiner Orgel, alle Felsen, woraus Quellen springen.

Nun sollen auch geöffnet werden die Hände eines zweiten Menschen.

Vereint wollen wir zu Dir beten, der Zweite und ich, Dein Gott.

Vereint wollen wir Dich in Glück betten.

Und nie sollst Du wissen, ob Dein Gott gesprochen oder Dein zweiter Mensch.

Und Du sollst an uns glauben ohne Furcht.

Nie soll der Schatten des Unwahren Deine Schwelle kreuzen.

Siehe, die Liebe ist wahr wie Gott.

VIII

Noch einmal will ich zu Dir beten, geliebter Mensch. Damit Du nie verlernst, was Du heute wußtest: daß ich Dich bis zum Abgrund liebe, und vom Abgrund bis zur Sonne.

Daß ich Dein stilles Menschenantlitz grüße, weil es wie mein eignes wurde.

Ich konnte Dich nur formen nach meinem Ebenbild. Nur dieses Gefäß ist mir wahr.

Mein Werk mußte werden wie ich selbst, weil auch die Hände nur ihr Gesicht wieder bilden können.

Ein Kreis ist des Menschen Sein und Gesinnung.

Darum verdirbt, der nicht zur Ausgangsstelle zurückfindet.

Darum lügt, dessen Hand nicht formt nach ihrem Munde.

Darum stirbt, der sich nicht zum heiligen Kreis biegen kann.

Du aber, lieber Unendlicher, wirst mir leben.

Um Deinetwillen muß ich die Menschheit lieben. Wie ich sie lieben mußte, als ich noch auf Dich hoffte.

Du sollst mein Herr sein. Du sollst Gottes Hand führen.

Wie Du sie gefühlt hast.